CW01665623

Şamanizmde Kutsal Rehberler

ŞAMANİZMDE KUTSAL REHBERLER

NAGUAL SEMBOLİZMİ

AYŞE NİLGÜN ARIT

Ray Yayıncılık
Kişisel Gelişim Dizisi
ŞAMANİZMDE KUTSAL REHBERLER
1. Baskı - Haziran 2015
4. Baskı - Ocak 2020

Yayın Hazırlık: Tolga Kartal
Yayın Editörü: Tolga Kartal
Baskı-Cilt: Hünkâr Ofset
Grafik Tasarım: Tolga Kartal

İSBN: 978-605-903017-5
Yayıncı Sertifikası: 27616

HÜNKAR OFSET
Gümüşsuyu Cad. Odin Topkapı Center Topkapı/İstanbul
Tel: 0535 736 5066
hunkar_ofset@hotmail.com

Bu kitabın tüm yayın hakları RAY Yayıncılık'a aittir.
Yayın evimizden yazılı izin alınmadan kısmen veya
tamamen alıntı yapılamaz, hiçbir şekilde kopya edilemez,
çoğaltılamaz ve yayımlanamaz.

RAY YAYINCILIK
Suadiye Mahallesi Noter Sokak
No:43 D:4 Kadıköy/İstanbul
0216 352 21 60 – 0212 244 0881
www.rayyayin.com

İÇİNDEKİLER

Yazar Hakkında

Ayşe Nilgün Arıt, İstanbul'da doğdu. Üsküdar Amerikan Lisesini ve İstanbul Üniversitesi Eczacılık Fakültesini bitirdi. Almanya'da Bonn Üniversitesi'nde Farmasötik Kimya üst lisansı yaptıktan sonra eğitimine Köln Üniversitesinde devam ederek, Tiyatro, Sinema ve Televizyon Bilimleri Fakültesinden mezun oldu. Yurda döndüğünde 1980'li yılların toplumsal ortamında, kültürel çalışmaları meslek olarak seçmek olanaksız hale gelmişti. İlaç sektöründen gelen bir teklifi kabul etti. 1980-2003 yılları arasında yabancı sermayeli üç ilaç şirketinin Genel Müdürlüklerini yaptı. 2002 yılında Orta Amerika'ya yaptığı ilk yolculuğunu takiben iş hayatını geride bırakmaya ve Maya kültürünü derinlemesine araştırmaya, bu nedenle de İspanyolca öğrenmeye karar verdi. Don Miguel Angel Vergara Calleros ile tanışması kendisine bu kadim uygarlığın daha derinlerine uzanan bir yolu açtı. Uzun bir inisiyasyon sürecini takiben kırmızı Şaman kemerini taktı.

Ayşe Nilgün Arıt, Maya bilgilerinin çok derin temellerine vakıftır. Maya dinî felsefesi, kutsal kitapları, sözlü gelenekleri, seremonileri, ritüelleri, mantraları, tapınakları, sanat eserleri, takvimleri, sembolleri ve bu kadim inanç sisteminin derinliklerini öğrencileriyle yürekten bir bağ kurarak paylaşmaktadır.

Don Miguel Angel Vergara'nın elyazmaları olarak muhafaza ettiği bilgilerinin bir bölümünü de eklediği ilk kitabı "Kutsal Maya İnancı" 2011 yılında, ikinci kitabı "Şamanın Kozmik Dünyası" 2013 yılında yayınlandı.

Önsöz

Şaman öğretisi, kutsal değerleri hayata dâhil ederek yaşamaktır; doğaya tapınmak, rehber hayvanlardan medet ummak ve ağaçlara sarılmaktan ibaret değildir. Pek çok kişinin kişisel bir huzur ve mutluluk arayışında olduğu çağımızda hedef, kendi gücümüzün farkına varmak, dünyaya bakarken neleri gördüğümüzün farkında olmaktır. Sezgilerimizi güçlendirmek, doğal bir farkındalık kazanmaktır. Bu anlamda çağdaş şamanizm buyurgan "kültür"e meydan okuyan bir bilinçlilik olarak hayatlarımızda doğru bir yer bulabilir; doğanın, insanın ve tüm varlıkların ortak paylaşımlı bir yaşam alanı oluşturmasına hizmet edebilir. Günümüzde pek çok kişinin kadim öğretilere geri dönme ilgisi, enerji alanlarımıza sızan fiziksel, duygusal, zihinsel ve ruhsal hallerimizi baskılayan sistemin bunalımından kurtuluş çabasından kaynaklanmaktadır.

Şaman inancına göre içinde yaşanan fiziksel dünyanın ötesinde, gözle göremediğimiz, ancak "şamanik yolculuk"la ulaşılabilen, sıra dışı bir âlem vardır. Her şeyin canlı ve tüm yaşamın ortak bir enerji alanında birlikte var olduğu bu inançta, her şeyi birbirine bağlayan "ağ"a katılmak önce niyet ile sonra bilinçli enerji yönetimiyle mümkün hale gelir. Şamanik çalışmalar, sıradan bilinç dünyası ile sıra dışı bilinç dünyası arasında hareket etmeyi sağlar.

Aslında tüm insanlar içlerinde arkaik olarak kayıtlı şamanik vasıflar taşır. İstem ve inanç ile bu vasıflara ulaşmak kolay ve Şaman'ın gizemli dünyasındaki bilgileri günlük hayatta kullanılabilir şekle getirmek mümkündür. Şamanik teknikler, ormanda, çölde ya da modern kent yaşamında aynı biçimde işler; yeter ki enerjinin ne olduğunu ve nasıl çalıştığını iyi anlayabilelim.

Doğaüstü yolculuklarında Şaman'ın yol gösterici ve koruyucu ruh yoldaşları vardır ve kendilerini bir hayvan imgesiyle göstermektedirler. Bu hayvan sembollerine Batı lisanlarında "Erk Hayvanları" denmektedir. Maya lisanında ise hayvan imgeleriyle temsil edilen ruhsal rehber kimlikler için kullanılan en yaygın isim "Nagual"dir.

Bazı lehçelerinde "k'ul", "ch'ul" ya da "ch'ulel" olarak da adlandırılırlar. Günümüzde *Kurt Adam, Örümcek Adam* gibi öykülerde rastladığımız antropomorfik, yani insanımsı özellikler taşıyan ama doğaüstü varlıklar Şaman'ın doğaüstü yolculuklarındaki Nagual'lere çağımızın güncel göndermeleri olarak anlaşılabilir.

Kuzey Amerika halklarının inançları üzerine sayısız eseri olan Dr. Âke Hultkrantz şöyle yazmıştır: "Şaman inancının tarihe gömüldüğü coğrafyalarda doğanlar için bu kadim bilgelik alt benliklerinde saklıdır; belirsiz, parçalar halinde gömülü hatıralar olarak yaşamaktadır".

Tarihin ilk çağlarından gelen bu "gömülü hatıralar" arasındaki hayvan imgeleri kolektif bilinçaltımızın önemli sembolleridir. Bilincimizin derinliklerinde hayvanların gizemli özelliklerine, yaşam becerilerine hayranlık ve merak kadar, kendimizle benzerlikler ve sevgi de buluruz. Çağdaş yaşam koşulları bizleri hayvanların dünyasından ayırmış olsa da, rüyalarda, halk öykülerinde, sinema yapıtlarında ve pek çok sanat eserinde dikkat çekici biçimde yer alırlar. *Küçük Prens*'in Tilkisi veya Çıngıraklı Yılanı, *Martı Jonathan Livingston, Madame Butterfly* ve *Moby Dick* sadece birkaç örnektir. Masal kahramanları olarak karıncayı, ağustos böceğini, çizmeli kediyi seçen yetişkin yazarlar, henüz kozmik ortak bilgeliği terk etmemiş çocukların onlara inanacağını ve seveceğini bilenlerdir. *Gergedan*'da Ionesco'nun, *Metamorfoz* adlı eserinde Franz Kafka'nın bilinçaltımıza bakışlarının izini sürebiliriz. Tüm teknik gelişmelere rağmen baş edemediği yalnızlığının farkına varan insanın, kendi yitirdiği kadim varoluş özelliklerini kaybetmemiş hayvan ırkına saygı duyması, kendisi sürekli çevresini tahrip ederken, doğayla uyumlu varlıklarını sürdürenlere sevgi beslemesi akla yakındır.

Doğanın tamamını önemsemek ve saygı duymak, insanın doğadan daha yüksek varlıklar olduğu kanısından arınmak, kadim bilgeliğe giden yolun başlangıcıdır. Erk hayvanları ve doğanın tamamı ruhsal bir ağ oluşturur ve insanın kendisini keşfi bu ağ içerisine bilinçli biçimde dâhil olmakla mümkün hale gelir.

Keyifli okumalar dilerim.

Ayşe Nilgün Arıt

Giriş

Dünyanın her köşesine yayılmış kadim topluluklarda yaşayan atalarımız sahip oldukları yetenekleri keşfetmiş, zihinlerini sorun çözebilmeye yönelik olarak geliştirmenin ve ruhlarını şifalandırabilmenin önemini fark etmişlerdi. Binlerce yıl boyunca taşıdıkları inancı ve uyguladıkları metotları bugün bizler Şamanizm olarak adlandırıyoruz. Bu kadim toplulukların içerisinde, doğuştan sahip oldukları ya da sonradan edindikleri vasıflar sayesinde kozmik âlemlere seyahatler yaparak görünen ötesindeki varoluş sırlarını keşfe çıkan şahıslar çok önemliydi. O toplum için değerli bilgilere, günümüzdeki yaygın ifadesiyle Şaman diye adlandırılan bu özel şahısların sıra dışı yolculukları sayesinde ulaşılıyordu.

Eserleri çok farklı dillere tercüme edilen ve dinler tarihi konusunda gelmiş geçmiş en önemli akademisyenlerden biri olan Romanyalı filozof ve antropolog Mircea Eliade, 1951 yılında Şamanizmle ilgili ilk çalışmasını yayınladığında, bu konuda kayda geçmiş metinlerin çoğu Rusça olarak kaleme alınmıştı ve çok az sayıdaydı. 1985 yılında o döneme ait anılarını paylaşırken, arada geçen 34 senede, çeşitli ülkelerin antropoloji kürsülerinde yapılmış şamanizm araştırmalarının 2000 kitap yazacak boyuta ulaştığını söylemişti. Eliade'nin bu konudaki ilk bilimsel eser olan *Şamanism* isimli kitabı bugün hala büyük önem taşır.

Eliade'nin bilimsel çalışma ve yayınları öncesinde, antropoloji kürsüleri ve Katolik Kilisesi kısaca *pagan* diye adlandırdıkları kadim uygarlıkları "araştırılmaya değmez, cahil, tuhaf düşünüş biçimlerine sahip topluluklar" şeklinde tanımlamaktaydı. Eliade, kadim insan topluluklarında rastlanan ve kendisiyle paylaşılmış olan ekstatik durugörülerin ve ritüellerin kişiye ve topluma yarar sağlayan, bedensel ve ruhsal şifa veren uygulamalar olduğunu yayınladıktan sonra, bilim dünyasındaki ünü ve saygınlığı nedeniyle önce bir sessizlik oluştu. Sonrasında ise üniversite kürsülerini Şamanizmi tanımaya ve anlamaya yönelik bir iştah sardı. Mircea Eliade öncesinde kadim insanlığa dair bilgiler "tuhaf", "patolojik" ya da "vahşi" diye tanımlanırken, önemli antropoloji kürsülerinin desteklediği projelerin başına yerleşti. Nörobiyoloji, farmakoloji, psikiyatri, tarih ve insan bilimleri dâhil olmak üzere pek çok üniversite anabilim dalında kaleme alınan tarih öncesi kültür yazılarının içeriği değişti. Şamanizmin tek bir antropolojik, humanistik bilim alanına sığdıralamayacak derinlikte ve bilimin standart metodolojisiyle çözümlenemeyecek içerikte olduğunu ifade eden, bu inanç sisteminin kalıba sokulamayacağını, ancak zaman içerisinde anlaşılmaya çalışılacağını açıklayan çalışmalar çoğaldı. Yirminci yüzyılın psikolojik, ekonomik ve sosyolojik teorilerine yaslanmış ve dini ya da seküler politikaların egemen olduğu akademik çevrelerde tüm evreni kucaklayan Şamanizmin şaşkınlık yaratması kolayca anlaşılabilir.

Kadim dünya halklarının bu kitaba konu olan ortak özelliği, yaşamakta olduğumuz Dünya'nın iki veçhesi olduğu inancıdır. Beş duyumuzla algıladığımız *Sıradan Dünya*'mızın ötesinde, ruhsal derinliklerini ve mistik özelliklerini sınırlı fiziksel duyularımızla algılayamadığımız kozmik bir âlem vardır ve burası *Sıra dışı Dünya*'dır. Sıradan Dünya, bilinen zamandadır, yaşadığımız an'a özeldir. Şamanik ruhsal çalışmalarla ulaşılan Sıra dışı Dünya ise kuantum bir zaman ve mekânı ifade eder. Tüm şaman kavimlerde Yaradan'ı anlamak için gözle görünmeyen bu kozmik âlemle iletişim kurma amacı vardır; insan ve evren için bütüncül şifa böyle aranır.

Yüksek bir disiplin ile yetişmiş, inisiye olmuş Şaman, sıra dışı dünyaya beden dışı yolculuklar yapar. Kendi disiplininin öğretilerini kullanarak yaptığı bu yolculuklarda zamanı aşar; sıra dışı âlemin varlıklarından yardım ve şifa amaçlı destek alır; gerekirse geçmişe ya da geleceğe yolculuk yapar. Bu dünyalarda her şeyin canlı olduğu bilinci esastır çünkü evren birleşik bütünlüktür. Bu bağlamda Şaman, olağan sınırların ötesine geçerek kozmik bir gerçekliğe dâhil olan ve evrenin sevgi ve coşkusuna iştirak edendir. Fiziksel yeryüzü ve gökyüzünün ötesindeki sıra dışı dünyayı keşfetmenin, orada hareket edebilmenin tekniği olan şaman yolculuklarında Şaman'a eşlik eden ve bu kitapta özellik ve öğretilerini paylaşacağımız ruhsal rehberlere Maya lisanında *Nagual* denir.

Bugün farklı kökenlerden, farklı eğitim süreçlerinden gelen pek çok kişinin yeryüzünü ve kozmosu bir bütün olarak kabul eden, canlı ve bilinçli bir varlık şeklinde algılayan antik inanç sistemini anlamaya yöneldiğini görüyoruz. Yine pek çok kişi Şaman rehberliğine ilgi duyuyor, evrenin enerji ağıyla bütünleşmenin yol ve yordamını öğrenmeye niyet ediyor. Bu arayışın öncüleri şamanik geleneklerin sürdüğü ülkelere seyahatler ederek, hatta yerleşerek ruh ve zihin kapılarını yeni bir bilince açıyorlar. Herkes kadim toplulukların genetik kodlarını, insanlığın ortak hafızasını taşıdığı için, şamanizmin ruhsal rehber motifleri, sıra dışı evren yolculukları, ruhsal içerikli diğer tüm çalışmalar gibi hayata dâhil edilebiliyor.

Şamanizmde aslolan her türlü önyargının terk edilmesi, insanın kendi gücüne, sağlıklı, huzurlu, mutlu yaşamasını sağlayacak kişisel kuvvetine inanmasıdır. Teknikler basittir ama güçlüdür; başarmak için kendini bu konuya adamak ve disiplin yeterlidir.

Bölüm I

ŞAMAN İNANCI

Platon, *Phaedrus* adlı eserinde şöyle der: "İlk kehanetler bir meşenin ağzından dökülenlerdi; o zamanda yaşayanlar bir meşe ağacını ya da bir taşı hakikati işitene kadar dinleyebilenlerdi".

Şaman inancı insanla doğanın derin bağlarını, insanoğlunun gezegeniyle ilişkilerini anlamayı önemser. Evrenin canlı bilgeliğinin anlaşılmasıyla hayatın uyum ve dengeye, insanın sağlığa ve sağlıklı ilişkilere kavuşacağını, huzurun ancak kozmosun sunduğu bilgeliğin içselleşmesiyle mümkün olacağını ifade eder. İnsanlar farklı bir enerjinin, ruhsal bir aydınlığın varlığını hissettikleri mekânlara büyük ilgi gösterir, böyle yerleri sıklıkla ziyaret ederler. Bu özel duyumlar evrenin gözle görünmeyen sihirli güçlerinin farkındalığını yaratır; yaşanan dünya ile sonsuzluğun buluştuğu hissini verir.

Şamanizmde hayatın pek çok yönünü ilgilendiren ritüeller, seremoniler, meditasyonlar ve çalışmalar vasıtasıyla bilgeliğe uzanan yolun arayışı vardır. Her şeyin birbiriyle bağını ve sınırsız olasılıklarını, ruhsal gelişiminin yolunu ve yordamını sunan şamanik bilgilerin içerisinde şifa çalışmaları büyük önem taşır. Şifacılıkta öncelikli niyet ve arzu, kâinattan rehberlik ve destek alınarak ruhun şifalandırılmasıdır. Sibirya'nın kuzeyindeki Tungus halkının şifacıları için kullandığı Şaman kelimesinin antropoloji biliminde *pagan* sözcüğünün yerine geçirilme nedeni bu inancın temelini şifanın oluşturmasından dolayıdır. Ancak "sihirli bilgilere ulaşabilen", "karanlıkta görebilen" ve "bilginin ateşiyle yanan" anlamlarına da sahip bir sözcüktür.

Şaman, kozmik bir ruh taşıdığını algıladığı kişilere onun bir *keeper* (saklayıcı/koruyucu) olduğunu, yani kadim bilgileri koruyan ruha sahip olduğunu söyler. Kavimsel bilgeliklerin unutulmaması, saklanarak geleceğe taşınması sorumluluğunu taşıyan "koruyucular" kavramına antik toplulukların çoğunda rastlanır. Anglosakson lisanında "*keeper*" olarak adlandırılan bazı şahıslar inanç ve felsefelerinin yok olmasını önlemek amacıyla bu hizmeti üstlenmişlerdir. Kutsal kabul edilen bu görevler genellikle şamanlara arasında paylaşılmıştır. Örneğin "Bilgelik Koruyucuları" (*Wisdom Keeper*) bilgilerin muhafazasını görev edinmiştir çünkü kadim bilgiler, saklanıp aktarılmak içindir. "Portal/Kapı Koruyucuları" (*Gate Keeper*), sıradan dünya ile sıra dışı kozmik dünya arasında, Alt ve Üst Dünyaların arasında olup, şaman yolculuklarında geçildiği varsayılan kapıları koruyan, açıp kapayan Şamanlara verilen addır.

Alt Dünyalar *mikrokozmos*'u ifade eder; insan bilinciyle örtüşen ve ilişkili çeşitli varlıkların katmanlarını içerir. Geleneksel olarak insanoğluyla en yakın ilişkide olan mikrokozmos alt dünyaları, Ateş, Mineraller (Taş ve Kayalar), Su ve Bitkiler, Hayvanlar âlemi ve Gezegenin kendisidir.

Makrokozmos tabir edilen Üst Dünya gerçekliklerinde bilinç, dünya insanının bilinç düzeyinden daha yüksek, daha gelişmiştir. Üst Dünya varlıkları çeşitli kadim toplumlarda *Atalar, Melekler, İlham Perileri, Var Oluşun Saf Hali* gibi adlarla anılır. Tekâmül sözcüğüyle kastedilen ruhsal ve kişisel aydınlanma, üst dünyalara çıkılan bir tür yaradılış merdivenidir.

Günümüzün çoğu yerli kültürlerinde şifacılar, ritüelleri düzenleyenler, şarkıcılar, mistikler ve çeşitli bilgelikleri saklayıp aktaranlar vardır. Bu dinsel ve törensel görevleri yüklenenlere yerli halklar kendi lisanlarına özel adlar verir, yabancılarla paylaşmazlar.

Bölüm II

ŞAMANIN VAROLUŞ NİYETİ

Şamanın Görevleri

Şaman'ın yaşadığı toplumdaki rolü pek çok anlam ve amacı barındırır. En önemli vasfı yaşadığı toplumun ve toplumu oluşturan bireylerin şifacısı olmasıdır. Yaşanılan fiziksel dünya ile sıra dışı âlem arasındaki iletişimi sağlama ve bilgileri bütünün hayrına kullanma sorumluluğunu taşır. Batılı araştırmacıların metinlerinde *soul retrieval* (kayıp ruhun geri kazanılması) diye adlandırılan ve daha ileride anlatacağım özel şifa çalışmaları, rüyaların yorumlanması, kozmik âlemden o toplumun fertlerine gönderilmiş mesajların doğru şekilde aktarılması ve farklı seremoniler düzenleme sorumluluğu Şaman'a aittir.

Bir toplumun sağlığının bireylerin sağlıklı olmasıyla mümkün olacağı kabul edilen Şamanizmde, şifacılık çok özel bir sorumluluktur. Tüm ruhsal ve bedensel rahatsızlıkların temel sebebinin Yaratıcı Kozmik Kaynak'tan ayrılma ve kopuş olduğuna inanılan kültürlerde tedavinin hedefi yeniden bütünleşmektir. Şaman, kişinin bütüncül iyiliğini sağlamak, ruh kaybına uğradığına inanılan kişilere yardımcı olmak amaçlı şifa yöntemlerinden oluşan bir repertuvara sahiptir. Bunlar arasında ilk akla gelenler, kozmik enerji yönlendirmesiyle şifa, bedene yönelik özel şifa çalışmaları, kristallerle şifa, dans ve ses teknikleri, bitkisel ilaçlar ve hastalığa yol açan yıkıcı enerjileri uzaklaştırmaktır.

Şamanların çeşitli amaçlara yönelik olarak düzenledikleri seremoniler büyük önem taşır. Seremoniler doğa olaylarının kutsanması, hasatın bereketi, inşaat ve mimarinin hayırlara vesile olması, toplumsal beklentilerin hayırlı biçimde gerçekleşmesi, toplumun doğayla uyumlanması için yapıldığı gibi bir kişinin hayatındaki önemli olaylarda kozmik destek almak için de yapılır. Ölümler ve doğumlarda özel seremoniler yapmak da Şamanın görevleri arasındadır çünkü dünyaya doğan ve dünyadan ayrılan ruhlar aynı özen ve ilgiye muhtaçtır. Şaman ayrıca çocukların eğitim ve gelişimiyle yakından ilgili bir köy öğretmenidir.

Şaman aynı zamanda süreklilik içerisinde kendisini de geliştirmek zorundadır. Dikkatini dağıtabilecek olan kibirden, yargılamalara sevk edebilecek olumsuz enerjilerden korunmalıdır. Olumsuz olabilecek enerjilerin yerleşmelerine fırsat vermeksiniz, onları etkisiz hale getirerek evrene salmak, kendi enerji ağını sağlam tutmak, kozmosla uyumlu bir varoluşu sürekli sağlamak durumundadır. Şifalandırıcı, umudu yüksek tutan bir farkındalığı geliştirici olabilmesi için ruhunun sağlıklı bütüncüllüğünü koruması şarttır.

Şaman Seremonileri

Şaman inancında ritüeller ve seremoniler, ruhlar dünyasına saygı sunmak ve oradan güç almak, ruhlar dünyası ve güncel gerçeklikler dünyası arasında köprü kurmak amacıyla yapılır; bunlar, tüm antik topluluklarda uygulanmış adetlerdir. Şamanlar, kalıplaşmış dogmalar, katı dinsel kurallar içermeyen ve evrenin tümünü sarmalayarak tüm hayatın özünü oluşturan bir güç ağının bilincine sahiptir. Algılamalarında doğadaki tüm elementler canlı ve tümü ortak bir iletişimle birbirine bağlı ve her şey yaşam enerjisiyle doludur. Dünya üzerinde uyum ve sağlık içerisinde yaşamak bütün bu canlılığın bilincinde olmakla mümkündür. Seremoniler vasıtasıyla Şaman, bu enerjileri topluluğun hayrına olacak biçimde selamlar ve yardıma çağırır.

Şaman seremonisi hem ruhsal bir tören hem de sanatsal bir performanstır. Seremonilerde teatral öğelerin bulunmasının temelinde Batılı gezginlerin sandığı gibi gösteri amacı, ya da dikkat çekme arzusu yoktur. Topluluğun ciddiyetle ve saygıyla katıldığı ortak bir ruh oluşturma niyeti vardır.

Genel olarak tüm performanslar dört öğe içerir: dans, müzik, şiir ve bir tiyatro ya da mim gösterisi. Bu öğelerin kullanılmasıyla doğa ve ruhlar ile kabile halkının mistik buluşmasının sağlandığına inanılır. Gerçek bir Şaman her yerde ve her mekânda sıra dışı âleme yolculuk yapabilirken, şaman seremonilerinde bu deneyimi tüm katılanların ortak yaşaması imkânı sağlanır.

Seremoni sırasında Şaman, insanları, tanrıları, erk hayvanlarını temsil için sesini farklılaştırabilir, çaldığı müzik ve danslarıyla sıra dışı âlemdeki buluşmaların seyri hakkında fikirler vermiş olur. Guatemala Maya halkları arasında vantrilok olan, yani karnından konuşma becerisi öğrenmiş Şamanlara rastlanır. Karnından olmasa bile, hayvanların, doğanın, insan ve diğer seslerin isabetli taklitlerini yapabilen Şamanlar seremoniye katılanlara çok daha canlı deneyimler yaşatabilirler. Dans, şarkı ve şiir repertuarı geniş olan Şamanlar yüksek saygı görürler.

Seremonilerde Şamanın giyeceği kıyafet bölgeden bölgeye değişiklik gösterir ama tümünün ortak aksesuarları palto benzeri bir dış giysi, şapka ve davuldur. Kozmik âlemlere seyahatinde rehberliğe seçtiği Nagualinin kimliğini canlandırmak ve ayrıca kendisinin de ona dönüşümünü temsil eder biçimde giyinmiş olmak, ruhlar diyarına saygı anlamında önemli olduğundan, dış giysisini kuş tüyleri, seçilen hayvanı temsil eden başka unsurlar, renkli eşarplar, zil, çan ya da madeni bazı süslerle bezer. Şapkasında da genellikle tüyler ya da Nagualini simgeleyen bir baş süsü vardır.

Davul ruhlarla iletişimin vazgeçilmez enstrümanıdır ve şaman yolculuğu ancak davulla yapılır. Davul, evrenin simgesidir ve davulun bir yüzü yeryüzünü, diğer yüzü sıra dışı âlemi temsil eder. Davulun süslemelerine başka semboller ve doğal objeler de takılabilir.

Şamanın Şifacılığı

Kadim insan topluluklarında Şaman'ın rolü, esasen şifacılıktır. Şaman hem bireyler hem de toplum için bir ruh doktoru gibi anlaşılabilir. Bedensel, zihinsel ya da ruhsal hastalıklar, kişinin kozmik ağla kopuşunun ya da uyumsuzluğunun işaretleri, bu durumu gözler önüne seren belirtilerdir. Şaman inancında evrendeki her şey bir yaratıcı gücün tasarımıdır. Tüm bilinçler kendi aralarında iletişim içerisindedir ve ortak bir enerji ağıyla her şey bağlı ve bütüncülken mükemmeldir. Maya şamanizminde *itz* diye adlandırılan öz enerji her şeyi birbirine bağladığı, her şey birbirini etkilediği için, hastalıkların kökeninde ruhsal enerjilerin uğradığı zarar algısı vardır. Altta yatan sebebin anlaşılması, enerjinin yeniden düzgün akmasının sağlanması, şamanik şifanın özüdür.

Şifa çalışmalarına şaman yolculuğuna çıkılarak başlanır. Aranılan bilginin ve şifa gücünün alınacağı kozmik âlem seyahatlerinde bitkilerin ruhundan da destek alınır. Şaman bazen de kendi Hocalarının ya da Atalarının ruhlarından yolculuğuna eşlik etmelerini isteyecektir. Amerika'nın bazı halklarında farklı çalışmalar yapan özel şamanlar da vardır. Kendisine nazar değdiğine, büyü yapıldığına inanan kişiler bu özel şamanlara başvururlar. Bu özel şamanlar *Quechua* adını verdikleri sihirli bir güçten yararlandıklarını ifade ederler. *Quechua*'nın büyüden etkilenmiş kişinin bedenine girdiğini, kötü ruhsal enerjileri bedenden temizlediğini söylerler. Bu tür uygulamalara "şamanik şifa" denmez; *brujeria* denir ve bizim lisanımızda "büyücülük" benzeri bir anlam taşır.

Şamanların uzaktan şifası çok merak uyandıran bir konudur. En sık uygulanan şekliyle, karanlık bir odada uzanır, gözlerini kapar ve kendisine özel olan şaman şarkısını mırıldanmaya başlar. Dilerse çıngırağını şarkısına eşlik edecek şekilde sallayarak kendi Naguallerinden birisini yardıma çağırır. Karanlıkta yatarken yüzü, hasta kişinin bulunduğu coğrafyaya çevrilidir; o sokağa, o şehre, o ülkeye dönük olmasına niyet etmesi yeterlidir. Hastayı tüm detaylarıyla zihninde canlandırarak, yatağında yatıyor şekilde bir durugörü yaratır. Yanına inisiye bir öğrencisini almış olduğundan, onun çaldığı davul eşliğinde şaman yolculuğuna çıkar ve hastanın gücünü kaybetmesine, hastalanmasına neden olmuş, yani kendisini terk etmiş olan Nagual'ini bulur. Nagual'i bulunca, daha da yoğunlaşır; onu hastaya geri yollamadan önce kendi Nagual'inden gücünün bir kısmını ona aktarmasını ister. Halsiz, sessiz, hareketsiz durmakta olan Nagual yavaş yavaş hareket etmeye başlayana kadar dualarını okur ve kendi enerjisini de aktarmaya devam eder. Şaman olmayanlar, doğrudan bir başkasına şifa veremez; ancak kendi Nagual'inden hastanın Nagual'ine şifa aktarmasını isteyebilirler.

Bu bölüme davul kullanılarak yapılmış bir Maya şaman şifalandırma örneği eklemek istiyorum. Bazı ruhsal sorunların tedavisinde davul kullanılma nedeni, davulun ses dalgalarının zaman içerisinde bilinçaltında birikerek oluşmuş enerji blokajını çözebilmesi ve böylelikle kişinin kendi alt benliğiyle arasındaki iletişim yolunu açmasıdır. Davulunu çalarken özel bir dua ile niyet eden Şaman, ses dalgalarını doğrudan bloke olmuş özel enerji alanına yöneltebilir; böylelikle bilinç düzeyindeki korunma mekanizmalarını *bypass* edebilir. Örnek vereceğim şifalandırma seansında hastanın geliş sebebi, yani ruhsal alandan bedene inmiş olan şikayeti, önüne geçemediği öfke nöbetleri ve yıllardır üstesinden gelemediği bir depresyondu. Konvansiyonel ilaç tedavileri fayda etmiyordu. Şaman hastaya öfkesine odaklanmasını söyleyerek davulu çalmaya ve hastanın çevresinde dönmeye başladı. Kendi özel gücünü davul sesinin de aracılığıyla hastanın öfkesini hapsetmiş olduğu ruh noktasına odaklamaktaydı. Hasta kişiye öfkesine odaklanması söylenmişti. Şaman çevresinde döndükçe Hasta odaklanması ve canlı tutması söylenmiş öfkenin azaldığını hissetmeye başladı; öfkesine yoğunlaşamadığından dolayı özür diler bir hal aldı. Derken hiç aklında olmayan, hiç hatırlamadığı bazı anıların su yüzüne çıkmaya başladığını fark etti. Anıları anlatması istenince, çocukluk ve yetişkinlik dönemlerinden annesiyle ilgili bir dizi görüntü sıralamaya başladı. Annesine karşı asla hissetmediği, buna kendi yüreğinde asla izin vermemiş olduğu bir öfke kabardı önce. Sonra bu öfke yerini derin bir hüzne bıraktı. Öfkesinin altında yatan duygunun acı ve hüzün olduğu ortaya çıktı. Bu sadece 15 dakikalık bir davul çalışmasıydı. Davul kullanılmasaydı, yaşam boyu acısını çektiği öfke ile depresyonun altında yatan hüznün ortaya çıkarması için aylarca sürecek bir terapi gerekebilirdi.

Kayıp Ruhun Geri Kazanılması

"Şamanın Görevleri" bölümünde *soul retrieval* diye adlandırıldığını yazdığım "kayıp ruhun geri kazanılması" çalışmasında ruh kaybıyla kastedilen, bazı olayların sonucunda insanın ruhsal bütünlüğünün bozulması, ruhun bir bölümünün yaşam enerjisini yitirmesidir.

Fiziksel, zihinsel ya da ruhsal ızdıraplara sebep olan olayların bedene canlılığını veren yaşam enerjisini eksilteceğine, gücünü kaybettireceğine inanılan şaman öğretisinde, enerji vücudun neresinden kayba uğrarsa o bölge hastalığa yenik düşecektir. Yani hastalığın sebebi "ayrılık"tır. Doğadan, her şeyin özü olan temel kaynaktan, yaradılışın nüvesinden, birlikten ayrılış da benzer şekilde ruhsal çöküntülerle hastalıklar yaratacaktır.

Travma diye tanımladığımız sarsıcı olgular sırasında insanın ruhsal özü zedelenir. Ruhsal enerjinin tamamı ya da bir kısmı, yaşanan sarsıntı sırasında bedeni terk edebilir. Fiziksel veya duygusal istismara uğramak, ciddi hayal kırıklığı yaratan olaylar, kayıplar, ağır hastalıklar, kazalar, deprem, yangın gibi felaketler, hatta doğum bile bazı kişiler için travma olabilir. Şaman öğretisi ruhun bazı parçalarının kaçışını, kişiyi kaldıramayacağı acılardan korumak ve hayatta kalabilmesini sağlamak amaçlı bir korunma mekanizması olarak açıklar. Ruh kaybının Şamana başvurulmasını gerektiren sonuçları arasında aşırı karamsarlık, intihar düşünceleri, panik ataklar, bağışıklık azalmasıyla seyreden kronik hastalıklar sayılabilir. Maya halkının adetleri arasında gürültüyle uyandırılmamak dahi vardır çünkü uykudan ani ve şiddetli seslerle uyandırılmanın bile ruhun bir bölümünü kaçırabileceğine inanılır.

Bu tür şifa seremonilerinde Şaman ruh kaybına uğradığı düşünülen kişiyle birlikte bir odaya girer. Öncesinde burayı tütsülerle ve özel nucullarıyla korunaklı bir seremoni alanı haline getirir. Sonra davulunu çalmaya başlayarak şaman yolculuğuna çıkar ve şifa çalışmalarındaki gibi kendi rehberleri ve yardımcı ruhlarıyla buluşur. Gerektiğine inanıyorsa, kişinin hayatının çeşitli evrelerini gözlemler. Kaybedilmiş ruhun geri dönmeyi istememesi halinde, bu çalışmaya günlerce devam edilir. Acı yüklü anı ve deneyimler, sarsıntılı hayat dersleri çözümlenmeye başlayınca, yani iyileşme belirtileri başlayınca, kayıp ruhun döndüğünü hasta kendisi de anlar.

Bütünlüğü zedelenen ruhların kişiyi terk etmesiyle oluşacak kayıp sadece o kişiyi değil tüm evreni etkileyecektir çünkü duygu ve düşünceler her mekânda ve her anda gezegene yayılan enerjilerdir. Her şeyin birbiriyle bağlı ve birbirini etkilemesi kaçınılmaz olan bir ağın varlığında, ruhları zedelenenler sadece kendilerine değil, başkalarına de zarar verme potansiyeli taşırlar. Dengesiz, uyumsuz titreşimleri, düşmanca duyguları, hoşnutsuz ve öfkeli hisleri ve karanlık düşünceleri ortama yayılır. Şaman, hakiki bilgi kaynağından kopuşları şifalandırma sorumluluğu ve niyetiyle donanmış bir uygulayıcıdır. Kayıp ruh parçalarını geri getirip, kayıp gücü yerine koymak, spritüel blokajları kaldırmak şeklindeki şifa tekniği bunun için vardır.

Şamanın Dünyasında Bitkilerin Önemi

Şamanizmle ilgili literatürde bahsi çok az geçen bitkiler âlemi, bitkilerin yardımcı ruhlar olarak kullanılması şaman inisiyasyonunun önemli bir konusudur. Bitki ruhlarından yararlanılan şifa teknikleri ön hazırlık gerektirir çünkü bitki karışımlarından oluşan ilaçlarını Şaman kendisi hazırlar ve kullanacağı bitkilerle önceden çalışmalar yapar.

Bitkilerin dünya deneyimi, insan ve hayvanların dünyayı deneyimlemesinden çok farklıdır. Bitkiler kökleriyle toprağa bağlı ve hareket özelliğinden mahrumdur. Bu mahrumiyet derin bir kabullenmeyi, kendileriyle barışık bir varoluş halini yaratır. Korku, nefret, kıskançlık benzeri duyguları bilmedikleri halde sevgi, acı, mutluluk ve susama hisleri ise insan ve hayvanlarla ortaktır. Şaman öğretisinde bitkilerle iletişim kurabilmemize imkân veren duygular böyle ortak paydada buluştuklarımızdır.

Bitkilerle duyusal ilişkiler oluşturmanın ilk adımı onların varlıklarını kendi varlıklarımızla eşit görmek, duygularının kendi duygularımız kadar gerçek ve önemli olduğunu kabul etmektir. Şaman öğretisine katılanlar bitkilerle iletişimi öğrenme sürecinde öncelikle tek bir bitki seçer ve aksatmadan her gün onunla bir süre geçirirler; en kolay başlangıç ağaçlarla olandır. Şaman inancına göre insanların ve ağaçların duygusal özleri çok benzerdir. Gerek insanların, gerekse ağaçların auralarını oluşturan ışık ağlarının konfigürasyonu hemen hemen aynı yapıdadır. Oysa örneğin böceklerle insanların aura konfigürasyonları oldukça farklıdır. Bu nedenledir ki, insan ve ağaç birbirleriyle kolayca ilişki kurabilir ama insan da, ağaç da, böceklerle iletişimde zorlanır. Psişik özellikleri en zayıf insan bile, bir ağacın yanında bir süre durduktan sonra duygularında bir değişiklik olup olmadığına bakarak, kendisini nasıl hissettiğine dikkat ederek, ağacın taşıdığı duyguyu, mutlu mu, hüzünlü mü olduğunu anlayabilir. Öğreti ilerledikçe ağacın enerjisinin eril mi, dişil mi olduğunu, yaşının genç ve duygularının canlı mı, yoksa yaşlı ve yorgun mu olduğunu hissetmeye başlar.

Şaman çalışmalarına başlayanlar, ağaçların gövdelerinin kabuklarında, yaprakların yüzeylerinde şekiller görmeye başlar ve bu şekillerden bitkinin duygularını öğrenir. Değişik bitki türlerinin kendilerine özel duygusal enerjileri olduğu gibi, aynı bitkinin değişik bölümlerinden farklı hisler alınabilir; bu kendilerine özel enerjilerini hissetmek biraz daha gayret gerektirir. Eğitimin sonunda bir yaprağı kısa bir an başparmağınızla işaret parmağınız arasında tuttuğunuzda, hangi yaprakların ilaç yapılmak ya da yenmek için toplanmayı istediğini, hangilerinin ise koparılmamak ve orada bırakılmak istediğini hissedebilirsiniz. Koparılmayı onaylayan yapraklar yüksek titreşimler taşırken, koparılmayı istemeyenler cansız gibi dururlar.

Bir ağacın altında, bir bitkinin yanında huzurlu ve suskun otururken aklınıza gelen düşünce ya da içinize dolan hisler büyük olasılıkla bitkinin mesajlarıdır. Bu konuyla özel olarak ilgilenmeyen pek çok insan aslında bitkilerle iletişim halindedir. Bahçeyle uğraşanlar, doğada yürüyüş yapanlar, çevrelerindeki bitkilerin mutluluk verici titreşimleriyle ruhsal bir uyum sağlayarak, onların yatıştırıcı, şifalandırıcı, sakinleştirici etkilerini içten hissederler. Bu hissi bir adım öteye taşımak, kaynağına inmek, bitkilerle doğrudan iletişimle mümkün olur ve bir bebeğe gülümsemek kadar kolaydır.

Bölüm III

KENTSEL ŞAMANİZM

Sibirya'nın Tungus halkından öğrenilerek kullanılmaya başlanan Şaman kelimesi, günümüzde dünya üzerinde yaşamış teknoloji-öncesi tüm toplumların rehberlerini tanımlamaktadır. Konvansiyonel normlardan uzak biçimde toplumun hem içerisinde, hem biraz dışında, doğa ile çok özel ve yakın bir ilişki içerisinde yaşayan kadın ya da erkek Şamanlar yüksek itibar sahibidirler. Toplumdaki tüm fertlerin kâinatın ilahi düzeniyle uyumlu ilişkiler yürütmesinin sorumluluğunu taşırlar. Toplumsal ve bireysel görevlerle donanmış olarak, başka gerçekliklerin dünyalarına geçebilen, hayvanlarla, bitkilerle, tüm elementallerle ve çeşitli ruhsal varlıklarla ilişki kurabilen, yaratıcı şifa ve cevaplar sunabilen toplum görevlileridir.

Günümüzde modernizme tutkun olanlar dâhil olmak üzere pek çok insanın kolektif bilinçaltının kodlarını ve kadim kavimsel özellikleri keşfe yönelişi, doğaya artan ilgisi, sağlık ve beslenme alanında holistik bilgilere merakı, aslında bir kentsoylu şamanizminin uyandığına işaret etmektedir. Kent hayatında şamanik uygulamalara başlamak zor değildir. Bu başlangıcın önemli adımlarını bu bölümde paylaşmak isterim.

Doğa İle Buluşmak

Öğrenmek istediğimiz çoğu şey doğanın yabanlığında vardır. Kentlerimizin içine düştüğü kurumsal mono kültürün, yani tek tip yaşam modelinin dışına çıkmak mümkündür. Fırsatlar yaratılarak ormanlarda, çöllerde, kumsallarda, dağlarda gezinmekle işe başlamak değerlidir. Patikaların dışında yürümek, ağaçlara tırmanmak, sessizlik içinde toprağa oturmak, yıldızları seyretmek, akan sudaki müziği duymaya çalışmak, hayvanları gözlemlemek, yüzmek, kuşları duymaya çalışmak, bulutları seyretmek, bitkileri incelemek, şehirlerin az ötesindeki doğal alanları keşfetmek önemli tercihlerdir.

İzlemek ve Farkında Olmak

Yaşanılan bölgeye ait her şeyi sorgulamakla, vahşi coğrafyalarda hayvan izi sürercesine kendi yaşadığı doğayı duymaya, görmeye, koklamaya, dokunmaya niyet etmekle şamanik farkındalık gelişecektir. Yavaşlamak, sonra biraz daha yavaşlamak bu niyeti uygulanır kılacaktır. O kadar yavaşlanmalıdır ki, gözle görünen dünya yavaşça solgunlaşırken gerçek dünya kendisini göstermeye başlasın. Duyuları geliştirici çalışmalar ve her tür meditasyon algıları açacaktır. Duyu geliştirici çalışmaları "Şamanın Kozmik Dünyası"nda anlatmıştım. Kişinin kendisini de izlemeye başlaması müthiş rehberlikler sunacaktır. Kendi duygularımız ve zaman zaman farklılaşan hislerimiz, keşfedilmesi gereken bir başka önemli coğrafyadır; sadece zihinde değil, varoluşun bütününde hayata dair ipuçları sunar. Sükûnet ve hassasiyet ile izlemek ve sürekli bir farkındalık için en sihirli varoluş yeri, şimdiki an'dır.

Deneyselliğe Açık Olmak

Kendisine neyin iyi geldiğini, neyin hoşnut etmediğini, herkes iç sesiyle, sezgileriyle doğrudan bilir. İnanç konularında söylenen ya da okunan her şeyi tartışmasız biçimde, ille de olması gereken budur şeklinde, algılamaktan kurtaran önemli rehberimiz iç bilgeliğimizdir. Deneme, yanılma ve sağlıklı bir kuşkuculuk, kişiye özel olan doğruları bulduracaktır. Bazı şeyleri hayal etmeye cesaret etmek, gerçekleşeceğine inanarak bakmak, deneysel ruhu geliştirmenin ilk adımlarıdır. Bilim adamlarının deneyleri de böyle başlar. Gerçekliğin tek ve sabit olmadığını, pasif olmadığını, aksine ortak ve farklı gerçekliklerin var olabileceğini, yaratıcılığın "karşılıklılık ilkesi"ne çok açık olduğunu fark etmek, şamanik pencereyi açacaktır.

Hayal Kurabilmenin Yol Yordamını Bilmek

Medya takibi, yollarda geçirilen süreler, iş hayatı, bilgisayarlar, ilaçlar, bunların tümü bizi sıradan dünyada hipnotize durumda tutan şeylerdir. İnsanın kendi bilincinin egemenliğini kendi eline geçirmesi, kendi hayallerine zaman ayırıp düş kurmayı öğrenmesi, kent yaşamında da şamanik bir bilinçle yaşamayabilmenin önemli araçlarıdır. Sezgileri daha fazla önemsemek kadar, hayata yeni olgular katmak, dans etmek, davul çalmak, şarkı söylemek, yazı yazmak, kukla oynatmayı veya bazı küçük ritüelleri öğrenmek, bunların hepsi, yaşanan sıradan gerçeklik dünyasından sıra dışı gerçekliklerin dünyasına geçmeye yarayacak örneklerdir. Sezgiler yoluyla bilgi edinmek, niyet etmekle başlar; bilinmeyeni hevesle buyur etmek, bedenin hissettiklerini önemsemek, duyguların farkındalığını geliştirmek, düş kurabilmenin, vizyon yaratmanın tadını almak, yeni ilgi alanlarına açık olmayı getirir beraberinde. Hiçbir şeyi sıradanmış gibi algılamayıp, hayatımızdaki yerinin bilincinde olmak, çocukken nelerin ilgimizi çelmiş olduğunu hatırlamak da yol göstericidir. Farklı davranışları denemek, hoşa gitmiyorsa bırakıp atmak, vücudun en önemli enstrümanımız olduğunun farkına varmak yeni ufuklar açacaktır.

Rüyalara Kulak Vermek

Sadece entelektüel ve zihinsel tanımlamalarla yetinmeden, bir rüya defteri tutarak gece yolculuklarını gerçeklik boyutuna taşımak önemlidir. Rüyada görülenleri gerekirse çizmek, karakterlere gerçeklik katarak yazmak, uyanık hayatta nelere işaret ediyor olabileceklerini düşünmek, bu bağlamda kişisel derinlikleri keşfe çalışmak... bunlar da şamanik hazırlık çalışmalarındandır. Stefano D'Anna'nın *Tanrılar Okulu* adlı kitabında tanımladığı rehberin adı *Dreamer*'dır, "Düşçü" anlamındadır. Hayatın esrarengiz tesadüflerini fark etmek, rüya gibi gelişen eşzamanlılıkların bilincine varmak ve bunları kaydetmek, birbirleriyle ilişkisiz gibi gözüken olaylar arasındaki yeraltı tünellerini keşfetmek ruhu geliştirecek çalışmalardır ve bunlar rüyaların incelenmesiyle gelişir. Rüyalara dikkat arttıkça, daha çok rüya görmeye başlanır ve uyanık hayatın keşfinde rüyalar yol gösterici olmaya başlar.

Kaybedilen Enerjilerin Peşine Düşmek

Zihni ve bedeni tembelleştiren bir hayat sürmek, zararlı yiyeceklerle beslenmek, kötü ilişkiler, bağımlılıklar, ruhsal enerjilerin kaybına yol açmaktadır. Kaybedilerek harcanmış yaşamsal enerjileri geri kazanmak, bilinçli ve şifalandırıcı biçimde kullanmak emek ve zaman gerektirir. Atıl, cansızlaşmış enerjileri arındırdıkça, esin kaynaklarını, ilham pırıltılarını fark etmeye başladıkça, an'ın enerjilerine, bitkilere, mekânlara ve insanlara doğayla uyumlu tepki vermeye başlarız. Önceden geçmediğimiz yollardan yürümek, önceden dinlemediğimiz müzikleri dinlemek, okumadığımız şiirleri okumak, önsezileri dikkate alarak işaretleri anlamaya çalışmak, şamanik varoluşun keyifli kapılarını açacaktır. Çekingence bastırılmış becerileri, gizli kalmış güçleri dışarıya çıkartmak ve işlenecek değerler olarak algılamak; keyif verip vermediklerine, iyi gelip gelmediklerine denedikten sonra karar vermek, hayata yeni cepheler katacaktır. Şaman yolunda, kim olduğunuza dair kalıbı kırmak ve kendinizi şaşırtmak vardır.

Sizi Nelerin Çağırdığını Bulmak İçin Keşfe Çıkmak

Hayatta ciddi sorun olmuş konuların, nelerden incinilmiş hatta yaralanmış olunduğunun incelenmesi önemlidir. Zihinde yer etmiş sesleri bir daha dinlemek, görüntüleri yeniden izlemek, gizli deliliklerin enerjilerini hissetmek ve bütün bunlara yepyeni bir açıdan bakarak nasıl bir bilgelik, ne tür öğretiler içermiş olabileceğini anlamaya yarayacaktır. "Hiç olmasaydı" dedirten deneyimlerde, kurtulmak istenilen yara izlerinde keşfedilmeyi bekleyen, bugün için anlam kazanan bir şeyi yakalamak, yaşamı anlamlı kılacaktır.

Nelerin aslında bitmemiş, nelerin hala çözümlenmemiş olduğunu görmek bir sanattır. Duymazdan görmezden gelmelerin yaşamsal enerjiyi nasıl sızdırdığını ve boşalttığını anlamakla kişisel gücün uyanışı tetiklenir. Bunları kendini kötü hissederken değil, tam tersine güçlü hissederken, ayaklar zemine sağlam basarken yapmak, bilinci ve ruhsal farkındalığı geliştirecektir.

Ataları Tanımaya Çalışmak

Ailemiz ve köklerimiz hakkında olabildiğince çok şey öğrenmek değerli bir çabadır. Eksantrik, yani biraz aykırı olanlar, sanatçılar, aktivistler, yerli halklara, masallara, efsanelere meraklı olanlar, toplumla ters düşen, isyankâr akrabalarımız belki şamanik yolda yürüyorlardı. Atalarımızın varoluşlarını sürdürebilmek için verdikleri mücadeleler, yarım kalmış hayalleri, ulaşamadıkları amaçları, karşılık bulmamış projeleri ve rüyaları, bugün yaşayan nesillerinde can buluyor olabilir.

Ego Sömürülerinden Sakınmak

İnsanın gerçek ihtiyaçlarının çoğu gizemli biçimde çözülür; su taşar, akar ve yerini bulur kendiliğinden. Bunun olması için benliğin amaçlarının evrenle uyumlu olması ve bizlere çok duyarlı olan evrene fark ettirilmesi gereklidir. Şamanizmde amaç kişisel güç kazanmak değildir. Yüksek standartlarda bir ev yerine huzurlu bir yuva dilemek, belli koşullarda bir evlilik yerine mutlu olunacak bir yuva kurmak gibi ifadelerin kozmik önemi vardır. Yuva ve aşk gibi niyetlerle büyük resmin güzelliğine odaklanıldığında, ayrıntıların evren tarafından sürpriz olarak sunulacağına inanılır. Şamanik hayatta, kişiye özel şeyler, şahsi arzular, kendisi ve herkes için hayırlı olması koşuluyla dilenmelidir. Kozmosun cömertliğinde, alçak gönüllü ama yüksek inançlı hayallerin, hırslı ve benmerkezci dileklere tercih edileceği öğretisi önemlidir.

Abartmaktan Kaçınmak ve Topraklamak

Bilinmezlerin keşfine çıkmadan önce topraklamayı, zemine sağlam ayaklarla basmayı öğrenmek, kendi ve hayat hakkında net bir farkındalık edinmek, sağlıklı yaşam alışkanlıkları geliştirmek şarttır. Süratin yanıltıcılığını akılda tutarak, eskilerin deyimiyle rahvan yürüyüşle adım adım ilerlemek, farkındalığa başlangıç olur. Şamanizme duyulan ilgi ya da arzunun içtenliğinden emin olunmalıdır; çünkü içten içe güç ile ilgili beklentiler varsa, bu gizli tuzaklar dürüstlüğe çelme takacaktır. Yakın dostlarla güven ve dürüstlük içeren ilişkiler kurmak, toprağa sıkı sıkıya basmak kadar değerli şamanik vasıflardır.

Topraklama, yeryüzünün sakinleştirici enerjisiyle uyumlu bir bağlantı kurmak demektir. Toprak enerjisi özellikle değişim süreçlerinde, hayatın sarsıcı dönemlerinde sağlam durabilmenin en kolay metodudur. Stres, panik, telaş, sinirlilik hallerinde, topraklamaya, yani ayakları sağlam basmaya ihtiyaç var demektir ve vücut bazı belirtilerle buna işaret eder. En sık gözlemlenen semptomlar, baş dönmeleri, ani sakarlıklar, dalgınlık, unutkanlıktır. Kimi insanlarda hafif mide bulantıları, keyifsiz hissetmek, sürekli yorgunluk, sebepsiz sinirlilik ya da aşırı tepkili öfkelilik de sayılabilir.

Topraklamada amaç bedendeki negatif elektriği toprağa vermektir. Çıplak ayakla toprakta yürümek, bahçede çalışıp elleri toprakla haşır neşir etmek, ağaçlara dokunmak ve mümkünse sarılmak, ağaç diplerinde oturmak insana kendisini iyi hissettiren topraklamalardır. Sonrasında teşekkür etmeyi unutmamak gerekir.

Evde de topraklama yapılabilir ve sabahları sadece beş dakika ayrılarak yapılabilecek bir çalışmadır.

- Ayaklarınız düz şekilde yere basılı, gözleriniz kapalı, vücudunuz dik ve rahat oturun. Elleriniz rahat bir şekilde kucağınızda açık dursun. Kaslarınızı yavaşça gevşetin.
- Derin ve yavaş tempolu nefes alıp verin; nefesiniz belli bir ritmi tutturacaktır.
- Aldığınız nefesin en sevdiğiniz renkte ışık taşıdığını ve her seferinde bu ışıkla içinize sükûnet dolduğunu, her nefes verişinizde sıkıntıyı içinizden attığınızı düşünün.
- Işığın önce kalbinize dolduğunu ve kalbinizden tüm vücudunuza yayıldığını ve her hücrenizin parladığını hayal edin.
- Aklınıza gelen düşünceleri bırakın akıp gitsinler. Kızgınlık, üzüntü, hayal kırıklığı gibi duygular varsa, izin verin çıksınlar.
- Kuyruk sokumunuzdan bir kordon çıktığını düşünün. Bu topraklama kordonunuzun aşağılara, binanın temeline, oradan toprağa, onun altındaki kaya, magma ve gazlı katmanlardan geçip dünyanın merkezine bağlandığını hissedin.
- Tüm negatif duyguları, kızdığınız insanları, rahatsız durumları kordonunuzdan dünyanın merkezine yollayın. Toprak Ana bu negatif duyguları alıp pozitife çevirecektir.
- Negatifi gönderirken kendinizi daha dengeli hissetmeye başladığınızı fark edin, bir iki dakika keyfine varın. Dikkatinizi pozitif duygularınıza da verirseniz, meditasyonun etkileri daha kalıcı olacaktır.
- Yavaş yavaş gözlerinizi açın. Gerinin. Kendinize ve yeryüzüne teşekkür edin!

"Benim sadık yârim kara topraktır" diyen bir yüce şairin halkı olduğumuzu unutmamak gerekir.

Bölüm IV

ERK HAYVANLARI

Şamanizmde Nagual Kavramı

Şaman öğretisine katılanların zihinlerini ilk dönemde en çok Nagualler meşgul eder. Avustralya, Asya, Afrika, Avrupa ve Amerika kıtasında yaşamış tüm halklar hayvanlarla yakın bağlara inanan kültürlere sahiptir. Nagualler, şaman yolculuklarında kendilerini bir hayvan imgesiyle gösteren yol gösterici ve koruyucu ruh yoldaşlarıdır. Şaman için hem yaşadığı dünya, hem de ritüellerle yolculuk yaptığı sıra dışı dünya aynı gerçeklikte olduğundan, rehber ruh yoldaşları dünyadaki ailesi, eşi dostu kadar gerçektir.

Dünyanın yaradılışına dair efsanelerde, en başlangıç dönemlerinde insanlarla hayvanların birbirleriyle iletişimde olduğu hikâye edilir; hayvanlarla olduğu kadar, ağaçlarla, nehirlerle, yıldızlarla konuşabilen peygamber ya da yüce şahıslar yer alır. Sonra kutsal kitaplarda anlatılan bir an gelir; insanın bir zaafı, bir hatası, bir günahı sebebiyle bir "düşüş" gerçekleşir. O andan sonra insanlar ve hayvanlar kendi yollarına ayrılır. Artık sadece ruhsal aydınlanmadan geçmiş, özel kişiler bu iletişime devam edebileceklerdir.

İnsan, hayvan ve mağara üçlüsü kadim insanlık tarihinin erişemediğimiz çağlarının özeti gibidir. Kadim kültürlerde hayvanların temsil ettiği bilgilerin önemsendiğini, insanlarla hayvanlar arasında derin bağlar olduğunu mitolojilerinde ve masallarında görürüz. Tarih öncesi devirlerden beri insan ve hayvan iç içe bir hayat sürmüş, çağlar içerisinde insan bazı hayvanlarda üstün özellikler sezip onu kutsallaştırmış ve bir totem haline getirmiştir. Bu totemler çizgiyle başlayıp resime, heykele doğru gelişen sanatlara yansımıştır. İnsanoğlu duygu ve düşüncelerini önce el sanatlarına ve sonra sözel edebiyatlarına aktarmaya çalışırken duyguların bazılarını belirli hayvanların davranışlarıyla sembolleştirmek istemiştir. Mağara duvarlarındaki resimlerde, mücevher işçiliklerinde, çanak çömlek üstüne işlenmiş figürlerde ve giderek masallarda, hayvanların taşıdığı erkler ve yol gösterici vasıfları hikâye edilmiştir.

Evrendeki varlıkları konuşturarak kendi duygu ve düşüncelerini hikâye eden insanoğlu, tarih öncesinden başlayan halk edebiyatını oluşturmuştur. Destanlar, mitler edebiyat tarihinin ilk edebî türleridir. Dünya edebiyatında önemli bir yer alan hayvan hikâyelerinin en eski örneklerinin yazarı Milattan altı yüz yıl önce yaşamış Ezop adında bir Yunanlıdır. Bilimsel araştırmalar bu hikâyelerin kökeninin eski Hintlilere, Mezopotamyalılara, İbranilere ve Fenikelilere kadar da uzandığını ortaya koymuştur. Bugün artık *fabl* diye sınıflandırdığımız, kahramanları hayvanlar olan Ezop masalları aslında ortak insanlık kültürünü ifade etmektedir.

Son yıllarda gezegenimizde hayvanlara duyulan sevginin yükselişine, antik çağlarda onlara atfedilmiş değerlerin canlandığına tanık oluyoruz. Yaşamlarına dair bilgilerimiz ve dünyanın tüm bölgelerindeki hayvanların korunması için mücadele eden aktivist örgütlerinin sayıları artıyor. Hayvanlar, öykünülecek bazı özellikleriyle, davranışlarıyla, nefes kesecek öğretiler sunarlar. Doğal ve spontane, yani an'da yaşar ve doğalarının gereği her ne ise, öyle davranırlar. Davranışlarından dolayı hayata karşı şüphe, endişe, kararsızlık, suçluluk duygularına düşmeden yaşarlar. Yaşam ağı içerisinde bazen rekabet ederek, bazen ortak hareket ederek, saygın bir hayat örneği oluştururlar. Kendi ruhlarına yabancılaşmazlar; yiyecek, oyun, cinsellik ya da ölüm olsun, hayatın sunduğu her şeye ruhsal ve bedensel bütünlükleriyle karşılık verirler. Bunların şamanik öğretiyle ne kadar örtüştüğü hayranlık uyandırıcıdır.

Genelde insanoğlundan daha güçlü özellikler taşırlar; koşarken, yüzerken, dalarken, ağaçlara, tepelere tırmanırken, uçarken, avlanırken, insanı fersah fersah aşan becerilere ve hızlara sahiptirler. Görme, hatta karanlıkta görme, duyma, koku alma özellikleri insanla karşılaştırılamayacak ölçüde yüksektir. Bu gerçekliklerin farkındalığıyla ilk atalarımızın önemli tanrılarını hayvanlarla sembolize etmeleri, kutsallık atfettikleri bazı insanları yarı-insan, yarı-hayvan biçimli olarak betimlemeleri kolayca anlaşılabilir. Çok sayıda antik kentin kuruluş öyküsünde kutsal bir hayvan, bazı kavimlerin kurtuluş efsanelerinde de halka rehberlik etmiş bir hayvan yüceltilir. Halk hikâyelerinde, masallarda, efsanelerde kahramanın yol göstericisi, yardımcısı, kurtarıcısı olan bir hayvan mutlaka yer alır.

Şaman inancında tabiatın kozmik enerjileriyle uyumlanabilen herkesin hayvanlar âleminin doğal mesajlarından öğrenecekleri vardır. Kadim halklar, üzerlerinde taşıdıkları figür ve sembolleriyle, o hayvanın erkine ait özel bir enerjiyi kendilerine çektiklerine inanmışlardır. Bu yeni bilgi çağında kadim öğretilerin izlerini sürenler, erk hayvanları sembolizminin tek bir kültüre ait olmadığını keşfediyorlar. Doğanın tüm varlıklarıyla geçmişte kurduğumuz bağlar yeniden önem kazanıyor.

Arketipler Olarak Erk Hayvanları

Tarihin ilk çağlarında hayvanlar insanoğlunun yaşam mücadelesinde önemli roller üstlenmiş ve kutsanmış olduğu için kolektif bilinçaltımızın önemli imgeleridir. Yeryüzünde milyonlarca yıldır var olmaları, hayvan imgesinin kolektif bilinçaltında "ilk olma" sembolizmini barındırır. Hayvanlar ormanların, suların derinliklerinde, dağların tepelerinde, çöllerin en ücra bölgelerinde yaşam sürerken, insanoğlu buralara girememiş, dalamamış, tırmanamamış ve cesaretle deneyenlere her zaman maceraperestler olarak bakmıştır.

Bilincimizin derinliklerinde hayvanların gizemli özelliklerine, yaşam becerilerine hayranlık ve merak kadar, kendimizle benzerlikler ve sevgi de buluruz. Çağdaş yaşam koşulları bizleri hayvanların dünyasından ayırmış olsa da, rüyalarda, halk öykülerinde, sinema yapıtlarında ve pek çok sanat eserinde dikkat çekici biçimde yer almaları bundandır.

Nagualler hakkında günümüze uzanan inançlar, Carl Gustav Jung'un sunduğu kavramlarla çağdaş zihinlerde anlaşılır hale geldi. Jung, öncelikle hayvanların bilinçaltında işlevsellik kazanan, insanlığın kadim sembollerini oluşturan arketipler olduğunu yazdı. Sonra da çoğu kelimenin Latince'den alındığı lisanlara "hayvan" sözcüğünün *animal* olarak girmiş olduğuna dikkat çekti. Latincede *animalis* kelimesinin kökünün *anima* olması ve ruh ya da hayat nefesi anlamına gelmesi Jung için çok açıklayıcıydı. Bu tespitleri takiben kolektif bilinçaltı teorisinde eril/dişil kavramlarını *animus/anima* olarak adlandırmış ve bu arketipsel enerjilerin, kolektif bilinçaltı ile gerçek kimliklerimiz arasındaki geçiş kapıları olduğunu yazmıştır.

Kadim zamanlarda insanlar ve hayvanlar arasındaki doğal ilişkiler ortak bilincimizde sürdüğü için, kozmik ağ enerjisiyle bağ kurulmaya başlandığında, insan şaman öğretisine tekrar hazır olduğunda, Naguallerle iletişim mümkün hale gelmektedir. Milyonlarca türü keşfedilmiş hayvanlar âleminde önemli olan türlerinin sayıları değildir; arketiplerin sembolizmi de belli adetlerle sınırlı değildir. Önemli olan hayat boyunca hangilerinin neleri öğretmekte rehberlik edeceğidir. Doğa, ruhumuza yeni yaşamsal enerjiler üfüren muhteşem bir öğretmen olduğundan, doğal çevresinin farkında olmaya, gözlemlemeye başlayan insan öğrenecek çok şey bulur.

Hayvanlar bizlere pek çok biçimde mesaj ve bilgi verirler; doğal davranışları ve çevreleriyle olan ilişkileri en kolay gözlemlenecek olanlardır. Lisanlarını öğrenmeye niyet edince, hayvan imgeleri vasıtasıyla sunulan pek çok kozmik öğreti vardır. Bu lisanı anlamanın anahtarı, herhangi birinin özelliklerini ayrıntılarıyla incelemek ve hangi özelliklerin ilginizi çektiğini keşfetmektir. Nagualleri ruhsal öğreti araçları şeklinde değerlendirmek, onlarla ilgili bilgiler edinmek bile bir çeşit spritüel farkındalık oluşturur. Doğanın tamamını saygıyla önemsemek, insanın doğadan daha yüksek varlıklar olduğu kanısından arınmak, kadim bilgeliğe giden yolun başlangıcıdır. Erk hayvanları ve doğanın tamamı ruhsal bir ağ oluşturur ve insanın kendisini keşfi bu ağ içerisine bilinçli biçimde dâhil olmakla mümkün hale gelir.

Bölüm V

MAYA ŞAMAN İNANCINDA NAGUAL'LER

Maya Şaman inancında evrendeki her şey aynı tanrının yaratımları olduğundan, aynı ağa ve aynı öneme sahip olduğundan, insan kendi dışındaki varlıkları küçümsemez, yargılamaz, saygı duyar. Her canlının bilgelik kaynağı olduğuna, bu bilgelikleri sunmak için dünyada bulunduğuna, hayvanların da insanlara örnek olmak ve bazı dersleri öğretmek amacıyla yaratıldığına inanılır. Nagual'ler, rehberlik alınacak ve sezgilerin güçlenmesinde hocalık edecek hayvansal enerjilerin ifadesidir; şifalandırıcı güçleri ve ilham verici bilgelikleriyle insanlara ışık tuttukları kabul edilir. Benzer mana taşıyan *Totem* kelimesi, Kuzey Amerika ve Kanada'nın yerli halklarından Anishinaabe'lerin ve Ojibwe'lerin, kanbağı, akrabalık anlamındaki *odoodeman* ve *oto-te-man* sözcüklerden İngilizceye alıntılanmıştır. Hangi coğrafyadan olursa olsun, günümüzde o halkların temel inancında hayvanlarla ortak bir lisanın varlığı hala kabul görür.

İnsanı koruyup gözetmeye gönüllü olan rehber hayvan ruhunun Maya lisanındaki adı olarak Nagual, sevgi ve saygı çağrıştıran bir sözcüktür. Maya şamanizminde kişinin kendi Nagual'ini keşfinin yolu, şaman yolculuklarıdır. Şaman yolculuklarının özünü "Şamanın Kozmik Dünyası"nda paylaştığım için, bu kitapta Nagual bilgeliğinin derinliklerine inmeyi arzu ettim. Bu bilgeliğin rehberliğinde hayata dair sorulara cevaplar kolaylıkla bulunabilmektedir. Kendi erk hayvanıyla tanışan herkes onunla doğrudan iletişim kurabilir, şamanik yolculuklarında onun yardımını ve yol göstericiliğini isteyebilir. Şaman öğretisiyle hiç tanışmayanlar, Nagual'ini bilmeyenler, yol gösterici ruhsal varlıkların farkında olmayanlar bile aynı rehberlikten yararlanır ama olayları şans ya da hayatın güzel rastlantıları olarak kabul eder.

Değişik coğrafyalardaki şaman öğretilerinde Erk Hayvanlarının keşfi için çeşitli yöntemlerle karşılaşabiliriz. Özel meditasyonlar, doğada gözlemler yaparak hissetmeye çalışmak, ses seremonileriyle çağırmak, rüyalarda karşılaşmaya niyet etmek, kâhinlere başvurmak gibi öğretilerin tümünün ortak hedefi, erk hayvanının doğasından hareketle kişinin kendi doğasını anlayabilmesi, sahip olduğu veya henüz sahip olamadığı özelliklerini fark etmesidir. Hayatta karşılaşılan olaylar veya çözümlenmesi gereken duygu durumlarını anlamlandırma amaçlı bireysel rehberlik almak için şaman yolculuğunun tekniğini öğrenmek gerekir.

Maya Şamanlarının Nagual'leri arasında en saygın olanları yılan, jaguar ve baykuştur. Maya dini inancının çok yüce bir tanrısı olan K'uKuulKaan'ın sıfatı *Kutsal Tüylü Yılan*'dır. Tarihte bazı Maya Kralları adlarına Jaguar sözcüğünü eklemiştir ve yüksek vasıflı şamanların çoğunun en güçlü Nagual'i jaguardır.

Rehber hayvan ruhunun özelliği, belirgin tek bir hayvanı değil, o hayvan türünün tümünü temsil ediyor olmasıdır. Nagual, özel bir baykuş ya da özel bir yunus değildir; tüm baykuş ya da yunus ailesini temsil etmektedir. Şamanizm herkesin kendi bireysel aydınlanma çalışması olduğundan karşılaşacağı erk hayvanı sadece o kişinin kendisine ait vasıflar taşıyacak, ya sahip olduğu ya da geliştirmesi gereken özellikleri sergileyecektir. Bu kitapta Nagual sembolizmi metinlerinde adlarının ilk harflerinin büyük yazılma sebebi Maya lisanında saygı ifadesi olarak böyle olmasından dolayıdır. Bu metinlerde anlatılan rehberlik özelliklerinin tümünde gelişim gerekebileceği gibi, sadece bir tanesi için rehberlik de verilebilir.

Önceden edinilmiş ansiklopedik bilgilerde, mitolojik anlatımlarda yazılmış olanlar ya da kişinin o hayvanla ilgili düşünceleri, şamanik yolculukta karşılaşılacak hayvanın özellikleriyle örtüşmeyebilir. Bazı insanlar hayatları boyunca belirli bir hayvana karşı büyük ilgi duyarlar. Bu yoğun ilgi ve sevgi küçük yaşlarda dinlenmiş bir masalla ya da çok sevilen bir oyuncakla başlamış olabilir. Böyle bir hayvan o çocuğun ilerideki hayatının totem'i olur; anahtarlığını alır, kitap ayracı seçerken üstünde bu hayvanın resmi olanı seçer, fotoğrafını gördüğünde yüreğini sevgi kaplar. Kimi zaman hiç sebepsiz yere bazı hayvanlar kişinin dikkatini çekmeye başlamış olabilir ve böyle biri şamanik çalışmalarda bu hayvanın kendi Nagual'i olacağını bekler. Oysa olabilir de, olmayabilir de... Şamanik çalışmalara çok açık zihinle başlanması, kendisine en yararlı rehberliği sunacak erk hayvanının geleceğine güvenilmesi gereklidir.

Maya kültüründe ayrıca ailelerin ve hatta köylerin de bir Nagual'i vardır ve köyün ortak niyetlerinde herkese rehberlik ettiğine inanılır. Bu Nagual toplu seremonilerine çağırılır ve onuruna edilen danslara katılanlar onun görüntüsüne bürünecek şekilde giyinirler, yüzlerine onun maskesini takarlar. Günümüzde pek çok şirket ya da kurumun kendisine amblem olarak bir hayvanı seçtiğini görüyoruz. Bu seçimi yapan kişi entelektüel bir açıklamayla toplumsal çağrışımlardan ya da ürünleriyle uyumlu imge arayışlarından yola çıktığını söylese de bu türden seçimlerin özünde de kolektif bilinçaltında yer etmiş bir ruhsal rehber arayışı vardır.

Maya Şaman İnancında Nagual'lerin Sınıflandırılması

Şaman yolculuklarında tekâmül derslerimizde rehberlik yapacak erk hayvanlarıyla tanışırız. Kararlarımızı yönlendirmede ve seçimlerimize ışık tutmada zihinsel, ruhsal ve duygusal rehberlikleri paha biçilmez olacaktır. Bu erk hayvanları zaman içerisinde ve ihtiyaca göre çoğalabilirler, yer değiştirebilirler, birbirleri içerisinde eriyip bütünleşebilirler. Şaman yolculuklarındaki ruhsal rehberliklerinin yanı sıra bazen fiziksel hayatımıza girdiklerine de tanık olabiliriz.

Şaman dünyasında dört sayısı kutsaldır, pek çok kavramın içeriğini oluşturur. Örneğin, Maya inancında dünyayı çepeçevre sarmalayarak koruyan dört Tanrı vardır ve seremoniler, Şaman'ın dünyanın dört ana yönüne doğru seslenişiyle başlar. Kozmik düzen dört elemandan oluşur: Ateş, Toprak, Hava ve Su. Antik kentlerin düzenlenme planlarında, binaların temel yapı biçimlerinde dört sayısını esas almış mimari bir biçimle karşılaşırız. Şamanizmde, hayvan imgeleri de dört ana grupta derlenmiştir.

"Hayat Boyu Rehberlik Edecek olan Nagual'ler" ana gruptur. İkinci grup olan "Dönemsel Rehber Hayvanlar", "Mesaj Getirenler" ve "Karar Rehberleri" şeklinde iki alt başlıkta ayrışır. Üçüncü grup "Gölge Nagual'ler"dir. Dördüncü grup ise "Fiziksel Dünyadaki Erk Hayvanları"dır.

Şaman yolculuklarında buluşulan rehber erk hayvanlarının mesajlarını kendi özel gruplarına dair özellikler doğrultusunda yorumlamak gerekir. Mesajlar, öğretiler, anlamlar, bu ruhsal rehberliğin hangi grup tarafından sunulduğunun anlaşılmasıyla farklılaşır. Yorumlara temel teşkil edecek olan, bu grup ayırımıdır. Hepsi çok güçlüdür ve nasıl kullanılacağını bilmek ve daha da önemlisi, nasıl yorumlanacağını bilmek, şamanik öğretinin özünü oluşturur.

Hayat Boyu Rehberlik Edecek Olan Nagual'ler

Maya şaman inancında her insan özel bir Nagual'in koruyucu ruhsal varlığının refakatinde dünyaya gelir ve kişisel gelişimimizde, ruhumuzun dönüşüm yolculuğunda, uzay ve zaman içerisinde birlikte yürüyeceğimiz yoldaşımız bu erk hayvanıdır. Bu kişisel rehber iç dünyamızın güçlü yansımaları olarak hayat boyu bizimle olacaktır. En derin özelliklerimizi bize yansıtacak, kim olduğumuzu keşfetmemiz için en yakın kişisel rehberliği sunacaktır.

Nagual'ler, doğum anından yaşamın sonuna kadar sıra dışı âlemin geniş perspektifinden sunacakları öğretileriyle, temsil ettikleri kavram ve değerlere ait sembolizmle süslenmiş mesajlarıyla bir tür ana-baba görevi üstlenmiş gibi kabul edilebilirler. Şaman öğretisinin başlangıç dönemindeki ilk yolculuklarda görülen pek çok hayvan imgesi arasında hangisinin ana Nagual olduğu, nasıl ayırt edileceği eğitiminin en önemli faslıdır. Nagual'lerle çalışırken sunulan hayat derslerini doğru algılayanlar, değişim ve dönüşümlerini gerçekleştirmekte yüksek beceri ve bilgelik kazanacaklardır. Hayat boyu rehberlik eden Nagual, kişinin dönemsel bir ihtiyacında kozmik habitatından başka erk hayvanlarını çağırabilir. Bunlar bir sonraki bölümde açıklanan "Dönemsel Rehber Hayvanlar"dır.

Dönemsel Rehber Hayvanlar

Şaman yolculukları ve hayat ilerledikçe, hayatın özel bir döneminde ya da yeni bir aşamasında ek rehberlik için birkaç Nagual daha karşımıza çıkar. Yola devam etmemizi sağlayacak cesaret ve gücü verecek bu dönemsel Nagual'lerin rehberlikleri kısa ya da uzun ama geçici sürelidir; birkaç gün de sürebilir, birkaç yıl da. O döneme özel bilgeliklerle yaşamı zenginleştirmek, farkındalığı yükseltmek için ne kadar gerekiyorsa, o kadar süre kalırlar. Korku, öfke, öz güvensizlik yahut aşırı güven, güçlülük veya zaaf, sabırsızlık ya da aşırı tahammül gibi farklı alanlarda kişiyi kendi duygusal cepheleriyle yüzleştirir, tekâmülü teşvik edecek yolları, bir başka bakış açısını, başka seçenekleri sunarak yolları zenginleştirirler. Rehberlik süreleri, dersin ne kadar öğrenildiğine, bilgeliğin hayata entegre olup olmadığına, kullanılıp kullanılmadığına göre değişir.

Zaman içerisinde güveni fazlasıyla hak ettikleri deneyimlenecek olan Dönemsel Nagual'ler, dersi anlamaya hazır olduğunuzda gelirler. Onları da onurlandırmak ve özen göstermek önemlidir çünkü hayat yolculuğunda yeni bir dönem başlayacak demektir. Yine zaman içerisinde onların derin özellikleri sizin kimliğinizle bütünleşir.

Dönemsel Nagual'leri iki alt grupta incelemek, anlaşılmalarını kolaylaştıracaktır. Bu iki grup, "Mesaj Getirenler" ve "Karar Rehberleri"dir.

"Mesaj Getirenler" kişinin hayatına ansızın girer, mesajı verir, mesaj anlaşıldığı zaman kaybolurlar. Mesajları bir uyarıda bulunmak ya da eksik bir vasfın tam da o dönemde geliştirilmesine işaret etmek olabilir. Mesajı alamayan, dersi anlayamayan, iletileni duyamayan ve bu Nagual'in kalmaya devam ettiğini görenler, uzun süreli rehberliğe geldiği kanısına kapılır; oysa görev tamamlanmamıştır. Kendilerini gürültülü biçimde gösterebilecekleri gibi, karşılaşma hafif bir fısıldamayla da olabilir. Mesajların pozitif ya da negatif gibi algılanmaması, yol gösterici olduğunun farkına varılması, ruhsal rehberliğin dualite dünyasından gelmediğinin bilinci, şaman öğretisiyle gelişir.

"Karar Rehberleri" hayatta önemli bir karar verilmesi gerektiğinde, bir yol kavşağında hangi yönün seçilmesinde kararsız kalındığı anda ortaya çıkar ve seçenekler içerisinde en doğru olanı gösterirler. Yön anlaşılır ve insan onu seçerse, görevleri tamamlanmış olur. Yoldan sapılacak, dümen kırılacak, yön değiştirilecek olunursa, sabırla geri koşacak ve bir süre daha kalacaklardır. Karar aşamalarında şaman yolculuklara katılmaları, ayırt edici özellikleridir.

Gölge Nagual'ler

Bu Nagual'lere "gölge" denir çünkü kişinin sevmediği kendi yönleri gibi, onlar da çoğunlukla sıra dışı, ortada sık gözükmeyen, fark edilmemeyi tercih eden hayvanlardır. Uzun süre alınamamış derslerin, değiştirilememiş tutumların, tekrarlanan hataların ve şaman öğretisinde terk edilmesi farz olan şüphe, endişe, yargılama, öfke ve bunların sebep olacağı korku duygularının çözümlenmesi için gelen hayvan erkleridir. Gelişleri daha çarpıcı görüntülerle ve daha gözü pek olacaktır. Kişinin kendi gerçeğini aynaya aksettirenlerdir. Değiştirmesi ve yüzleşmesi gerekenleri ve bu değişimlerden duyacağı korkuyu temsil ederler. Mesajları doğru algılandığında ruhsal dönüşüme yardımcı olacak güçlü rehberlerdir; Eğer görmezden gelinir ve umursanmazsa, mesajlarını daha sarsıcı yolculuk deneyimleriyle vermeye devam ederler.

Gölge kimliklerimizin rehberliğini yapacak bu Nagual'ler, çoğu kişi için ürkütücü, tiksindirici olan hayvanların imgeleridir; onlar pek sevilmez, korkutucu ya da itici bulunur. Öldürmekten çekinilmeyen, yolda görünce yolu, televizyonda görünce kanalı değiştirmeye neden olan, kâbuslara giren hayvanlardır. Bu hayvanlara karşı fobiler geliştirenler vardır. Kendisini doğasever, hayvan sever olarak tanımlayıp, konu bu hayvanlarsa kitle halinde imha edilmelerine ses çıkartmayacak kişiler vardır.

Korkularımız yaşama dair önemli ipuçlarıdır; hayat boyunca yenileri eklenebilir ve şaman yolculuklarımıza yeni Gölge Nagual'ler girebilir. Bu hayvanlardan korkma ya da tiksinme nedenimiz öncelikle öğrenmek istemediğimiz dersler veriyor olmalarındandır. Bir başka ifadeyle, verecekleri öğretiler kaybetmekten korktuğumuz ya da kazanmak istemediğimiz kimlik özelliklerimize dairse, bilinçaltı tepkimizi bu hayvan imgelerine karşı korku ya da tiksinme olarak hissederiz. Korkarız çünkü bize duymak istemediğimiz şeyler söylenecek, yüzleşmek istemediğimiz gerçekler suratımıza vurulabilecektir.

Yolculuklarımızda rastladığımız bu türden bir Nagual hakkında düşünmek yararlı olacaktır. Onunla ilgili en nefret ettiğimiz şey kendimizde en nefret ettiğimiz şey olabilir. Başımıza gelmiş ya da yaşamakta olduğumuz zararlı, tatsız bir hususu sembolize ediyor olabilirler. Sonuç olarak, Gölge Nagual, kişiliğin asla açığa çıkmamış veçhelerini temsil eder (korkulanları değil, hiç tanımadığımız kimlik özelliklerini).

Erk hayvanlarının ne sıradan görüntülerine, ne de sıra dışı kimliklerine kötü demek mümkün değildir. Nagual'ler, ruhsal rehberlerdir ve sadece iyidirler. Kötülük için değil, aydınlatmak, kendini tanıtmak, ruhsal gelişim ve dönüşüme yarayacak sembollerle dikkati belli bir alana çekmek için şaman yolculuklarına girerler; görevleri altında çok yorulduklarını söyleyebiliriz.

Öte yandan bir kişinin Hayat boyu Nagual'i, bir başkası için Gölge Nagual olabilir. İster terlikle vurup öldürülen, ister peçeteyle yakalayıp camdan atılan, ister görür görmez sayfa süratle çevrilen olsun, bu hayvanlardan birisi şaman yolculuğuna dâhil olmuşsa, gölge kimliklerimizle karşılaşmaya hazır olmamız gerekir. Şamanların binlerce yıldır farkında oldukları bu gerçekliği Carl Gustave Jung da kaleme almıştır. Karşı apartman balkonunda görünce rahatsız olup perdeyi çektiğimiz bazı komşular örneğini verirken, bu kaçınmayı "gölge kimliklerle karşılaşma korkusu" olarak yazmıştır. Gölgelerimiz kişiliğimizin asla farkında olmadığımız yönleri olduğundan, bu özel Nagual'lerin rehberliğiyle tanışmak çok önemlidir. Bazı duygu ve düşüncelerimizin analizine başlayarak kendimizi yeniden tanımlarken, gölge kimliğin başkalarının ayna tuttuğu kimliklerimiz değil, aynanın dahi yoruma katılmadığı kişilik özelliklerimiz olduğunu fark ederiz

Fiziksel Dünyadaki Erk Hayvanları

Bu sınıfa dâhil olanlar, ruhsal mesajlarını vermek için kendilerini türlü biçimde fark ettirecek şekilde gündelik hayata giren hayvanlardır. Kimi zaman herhangi bir hayvanın size uzun uzun baktığını, normal davranışından farklı bir hareket yaptığını, tuhaf bir ses çıkardığını görebilir ya da o güne kadar ilgi göstermemiş olduğunuz doğa belgesellerine düşkünlük geliştirebilirsiniz. Şamanik çalışmalara aşina olmayan kişilere, ya da o dönemde şaman yolculuğu yapmadığı için kendisine yolculukta ulaşılamayanlara, özel bir ihtiyaca rehberlik etme acelesiyle fiziksel dünya gerçekliğinde gözükürler. Göründükleri şekil, davranışları ya da sesleri, bir farkındalık uyandırma mesajıdır.

Kendi doğal çevremizle ilişkilerimiz ve uyumumuz arttıkça, hayvanlardan bu mesajları almak kolaylaşır. İç farkındalığımız yükseldikçe iletişimimiz artar ve gündelik hayatta karşılaşıldığında verecekleri ufacık işaretler hemen görülür. Görüldüğünde üstünde durulmasa dahi, ansızın akla gelen bir düşünce, içe doğan bir sezgi, ani bir fırsatın gözden kaçmaması gibi dolaylı şekillerde yardım edeceklerdir.

Öğrencilerimin hikâyeleri arasından, bu farkındalıkla bana aktarılmış iki karşılaşmanın başlangıç satırlarını paylaşmak isterim.

İlkinde şöyle yazılıydı: "Birkaç kez yolda yürürken salyangoza bastığımı kabuğunun kırılma sesini duyunca fark etmiş ve çok üzülmüştüm. Sonra akşam eve geldim tüm pencereler kapalı olduğu halde mutfaktaki dolabın üzerinde salyangoz vardı. Birden uyandım ve şaman yolculuğu yaparak mesajını anlamaya niyet ettim..."

İkincisi ise şöyleydi: "Yaklaşık 2 haftadır sürekli karşıma uğur böceği çıkıyor, hatta bir ara yemek yerken geldi. 'Seni fark ettim, getirdiğin bilgeliği anlayacağım' dediğimde bir anda yok oldu! Kapıdan da çıkmadı, nereye yok oldu anlayamadık; hatta arkadaşım da çok şaşırdı. Geçenlerde yine laboratuarın önünde görünce, şaman yolculuğu yaparak sormaya karar verdim ve yolculuk yaptım..."

Farklı dört grup şeklinde anlamlarını takiben Nagual'lerin tümü için özetlemek gerekirse, şaman öğretisi alan herkes kimi sürekli, kimisi geçici süreli rehberlik veren Nagual'lere güvenmeyi öğrenir; yol göstericilik istemekten çekinmez. Çok ender olarak, ruhunun seçtiği hayat dersini tamamlayan bazı kişilerin, yolculuklarına birlikte başladığı Hayat boyu Nagual'inden farklı bir birincil rehberle tanışması mümkündür. Hayat boyu rehberliğe yeni bir Nagual'in gelmesi çok seyrek görülür; yaşamının her alanında tam bir dönüşüm geçirmiş ve sürekli Hoca ile birlikte çalışmış kişilerde bile ender olarak deneyimlenebilir.

Nagual'lerle Meditasyon Egzersizi

Şaman yolculukları öğretinin temeli olsa da, temel şaman eğitimi almamış kişiler basit bir çalışmayla Nagual'i olan erk hayvanıyla tanışmayı deneyebilir. Meditasyona aşina olan okurlar için kapalı ya da açık bir alanda yapılabilecek bu çalışmayı paylaşmak isterim. Eğer uygun bir coğrafyada ve açık alandaysanız gerçek bir hayvanın uzaktan sizi gözlediğine, hatta yanınıza geldiğine de tanık olabilirsiniz.

Öncelikle, kendinizi rahat hissedeceğiniz sakin bir yer seçmeniz gereklidir. Meditasyon için hangi tekniğe alışıksanız onu seçebilirsiniz. Elinize yarı değerli veya herhangi bir taş, bir kristal alabilir, ayrıca sizce değerli herhangi bir objeyi yanınıza koyabilirsiniz. İmkânınız varsa, zihninizi sakinleştirecek bir meditasyon müziği çalabilirsiniz. Birkaç derin nefes aldıktan, hem zihninizi rahatlatıp, hem bedeninizi gevşettikten sonra rahat edeceğiniz pozisyonda oturabilir ya da uzanabilirsiniz. Düşünceler derede akan yapraklar gibi gelip geçerken, takılmadan ve akmalarına izin vererek zihinsel sükûneti kazanmak kolaydır. Nefese odaklanarak zihin rahatladıktan sonra niyetinizi dilediğiniz şekilde söyleyebilirsiniz; "ruhsal rehberliğimi yapan Nagual'imle tanışmaya niyet ediyorum" şeklinde ifade etmeniz yeterlidir.

Dere imgesine devam edecek olursak, duyularınızı akan suya yöneltmeniz, suyun sesini duymaya, su yüzeyinin dalgalanmasını görmeye, ne kadar serinletici olduğunu hissetmeye başlamanız yararlı olacaktır çünkü duyuların hissedilebilirliği şaman öğretisi için çok önemlidir. Derede akan suyun saflığını ve berraklığını yüreğinizde canlandırırken etrafta bazı sesler duymaya başlayabilirsiniz. Ayak sesleri, fısıltılar ya da başka sesler var mı? Bir şey sizi seyrediyor olabilir mi? Erk hayvanları her ebatta, hatta ufacık olabilir. Derin nefesler alarak, duru görünüzde dereyi izlemeye devam ederek duyularınızın farkındalığı için biraz daha bekleyin. Nagual'ler çok sabırlı rehberlerdir.

Yüreğinizin bakışlarınızı dere boyunca gezindirmeye devam ederken yakında ya da uzakta görebildiğiniz bir hayvan olup olmadığını araştırın. Kısa süre görünüp gözden kaybolabilir, ya da biraz durduktan sonra size doğru yaklaşabilir. Erk hayvanları duygularınızdan haberdar olduğundan kendinizi rahat hissetmiyorsanız, meditasyonunuz bitene kadar teması kesecek ve sizi serbest bırakacaktır.

Öte yandan hevesli ve istekliyseniz, yakınlaşacaktır. Zihninizi ve yüreğinizi açık tutup, mesajlarını almaya niyet ettiğinizde dahi sadece kendisini gösterip herhangi bir mesaj vermeden uzaklaşabilir. Her şekliyle temas kurulmuş, diyalog açılmıştır artık. Bazen daha ilk tanışmada çok yakınlaştığını hisseder, adeta nefesini duyabilir ya da kürkünü, derisini ya da tüylerini hissedebilirsiniz. Bütün bu deneyimler, sizin kendinizi ne kadar rahat, huzurlu ve istekli hissedip hissetmediğinizle ilişkilidir. Her ne olursa olsun, yüreğinizden söyleyeceğiniz bir teşekkür, Nagual'inizle ömür boyu bilinçli biçimde sürdüreceğiniz ilişkinin başlangıcı için çok doğru olacaktır. Çoğunlukla erk hayvanı kendisince uygun bir zamanda ayrılır ve siz medikasyon türü bu deneyimi kendinizi çok iyi hissederek ve içinizi kaplayan bir sevinç duygusuyla bitirirsiniz.

Erk Hayvanlarıyla İletişim

Nagual'imizi tanımak kendimizi ve yaşamımızın zengin içeriğini, evrenle olan ilişkilerimizi fark ve takdir etmeyi sağlayacaktır. Hayatımızdaki kişilerin Nagual'lerini tanıma imkânını bulmak ise, aramızdaki ilişkilerin anlaşılmasında yol göstericilik sağlayacaktır. Böyle bir halde, atılacak adımlar, alınacak kararlar sağlam bir zemine oturacak ve gelişecektir.

Şaman yolculuklarında Nagual mesajlarını anlayabilmek için ortak bir lisana alışmak gerekir. İnsan ilişkilerinde bir şeyi anlamak istediğimizde, karşımızdakini dinlemeye odaklanır, söylenen her kelimeye dikkat ederiz. Her sözcüğün taşıdığı anlamı tartar, vurgulandığını hissettiğimiz kelimeleri, ayrıntıları kaydederiz. Nagual'lerle iletişimde aynı şeyler geçerlidir; aynı hassasiyeti geliştirmek aradaki ilişkiyi güçlendirir. Nagual'lerin farkındalığı dahi, kozmik hayat enerjilerinin lehimize çalışmasını başlatır. Ayrıca kitap ya da dergilerde, televizyonda, doğada, rüyalarda, onlarla daha sık karşılaşılır.

Bu takdimin sonrasında kendinize yöneltebileceğiniz bazı sorular şunlar olabilir:

Özellikle çocukluk döneminizde olmak üzere, ilginizi çeken hayvanlar hangileridir?

Doğada gezindiğinizde, doğa tatillerinizde hangi hayvanlara sıklıkla rastlarsınız?

Herhangi bir araştırma yapmaksızın, sizce hangi hayvan türü sizi temsil edebilirdi?

İnsanların hayvanlarla ilgili düşünce, duygu ve sezgileri ya hayat deneyimlerinden kaynaklanmıştır ya da spritüel bir kökeni vardır. Ansiklopedilerin sunduğu çeşitli bilgiler ve tanımlamalar Nagual'inin kişiye vereceği özel dersler hakkında kafa karıştırabilir. Yönlendirmeleri, kişisel rehberliğin içeriğini oluşturan cevapları Nagual kendi lisanıyla ve koşulların gerektirdiği şekilde verecektir. Bu nedenle rehber hayvanlarla iletişim lisanını öğrenmek ve geliştirmek önemlidir. Nagual'ler, kişiye hayatında neler olup bittiğini, hayatındaki önemli temaların neler olduğunu ve nasıl çözümleneceklerini gösterir. İyi ve kötü yoktur bu bağlamda; sadece dengeyi ve uyumu yeniden kurabilmek için öğrenilmesi gereken dersler vardır.

Gezegenimizdeki tüm hayvanların kendi doğalarına uygun alışkanlıklarını, nasıl beslendiklerini, nerede barındıklarını, nasıl hareket ettiklerini, üreme süreçlerini, ortak yaşam biçimlerini izlemek çok şey anlatır. Sadece bu özellikler dahi kişiye hayatını nasıl sürerse kendisiyle, doğayla ve evrenle uyumlu ve huzurlu olacağının ipuçlarını verecektir. Şamanik inanç sahibi, doğayla bütünleşerek yaşamayı varoluşlarının temeline almış toplumlarda, Nagual'ler hem fiziksel örneklemeleriyle rehberlik ederler, hem de sıra dışı âleme yapılan ortak yolculuklarda mesajlarını özel olarak verirler.

Nagual'ler mesajlarını metaforlarla zenginleştirerek verirler. Yunancada "öte" anlamına gelen *meta* ve "taşımak, aktarmak, götürmek" manasındaki *phoros* kelimelerinin bileşiminden oluşan *meta-pherein* sözcüğünden türetilen metafor, "bir ifâdeyi, anlamlı bağlantısı olan bir başka ifâde ile mecâzi olarak anlatmak" şeklinde tanımlanır. Metafor tabiri, mecaz olanı anlatmak için bir kelime veya ifadede işaret edilenin aslında başka bir şeyi göstermesidir. Böylece iki şeyin karşılaştırılması sağlanmış olur. Bu sayede bir meselenin başka bir şekilde, yani mecâzi ifadesi dile getirilmiş olur. Mevlânâ'nın yaşadığı Selçuklu döneminde ülkemizde zengin bir hayvan sembolizmi vardır. Her hayvan bir karakteri; sözgelimi tilki, kurnazlığı; tavşan, şansı; horoz, cömertliği temsil eder. Şaman yolculuklarında Naguallerin mesajları içerisinde metaforlar sıklıkla yer alır çünkü uzun bir konunun kısa anlatılışını metaforlar mümkün kılar.

Örnek vermek gerekirse, şaman yolculuğunda gökkuşağı gören kişi, bunun sembolizmini araştırdığında karşılaşacağı bilgilerden hangisi çıkış sorusunu cevaplıyor diye kuşkuya düşebilir. Gökkuşağının yedi rengi şaman lisanında insan bilincinin aşamalarını simgeler ve başkalaşım yani bir biçimden başka bir biçime geçme sembolüdür. Gökkuşağı ayrıca bizi benliğimize götüren köprüdür ve kaybettiğimiz ya da bulmamız gereken bazı özelliklerimizi, anılarımızı ifade için gösterilmiş olabilir. Bunların dışında gökkuşağı ile temsil edilen diğer kavramlar arasında şunlar sayılabilir: umut, yaratım, başlatma, potansiyel, hüküm, yükseliş, ruhsallık ve dönüşüm.

Bu durumda Nagual bize aşağıdaki potansiyel mesajlardan birisini veriyor olabilir:

Size sunulan fırsatlara taze bir bakışın zamanı geldi mi?

Başka bir yol her zaman vardır; başka hangi seçenekleri görebilirsiniz?

Yeni bir bakış açısı ile görmeye hazırlıklı mısınız?

Hayatın bir aşamasından başka bir aşamasına geçmeye hazır mısınız?

Hayatınızda ne tür vaatler verdiniz? Vaatlerinizi tutuyor musunuz?

Aynı şekilde, diğerlerinden ne tür vaatler bekliyorsunuz?

Yeni bir yaşam anlayışına inisiye edilmeye hazır mısınız?...

Bir örnek daha vermek için, şaman yolculuğunda kendinizi nilüferlerle kaplı bir çamur birikintisi kenarında gezerken bulabilirsiniz.

Çamur, biraz ruhsal temizlik gerektiği zamanlarda Nagual'lerin kullandığı bir metafordur. İnsan kendisini bir durum, bir problem, bir olay ya da bir ilişkiden dolayı ağırlaşmış hissettiğinde, umutsuzlaştığında bunu göstermek için kullanılan bir metafordur. Değişmek gerektiğine işaret etmektedir. Bu arada ilginçtir ama tüm dünyada karmaşık işleri ortaya çıkan politikacılar için "çamura bulaştı" tabiri kullanılır ve birine altından kalkılamayacak suçlamalar yapıldığında "çamur atmak" ifadesi kullanılır. Çamurdan silkinerek çıkılması ve aklanılması ve arınılması gereken ruh hallerinin metaforudur.

Çamur metaforuyla verilmek istenen mesaj şunlardan birisi olabilir:

Sürdürdüğümüz monoton yaşantımızı ve alışkanlıklarımızı değiştirmemiz,

Daha fazla topraklanmamız,

Hayatın temellerine geri dönmemiz,

Beslenme biçimimizi (daha fazla toprak ürünleri ile) değiştirmemiz,

Zorunluluk hissettiğimiz bir durum içindeysek yönümüzü değiştirmemiz,

Sağlığa ve şifalanmaya odaklanmamız,

Kendimiz ya da yaşam alanımızda denge sağlamamız...

Nilüfer ise çamurun içinde yetiştiği için bir dönüşüm sembolüdür. Çamur pistir, hatta kokuyordur; nilüfer hoş kokular yayar ve o kokuşmuş çamurun içinden çıkar. Nilüfer metaforuyla verilmek istenen mesaj şunlardan birisi olabilir:

Acaba bu dönemde aynı şekilde hayatı kokuşmuş bir çamur gibi mi hissediyorsunuz? O takdirde orada bir nilüfer olma olasılığı gizlidir.

Çok bulanık bir ilişkiniz mi var? Önemsediğiniz bir insan hakkında ne düşüneceğinizi bilmiyor musunuz? Kendi içinizdeki bilinmezleri bilmeden, başka bir kimseyi tanıyamazsınız. O insanın esrarını çözmek için tek yol, belki önce kendi esrarını çözmektir. Ya da sadece şu ifade ediliyor olabilir: Gizli katların arkasında başka katlar gizlidir; kendi içinde ne kadar derine inersen, bütün bir varoluşta, ayrıca başkalarında da o kadar derine inersin, çünkü öz birdir.

Nagual'lerin Dünyasında Coğrafi Yönlerin Anlamları

Şaman yolculuklarında Nagual'lerin hareketlerine, mesela sizin konumunuza göre ne tarafa doğru yürüdüğü, uçtuğu ya da yüzdüğüne dikkat etmek gerekir. Hareketi sağa doğru mu, sola doğru mu, ya da uzağa doğru mu, size doğru mu? Ancak daha anlamlı olan mesajlar coğrafi yönlerle ilgili olduğu için yönlerin şamanik anlamsallığına biraz değinmek doğru olacaktır. Şaman yolculuklarında erk hayvanlarının hareket yönüne dair içsel biliş oluştuğunda, bu önemlidir çünkü Maya şamanizminde coğrafi yönlerin elementlerle ilişkisi vardır.

Burada paylaşacağım yön sembolizmleri Maya şaman yolculuklarına ve Nagual'lere özel tanımlamalardır. Şaman seremonilerinde ya da Şifa Çemberlerinde yönlerin anlamları farklıdır.

Kuzey, Toprak elementini temsil eder. Toprak, bilgeliğin, sabrın, bolluğun sembolüdür. Kişinin sahip olduğu beceri ve güçlerin kullanımına ilişkin dersler alınacağına işaret eder. Kuzey, zihin, beden ve ruhun tümünün topraklanmasını temsil eder. Alınacak derslerle kendi cevherini değerlendirerek arzuları gerçekleştirme becerisi kazanılacağına, derslerin ileride kullanılacağına işaret eder. Bugün imkânsız gözükenler, yeni bir fikir ya da yeni bir sezgi ile aydınlanacaktır. Sezgilere ve her şeyin ruhun seçtiği yol ile uyumlu olarak gerçekleşeceğine güvenilmesi gereğine işaret eder.

Toprak Elementinin İşaret Ettiği Kişisel Gelişim Alanları:

Denge
Öğreti Yeteneği
Bolluk
Bilgi
Kutsal Bilgelik
Empati ve Sezgisellik
İçsel Zenginlik
Şükredebilmek
İlerleme Cesareti
Şefkat
Alkemi
Güven

Doğu, Hava elementini temsil eder. İlişkilerde sorumluluk sahibi olmayı geliştirmeye ilişkin dersler alınacağına işaret eder. Ruhsal farkındalığın gelişmesi, yaratıcılık, ilham ve sezgilerde artış, daha yüksek bilinç hali ve arzuların yönlendirilmesinde ustalık getirir. Hava elementi, Yeryüzü ve Gökyüzünü birbiriyle bütünleştir; bu ise rüyalar, vizyonlar ve şaman yolculukları vasıtasıyla ruhsal ve fiziksel dünyalar arasında gidip gelebilmeyi mümkün kılar. Kozmosa bu açılışlar sırasında kişiye sunulacak yeni bilgilere açık olmak önemlidir. Doğu'nun Hava elementi bu rehberliklerin farkındalığını destekleyecektir. Bazen kolay, bazen zor da olsa, bu ruhsal yenilenmeler tekâmülün kendisidir.

Hava Elementinin İşaret Ettiği Kişisel Gelişim Alanları:

Arayışlar
Vizyonlar
Rüyalar
Hayal Gücü
Ruhsal Uyanış ve Yenilenme
Koşulsuz Sevebilme Yetisi
Yolculuklar
Duygular
Amaçlar

Güney, Ateş elementini temsil eder. Yaşam, Ölüm ve Yeniden Doğuma ilişkin dersler alınacağına işaret eder. Yeni bir düşünceyi, hayali ya da eylemi gerçekleştirme fırsatlarının ve ayrıca değişimlerin işaretçisidir. Ateş, hayatımızı canlandırmamıza, yeniden yaratmamıza yardımcı olacak, kalbi, tutkuları, eylemselliği uyandıracak elementtir. Değişimler güç ve dayanıklılık gerektirir. Değişimin, geçilecek bir aşama olduğunun, sonuçta yeni, taze ve saf bir enerjiyle hayata devam edileceğinin bilincini ve her şeyin kolayca gerçekleşeceğine inancı sağlar ateş elementi. Hayatın bütününün bir döngü olduğunu, zaman zaman manevralar gerektiren dönemlerden geçildiğini ve bu değişim dönemlerinin öğrenmeye, büyümeye ve bilinç alanını genişletmeye yaradığını öğretir.

Ateş Elementinin İşaret Ettiği Kişisel Gelişim Alanları:

Güven
Güç
Değişim
Neşe
Kendine Yeterlilik
İçteki Çocuğu Uyandırmak
Engelleri Aşmak
Canlanma, Dirilme
Arınma, Paklanma
Korunma
İnanç

Batı, Su elementini temsil eder. Uyum sağlamaya ilişkin dersler alınacağına işaret eder. Yaşamı sürdürebilmek için çevreyle denge içerisinde olmayı sağlayacak fiziksel ve davranışsal uyumlamalar gerektiğinden su elementinin desteğine ihtiyaç vardır. Su her zaman direncin en az olduğu yoldan akar. Hayatın gerektirdiği her durumda enerjimizi en verimli şekilde kullanmak şamanik açıdan da bir zorunluluktur. Yaşantımızın tüm alanlarında bu verimliliği oluşturacak değişimlere açık olmak, eylemsellik ve uyum Su elementinin öğretisidir. Hayvanların değişime itirazları yoktur; duraksamaksızın uyum sağlarlar değişen koşullara.

Su Elementinin İşaret Ettiği Kişisel Gelişim Alanları:

Şifa
Sezgiler
Yaratıcılık
Aydınlanma
Niyet Gücü
İletişim
Yeni Öğretiler
Kehanet

Naguallerin Numerolojik Yaradılış Niyeti

Son olarak, şaman yolculuklarında görülen hayvanların sayılarının taşıdığı sembolizmden söz etmek isterim:

1. Orijinallik, yaratıcılık, eylem başlatabilme ve önderlik edebilme, yeni başlangıçlar, hedeflere ulaşma,
2. İşbirliği, uyumluluk, ortaklıklar, derin düşünme, başkalarını önemseme,
3. Doğum, kendini ifade, sosyalleşme, yaşam sevinci, mistik özellikler, yaratıcılık ve lisana hâkimiyet,
4. Sabır, düzen, hizmet, büyüme, zemin sağlamlığı, sınırları zorlayabilme,
5. Hareket, değişim, geniş vizyon, macera, özgürlüğün yapıcı biçimde kullanılması, çok yönlülük, yeteneklilik
6. Sorumluluk, eve ve aileye hizmet, besleyici destekleme, denge, sempati
7. Bilgelik, gerçekler, anlayış, bilgi, farkındalık, uzlaştırıcılık, arabuluculuk, gayret, çalışkanlık
8. Para, mevki düşkünlüğü, güç sahibi olma arzusu, pratik beceriler, yüksek maddesel hedefler
9. Hayırseverlik, şifacılık, anlayış, bencil olmamak, görev ve yükümlülükler

Bölüm VI

NAGUALLER'İN SEMBOLİZMİ

Şaman yolculukları vasıtasıyla buluşulan Nagual'ler fiziksel dünyamızda ya da mitolojide karşılaşılan görüntülerine rağmen ancak sıradışı dünyada varlık gösteren ve iletişim kurulan erk hayvanlarıdır. Nagual'lerle iletişim ancak şaman yolculuklarında mümkündür.

Erk hayvanlarını tanımaya başlamak için öncelikle ait oldukları türün dünyadaki özellikleriyle uyumlu enerjileri yansıtan arketipler olduklarını hatırlamak ve bu bağlamda fiziksel özelliklerini tanımak değerli bir başlangıçtır. Bir Nagual'in gezegendeki fiziksel türünün fiziksel, duyusal, zihinsel enerjilerini öğrenerek, sonra mitolojilerde, efsanelerde, halk öykülerinde onlara atfedilmiş özelliklerini göz ardı etmeyerek onları daha iyi anlamaya başlarız. Nagual'in görünüşü fiziksel dünyamızdan bir hayvan imgesi şeklinde olsa da, derin ruhsal benliğimizde ilişki kurduğumuz yaşamsal bir enerji olarak algılanması önemlidir.

Bu bölümde alfabetik sıralamayla paylaşılan erk hayvanları kendi atölye çalışmalarımda en sıklıkla rastlananlardan oluşmaktadır. Sembolizmlerine dair açıklamalar kesin yorumlar şeklinde değil, olası mesajları şeklinde okunduğunda daha doğru olacaktır.

*"Şamanın Kozmik Dünyası"*ndan kısa bir alıntı 'yapmak isterim: "Şamanik yolculuklar kişiye özeldir; karşılaşılan erk hayvanının o kişiye sunacakları, kendisine özel olacaktır."

Erk Hayvanı Olarak Akbaba

Ölüm, Yeniden Doğum, Analık ve Saflık Sembolü

Gök gürlemeleri ve şimşeklerin gücünü temsil ettiğine inanılan ve "güneşin gözü","evrenin gizli ışığı" ifadeleriyle tanımlanan Akbaba, bilgeliğin, vizyon sahibi olmanın, ruhsal aydınlanmanın ve kehanetin sembolü olarak da kabul edilir. Hava elementiyle ilişkilendirilir ve ruhlarla iletişim kurabildiğine, dünyadan göçen kişilerin bilgeliklerini topladığına inanılır.

Akbaba yüksek dağların tepelerinde yaşayan, en yüksek sıradağlarının doruklarında uçmayı tercih eden bir kuş olarak sınırları ve engelleri aşma erki taşır ve her anlamda yükselişi sembolize eder. Semalarında uçtuğu Peru Andlarında yaşayan şamanlar Akbaba'yı "Göklerin Kralı" olarak kabul ederler. Sahip olduğu erk, yenilenme sanatının gücüyle donanmıştır; eskiyen her şeyin saflaştırılarak yenilenmesi insan tekâmülünün özünde olandır. Bunun için gereken ve Akbaba rehberliğinde sunulacak olanlar arasında yüksekleri görebilmek, ruhun bağımsızlığını geliştirmek, ruhsal olana saygı duymayı öğrenmek sayılabilir. Peru şamanizminin halusinojen kullanımlı seremonilerinde önemli bir yere sahiptir çünkü Ayahuasca'nın kanatlı sembolü Akbaba'dır.

Kuzey Amerika halkları arasında insana kozmik rehberlik sunduğuna inanılan Şifa Çemberlerindeki dört yönün arketipleri olan birer hayvan imgesi vardır; Doğu'nunki Akbaba'dır ve hayatı net bir bakışla berrak görebilmeyi temsil ettiğine, ayrıca duaları spritüel dünyaya taşıyarak cevapları geri getirdiğine inanılır.

Akbaba kadim inanç ve felsefelerin geleceğe taşınmasının koruyuculuğunu üstlenmiştir ve insanoğlu bu derin anlamları kaybedecek olursa zihinlerde yeniden doğması Akbaba'nın sorumluluğunda olarak kabul edilir. Tüm yırtıcı avcı kuşlar gibi yaratıcılık erkini taşır ve muhteşem uçuşlarıyla, hayatın anlam ve döngüselliğini, yaratıcılık enerjisini anlatır.

Nagual'i Akbaba olan kişiler nasıl göründüklerinden çok, neler yaptıklarıyla dikkat çeken insanlardır. Akbaba, sınırları zorlayabilme erki taşır, sabır ve inançla her şeyin başarılacağını öğretir. Çabuk düşünmeyi geliştirir, etkin yöneticilik vasıflarını ortaya çıkarır. Şaman yolculuğuna girdiği kişilerin yüksek hassasiyet sahibi, iş arkadaşlarını kanatlarının altına alan, çok sevgi ve saygı gören yöneticiler olmalarına rehberlik eder.

Akbaba, farklı görüş açılarını anlayabilme becerisi kazandırır. Tartışmacı yapıda olmaları ve zaman zaman kontrolü kaybetmeleri yüzünden kayıplara uğrayan kişiler Akbaba rehberliğinde yaradılışın, varoluşun mantığını ve tutarlılığı öğrenerek muhakeme becerilerini geliştireceklerdir. Akbaba enerjisi kişiyi hayal edemeyeceği ölçüde yeni farkındalığa sevk eder. Rehberliğiyle, kişinin bakış açıları değişir; hayatı daha geniş çerçeveden görmeye, önceden akıl etmediği boyutlarda anlamaya ve değerlendirmeye hazır hale gelir. Bunların sonucunda Akbaba erki ile tanışan insanlar, bağlı oldukları dünyevi kalıplardan kurtulmayı öğrenirler; hayatlarını zenginleştirici adımlar tepelere tırmanmayı gerektiriyorsa, bunu göze alacak güçlerinin farkına varırlar. Meditasyonlara yönelerek yüksek ilimi anlamaya, ruhlarının derinliklerinden yükselen dürtüler ve iştah ile araştırıcılığa, derin düşüncelere, gerçeği aramaya ve çoğu kez yazmaya yönelirler. Zaman zaman kendilerini huzursuz hissetseler ve kendilerinden emin olamasalar da, yaratıcılıkları gelişir.

Hayat boyu rehberliğe gelebildiği gibi çoğunlukla dönemsel rehberlik veren Nagual'lerdendir. Dönemsel rehberliğe geldiği kişileri bırakmadığına, öğretileri ve yol göstericiliğiyle dönemsel rehberliğini hayat boyu sürdürdüğüne inanılır.

Sydney Pollack'ın *Akbaba'nın Üç Günü* adıyla filme çektiği roman, ismini CIA'nin bir özel istihbarat biriminde çalışan "Akbaba" kod adlı memurdan alır. Tüm basılı yayınları taramak, gizli anlamları ve mesajları araştırmakla görevli olan "Akbaba", bürodaki bir cinayetin ertesinde örgütün yozlaşmış yapısını keşfeder. Sonra olayları özgür basına anlatarak örgütün kirli çamaşırlarını ortaya döker. Yazarın roman kahramanı için kod adı seçerken kolektif bilinçaltı imgelerinden nasıl esinlendiğini görürüz. Yukarıdaki paragraflarda yazıldığı şekliyle, Akbaba erkinde dünyevi kalıplardan kurtulmayı öğrenmek; bazı şeyleri göze alacak gücün farkına varmak, sınırları ve engelleri aşmak vardır. Sınırları zorlayabilme gücünü taşır, bunu öğretmeye gelir. Çabuk düşünmeyi geliştirir, sabır ve inançla bunun başarılmasına rehberlik eder.

Akbaba erkiyle tanışanların entelektüel açıdan uyarılmaya, motivasyona ihtiyaçları yüksektir; farklı perspektiflerle sürdürülen tartışmalardan büyük haz alırlar. Nagual olarak Akbaba, gereksiz yere enerji harcamadan etkin olabilmeyi, kendini aşırı zorlamadan bir işi başarmayı, sürekli kanat çırpmaktansa, hayatın enerji akımlarına uyumlu olarak uçmayı öğretir. Enerjimizi güçlü ve etkili biçimde kullanma konusunda yol göstericiliğin yanı sıra eğer bazen hayatı akışa bırakmak gerekiyorsa, bunun da yol ve yordamını gösterecektir. Akbaba eğitiminde insanların auralarını görebilir, onları çevreleyen enerjilerin renklerini süratle fark edebiliriz. Akbaba ayrıca koku ile ilişkili bir erktir; bu Nagual ile iyi ilişkide olabilmek için aromaterapiyi öğrenmek yararlıdır.

Akbaba erkinde Toprak Ana'ya duyulan aşk vardır. Bizlere, yaşanan anda her şey ne kadar zor gözükürse gözüksün, kurtuluş ve değişimin eli kulağında olduğunu haber verir. Günlük hayatın angaryalarını aşmamız için gereken ruhsal desteğin varlığını hissettirir ve cesaret verir. Bu zamandaki yolculuğumuzda koruyuculuğunu esirgemeyeceğini sürekli fark ettirir ve ruhsal güven verir.

Kişisel gücü ve şifayı temsil eden enerjiyi herkes kendi benliğinde taşıdığından, bunu besleme ve geliştirme konusunda Akbaba'dan rehberlik almak değerlidir. Her şeyi yapmaya muktedir olduğumuzu, bunun için sadece doğaya dönmenin ve bakış açılarımızı değiştirmenin yeterli olduğunu anlatır. Akbaba'nın gözleriyle, yüreğimizle görmeyi öğreniriz; Akbaba'nın kanatlarıyla yükselmeyi ve daha büyük resmi görmeyi öğreniriz.

Erk Hayvanı Olarak Akrep

Kendini Ya Da Başkalarını Koruma ve Kontrol Dürtülerinin Sembolü

İncil'in Eski Ahit bölümünde Kudüs kentinin kuzeyine düşen topraklarda kurulu Samaria adlı efsanevi bir uygarlık anlatılır. Samaria'ya ait kayıtlarda Akrep, güneşle ilişkili bir semboldür. Bu anlatılarda Samaria'da tekâmülün, şevkin ve aydınlanmanın kutsal kapılarını koruyan adamlar olduğuna ve adlarının *Akrep-Adamlar* olduğuna rastlanır. Antik Mısır ve Tibet uygarlıklarında da kötülüklerden korunma amaçlı muska, nazarlık ve tılsımlarda akrep kullanılırdı. Zehrinden ilaç yapılan bazı Afrika kabilelerinde Akrep şifa sembolü olarak kabul edilmiştir.

Akrep sembolizminin kaynağında bu olağanüstü hayvanın kendini koruma amaçlı doğal mekanizmalarını görmeden geçemeyiz. Akrebin sert kitin bir tabakadan oluşan vücudu başlı başına bir korunma sistemidir. Pençe tırnakları, kıvrık ve kalkık kuyruğundaki zehir iğnesi bir yana, zehrinin kendisi son derecede ölümcüldür. Dolayısıyla akrep erkinin korunma, koruma ve kontrol anlamları taşıması anlaşılır bir konudur. Şaman yolculuklarında Akrep'le karşılaşıldığında sorulması gereken ilk sorular bellidir:

Hayatımda korumam gereken neler var?
Ben çok mu korumacıyım?
Kendimi koruma kollama dürtüm çok mu yüksek? Neden?
Kırılgan, yaralanabilir ve savunmasız mıyım?
Kontrol etme dürtülerim nasıl? (aşırı mı? yoksa çok mu az?)

Akrep, gizli olanı açığa çıkarmayı, doğru zamanlamayı ve ustaca hesaplamayı sembolize eder. İhtiyatlı ve tetikte olmak, var oluşun gücünü derinden hissetmek, akrebin erkleri arasındadır. Nagual olarak Akrep sezgileri güçlendirir, seçilecek yolu yordamı doğru teşhis ve tespit edebilmeyi öğretir, sabrı geliştirir. Bu özellikleri kazananlar bugün ektiklerini uygun zamanda hasat edeceklerine güvenmeyi öğrenirler. Bilinçli olmanın, sebat etmenin ve hatta inat etmenin insanı doğru zamanda doğru yerde olmaya ulaştıracağının bilgisini sunan Akrep, sezgilerin yol göstericiliğine güvenme konusunda rehberlik eder.

Akrepler, kendilerini nasıl koruyacaklarını ve saldırı için en doğru zamanın hangisi olduğunu iyi bilen hayvanlardır. Akla gelen bir düşüncenin uygulanmasında, kişinin kendisini en güçlü hissettiği ve doğru zamanı anlamasında Akrebin yol göstericiliği önemlidir. Herhangi bir işin başarılı olması için atılması gereken adımlar gizlilik, metanet ve dayanıklılık gerektiriyor ama kişi bu özelliklerden yoksunsa, Nagual olarak Akrep gelecektir.

Erk Hayvanı Olarak Arı

Toplum, Güneş ve Kişisel Güç Sembolü

Kadim toplumlar arasında arılara en yoğun ilgiye Kelt tradisyonunda Druid'lerin kayıtlarında rastlarız. Druid inancında Arı, güneşi, tanrıça imgesini, kutlamaları ve toplumsal bilinci temsil eder. Keltlerin özel günlerini kutlama törenlerinde, festivallerinde mayalandırılmış bal ve suyla yapılan alkollü bir içecek ikram edilirdi. Sonradan bu topraklara yerleşen Hıristiyan misyonerler arı sembolizminin önemini anlayarak Kelt halkına kendilerini kabul ettirme umuduyla ilk dini mekânlarını arı kovanı biçiminde inşa etmişlerdi. Bu binaların meleklerle aralarındaki ilişkiyi temsil ettiğini söyleyerek dışlanmayacaklarını ummuş ve halkla uyumlu bir inancın sürdürüleceğini ifadeye çalışmışlardı.

Arılar, çiçeklerin tozlaşması için büyük önem taşıyan hizmeti sunan hayvanlardır. Nektarını toplamak için bir çiçeğe kondukları zaman, çiçeğin tohumları arıların bacaklarına yapışır ve diğer çiçeklere ulaşmaları, onları aşılamaları mümkün olur. Varlıkları hizmet erkiyle yüklü olan arıların bir bitkiden bir başka bitkiye hareketleri, yaşayan tüm varlıkların birbirleriyle bağlarının da mükemmel bir sembolüdür. Bu anlamda Arı, hayatın sırlarını taşıyan ve yardımlarını temsil eden bir habercidir.

Arı denince akla bal gelir. Çiçeklerin nektarını emen arılar bu balözünü peteğin içerisine kusarlar. Bal sadece yavrularını beslemekle kalmaz, insanlığın da hizmetine sunulur. Tarih boyunca bal çok şekilde değerlendirilmiştir; tatlandırıcı ve anti-bakteriyel özellikleri bir yana, Mısır uygarlığında mumyalamada bile kullanılmıştır. Sembolik olarak bal, beslenmeyi, ödüllenmeyi, tatlılığı, duygusallığı ve bolluğu bereketi temsil eder. Emeğin kutsanması ve ödüllendirilmesi teması işlenen mitolojik öykülerde, çetin ve zahmetli işlerin üstesinden gelenlere ödül olarak bal sunulduğuna rastlarız.

Arıların, karmaşık bir hiyerarşi içerisinde ama mükemmel işbirliği ve ekip çalışmaları sergilenen, yüksek düzeyde sosyalleşmiş bir toplum yapısı vardır. Gerek yuvaları, yani kovanları, gerekse fiziksel vücut özellikleri olağanüstü sembolizm içerir. Arıkovanı, balmumundan yapılmış, heksagon şeklinde ve çok sıkı kümelenmiş hücresel yapıdadır. Bu hücresel yapıların bütünü olan peteğin altıgen hücrelerinde hem yiyecek depolanır, hem de yavrularını büyüttükleri ideal mekândır.

Arı peteğinin altı kenarlı geometrik biçimi olan heksagonun sembolizmi önemlidir. Tanrıça Venüs'ün kutsal sayısı olarak Altı, aşkı temsil eder. Bu sayı aynı zamanda iletişim, denge ve birlikteliğin de sembollerini içerir. Yuvasını altıgen biçimde oluşturan Arı, aile bütünlüğü, çocuk yetiştirme, aile içerisinde sevgi, ev huzuru, aile fertleri arasında uyum ve birbirini anlama gibi değerlerin sembolizmini taşır.

Aile birliğinin sembolü olan Kraliçe Arı'yı işçi arılar seçer ve kovandaki tüm arılar Kraliçe'nin hizmetindedir. Ondan bekledikleri, yaşam düzenini koruması ve koloninin devamını sağlamasıdır. Bu işbirliği, bir grubun bütününün menfaati için tüm üyelerin ortaklaşa çalışması gereğinin sembolik ifadesidir. Şaman yolculuğuna Nagual olarak giren Arı, başkalarıyla uyum içerisinde var olmanın öğrenilmesine, ortak çalışmaları önemine ve "Ben" diye bir duruşta ısrarın yanlışlığının anlaşılmasına rehberlik edecektir. Bu konuda zaaf gösteren, haklı olma meselesine fazla takılan, toplumdan çok ve öncelikle kendi ihtiyaçlarını önemseyen insanlara bu özelliklerin hayatı nasıl olumsuz etkileyeceğini fark ettirecektir. Hayatındaki diğer insanların ihtiyaçlarını iteleyerek, kendi öznel ihtiyaçları ve gururunu hep ön planda tutanlara rehberliğe Arı'nın gelmesi kaçınılmazdır.

Nagual olarak Arı, aile ile ilgili konularda rehberlik eder, aile içerisinde gizli saklısı olmayan berrak bir iletişimin önemine dikkat çekecektir. Bunun gerçekleştirilmesi için cesaret verecek, yuva ve aile kavramları üzerinde düşündürtecek, yol göstericilik yapacak demektir. Ailemiz kadar içinde yaşadığımız toplumda da daha değerli roller oynamamızı önemsetecek ve önerecektir.

Böcekler âleminin en yararlı üyesi olan Arı, hayatımızda zihinsel, bedensel ve ruhsal üreticiliği, yaratıcılığı irdeleme ve geliştirme vakti geldiğinde, şaman yolculuklarına katılan bir Nagual'dir. İletişim becerilerinin geliştirilmesiyle ilişkilerin sağlıklı yönde ilerlemesi gerektiğinde Arı rehberliği aydınlatıcıdır. Gerek fiziksel hayat yüklerinin, gereksel ağırlaşan düşüncelerin anlaşılması, böylelikle yük sanılan ya da gerçekten birer yük olan öğelerin doğru biçimde hafifletilmesini sağlayacak etkin özelliklerin kazanılmasında Arı çok değerli bir hocadır.

Kendi gücünün, becerilerinin farkına varamayan, bunları anlamasına yarayacak sezgileri eksik olan ve yoğunlaşma becerilerini geliştirmeye ihtiyaç duyanların rehberi Arı olacaktır. İnsan en değerli yeteneği olan hayallerini canlı tutabilmeli, arzularının farkında olmalı ve karşılaşılan fırsatları değerlendirebilmeli, bunları "bal"a dönüştürmelidir. Amaca ulaşmak esasen kendini bir konuya adamak, başkalarıyla birlikte bu amaç uğruna çok çalışmakla mümkün olduğundan Arı, düşüncelerimizi ve arzularımızı eylemsellikle sonuçlandırmanın rehberidir.

Bütün arılar çok üretkendir. Yaptıkları her işte odaklanma özellikleri öyle güçlüdür ki, hiçbir olay ya da nesne onları amaçlarından uzaklaştıracak şekilde akıllarını çelmez. Ayakları en hassas organlarıdır ve tatma duyusu ayaklarındadır. Arı bizlere yavaşlamamızı, toprağa basmayı, çiçekleri koklamayı unutmamamızı, hayatın tatlı nektarını tatmayı asla ihmal etmememizi hatırlatır.

Nagual olarak Arı, enerjiyi sağa sola saçmadan ve dağıtmadan doğru yönlendirmede de rehberlik edecektir. Hayatı derleyip toplayarak yürekten amaçları önemseyerek, yeniden odaklanmada yol göstericilik yapacaktır. Eğer Arı hayatınıza fiziksel alanda ve sizi sokarak girmişse, mesajı çok daha açıktır: "Uyan ve kalbinin ritmine odaklan, bu ritmi takip et. Kendi iç sesini, yüksek benliğini, ruhunu dinle; kendi gerçekliğinin farkına var; Var olan bilgeliğini, bilişlerini, sezgilerini fark et!" Arı sizi bulmuşsa, yepyeni hayat aydınlanmalarına gidiş yolunu size gösterebilmesi içindir.

Yaban arıları için birkaç söz daha eklemek yararlı olabilir. Şaman yolculuklarında rastlanan arıları belirgin biçimde sınıflandırmak kolay olmasa da, yaban arılarının doğasına da göz atabiliriz. Bal arılarına göre daha küçük koloniler şeklinde yaşayan ve daha az bal üreten Yaban arılarının böcek ailesinde çok ender rastlanan özellikleri vücut ısılarını kontrol edebilmeleridir. Soğuk havada uçucu kaslarını titreterek kendilerini ısıtabilme yetileri sayesinde daha düşük ısılarda uçabilir ve çalışabilirler. Kendilerini sıcak tutan diğer özellikleri de büyük ebatlı ve çok tüylü olmalarıdır.

İnisiyasyonları boyunca doğayı yoğun biçimde gözlemlemiş ve dersler almış olan Şamanların kalp atışlarını yavaşlatabilme, şaman yolculukları sırasında vücut ısılarını düşürme becerilerinde, bir başka ifadeyle beden, zihin ve ruhlarına egemen oluşlarının derinliklerinde Yaban arısı bilgeliği yol göstericidir.

Yaban arısı sembolizminde yaratıcı, üretici, inşa edici olma vurgusu daha güçlüdür. İnsan ilişkilerinde iletişim çok zayıf ve güçlendirilmesi hayati önemdeyse, Nagual olarak Arı yerine Yaban arısı kendisini gösterecektir. Bu, amaçlara ulaşmak için biraz daha fazla gayret, biraz daha itina ve titizlik, düzen gerektiğini ifade eder; ruhsal ve bedensel bütünlüğün dengesi çok önem kazanmıştır. Emeklerin verileceği zeminin sağlam olması gerektiğini, kendini topraklamayı unutmamak gerektiğini vurgulamaktadır.

Arı erki taşıyan insanların çoğunda kadim dönemlere ait uzun yaşam sırlarını içeren bir bilgelik vardır. Bu kişiler yogadan çok yarar görürler ve aynı zamanda çok başarılı hipnoterapistler onların arasından çıkar.

Erk Hayvanı Olarak Aslan

Liderlik, Asalet, Güçle Dengelenmiş Sükûnet, Gerçeklik, Kardeşlik Sembolü

Aslan mitolojilerde sıkça yer bulan ve gizemlerle sarıp sarmalanmış bir hayvandır. Aslan genellikle güneşin ve altının sembolü olmuş, ortaçağ alkemistleri Aslan'ı kükürt elementiyle benzer anlamlandırmışlardır. Alkemi metinlerinde cıva elementi Ay ile, kükürt elementi Güneş ile ilişkilendirilir ve Alkemistler elementlerle çalışarak altın yaratmayı amaçladıkları söylencesini yayarak, böyle sunulan metinlerle aslında ruhsal tekâmülün arayışında olduklarını gizlemişlerdir. Bu sembolizmde Aslan, kükürt, güneş ifadeleri gerçek ezoterik aydınlama arayışının kodlarını saklamaktadır.

Antik Mısır'da Aslan güç ve serveti temsil eder ve genç Aslan, doğan güneşin sembolüdür. Nagual olarak Aslan şaman yolculuğuna girdiğinde, parlak kimliğinizin, yüksek ruhunuzun görünür hale geldiği bir yaşam döneminde olduğunuzu, rehberliği bu alanda alacağınızı düşünebilirsiniz.

Erkek aslana güç ve asalet görüntüsünü veren yelesi, ormanların kralı diye adlandırılmasına yol açmış, heybetli kükreyişi herkesi gücüne ve korkusuzluğuna inandırmıştır. Bir aslanı izlediğimizde heybetinden bir şey kaybetmeden, dingin, rahat ve sakin oturuşu muhteşem etkileyicidir. Saygı, zarafet, gizem, odaklanma, bilgi... Bunların tümünü barındıran bir erktir ve insana kişisel gücünü nasıl taşıması, nasıl sergilemesini öğretir.

Doğada Aslanların genellikle pek bir şey yapmadan yattıkları dikkat çeker. "Bana bulaşmayın, dinlenmedeyim" dercesine uzanır halleri, gururlu duruşları onlara atfedilen cesaret imajını oluşturur. Aslanın sembollerinden en önemlisi olan Güneş, Aslan burcu olarak adlandırdığımız takımyıldızın yöneticisidir ve hayat bahşedici ısısı ve ışığıyla insanlığı kutsar. Güneş sembolü cesaretten önce yürek sıcaklığını ve sevgiyi içerdiği için Nagual olarak Aslan'ın önemli bir vasfı anlam kazanır çünkü Aslan esasen kalbin yöneticisidir. Bu kadim bilgeliklerin tüm lisanların gelişiminde nasıl ayak izleri bıraktığını örneklemek isterim:

Yürek hem sevgiyi, hem cesareti birlikte barındıran bir kavram olduğu için Türkçede cesur anlamında "yürekli" sözcüğünü kullanırız. Fransızcada da kalp anlamına gelen *Coeur*, cesaret anlamındaki *courage* sözcüğün köküdür. İngiltere krallarından I.Richard'a, *Richard the Lionheart* (Aslan Yürekli Richard) unvanı üstün cesaretine binaen verilmiştir. Cesaret, yürekten gelir; derin bir kişisel yetkinlik ifadesidir ve Aslan erki taşıyan insanlar kendilerine sokulan herkese huzur ve güven hissi verirler.

Aslan, İslamiyet'in kabulünden sonraki doğu kültürlerinde de cesaretin sembolü olarak ve çoğunlukla bir devlet başkanında bulunması gereken erdemleri nitelemek için kullanılmıştır. Tasavvuf edebiyatı araştırmacısı Serpil Yılmaz'ın Selçuk Üniversitesi, Temel İslam Bilimleri Anabilim Dalı'na sunduğu *"Mesnevî'de Metaforik Anlatımlarda Kullanılan Hayvan Motifleri ve Felsefî Değerlendirmesi"* adlı yüksek lisans tezinden bir alıntıyı eklemek isterim:

"Hz. Mevlânâ da bazen herkesin anladığı manalarda bazen de çok ayrı manalarda aslan metaforunu kullanmıştır. Mesnevî'sinde aslan, genellikle mürşid ya da İnsan-ı Kamil'i simgeler. Yorumunda şöyle yazılıdır: 'Nefsinin Esiri Olmuş Kimseleri, Terbiyesine Almak İsteyen Mürşidin görevi aslan gibi bir avcı olmak, bela ve nefsinin oyunları içinde kendi özünü kaybetmiş insana, kendi özünü hatırlatmak onu şer çukurlarından kurtarmaktır'. Ayrıca Hz. Ali ve Hz. Hamza'nın 'Allah'ın aslanı' olarak anılması bu metaforik anlatıma örnektir..."

Öte yandan astrolojide aslan burcundan kişilerin kibirli olacağı imgesinin yerleşmesine ise İngilizce lisanının bilinçaltına yönelmiş rolü sebep olmuştur. İngilizcede *pride* kelimesi iki anlamlıdır, hem aslan sürüsü, hem de kibir, gurur manalarını taşır; yani missteş bir kelimedir. Bu sesteşlik, doğadaki duruşlarıyla örtüşerek bilinçaltında Aslan erkine kibir atfedilmesine yol açmıştır. Cesaret, kibir gibi kavramlarla dolu Aslan erkinin yüksek ve güçlü dişil enerjiyi temsil ettiğini öğrenmek de öğrencilerde çoğu zaman şaşkınlık yaratır çünkü günümüz insanı bu kavramları eril enerjilere daha çok yakıştırmayı öğrenmiştir.

Aslanlar, büyük kediler ailesinin en sosyalleşmiş üyeleridir, sürüleri uyum içerisinde yaşar ve toplumsal yaşamlarında hemen hemen hiç kavga çıkmaz. Erkek aslanlar, tehlike oluşturacak saldırganlardan sürüyü korumakla görevlidir ama gerekmedikçe mücadeleye girişmez, gereksiz saldırılara kalkışmaz, sadece kendilerine meydan okuyan tehlikeli bir düşman çıktığında saldırır ve savaşırlar. Gerçekte tercihleri huzurlu ve sade bir hayattır. Korkusuz, tasasız ve çok oyuncu olan yavrulara sürünün tüm yetişkin üyeleri büyük bir şefkatle yaklaşırlar. Dolayısıyla Aslan'ın rehberliğinde kardeşlik, aile, ortaklık, işbirliği, toplumsal hayatın değerlerine vurgu vardır; gereksiz tartışmalardan ve çekişmelerden uzak durmayı öğrenmek vardır. Gereğinde sessiz ve gizli kalabilmenin usulünü, amaca giden yolun daha kolay olan seçeneklerini gösterir. Zorluklara, engellere, tehlikelere kafadan toslamama konusunda rehberlik eder. Bu anlamda yapıcı, akılcı, cesur ve eylemci bir dişil enerjiyle yaratıcılığı, sezgisel gücü, hayal gücünü aktive eder. İnanarak güven duymanın öğretisini verir; "Ama" der, "tehlike görüyorsan, kükremekten korkma"...

İnsanın huzurlu ve sakin bir hayat sürebilmesi, başkalarıyla uyum içerisinde yaşamayı ve çalışmayı öğrenmesi, ancak bunu gerçekleştirirken kendi bireyselliğinden vazgeçmemesi, kendisini ihmal, hatta feda edici şekilde davranmaması bu Nagual'in öğretilerindendir. Rehberliği içerisinde, toplumsal sorumluluklara önem verme, işbirliği, doğru zamanlama önemli yer tutar. Aslan, insana kendisi ve başkaları arasında denge kurabilmenin anahtarını sunar; sükûnet ve disiplini, zamanı ve enerjiyi dengeli kullanmayı, çalışmak kadar dinlenmeyi de bilmeyi öğretecektir. Bunların toplamından anlamamız gerekenler, kendimize zaman ayırarak, dinlenmeyi ihmal etmeyerek, korkularımızla baş etmeyi öğrenebileceğimizdir. Güçlü aile bağları, kuvvet ve cesaret, kendinden taviz vermeden işbirliği yapabilme becerileri pekiştirildiğinde, toplumda üstün eylemlerle kendilerini gösteren bireyler görürüz.

Aslan, ruhu güçlendirmeyi, çözümler üretmeyi, kararlılık göstermeyi öğreten bir erktir. Kendimizi tanımak ve doğru anlamak için bilinçaltımızı, derin benliğimizi incelememiz, hatta araştırmamız gerektiğinde, güçlü ve zayıf yönlerimizin farkına varıp, sabrı ve doğru zamanı beklemeyi öğrenmemiz gerektiğinde Aslan gelir. Gücün doğru şekilde kullanılmasını, barışçılığı hedefleyip, savaşmak gerektiğinde de cesaretli olmayı öğretir.

Kendimize karşı dürüst olmaya cesaret ettiğimizde gerçek ruhumuzu yansıtacak bir güçle donanırız; davranışlarımızın tümü ve yaşam biçimimiz samimi ve özgüvenli bir varoluşu yansıtır. Maskeler takmayarak, kendimizi başkalarıyla mukayese etmeyerek, kendimizi yükseltmek için diğerlerini aşağılamayarak, başkalarına da saygı duyarak yaşamak "aslanca" yaşamaktır.

Yüreklerinin gösterdiği yolda cesurca yaşayanlar, ilişkilerinde mükemmeli yakalayabilen, ortak başarılara inanan, güç ve sevgiyi dengeli sunan iş arkadaşlarına karşı yüreklendirici davranan, çok sevgi ve saygı gören liderler olacak, büyük başarılara imza atacaklardır. Nagual olarak Aslan bu konunun güçlü bir rehberidir. Ortak ilişkileri nasıl yöneteceğimizi gösterir ve grup enerjisinin sihirli gücünü, sabrın sırrını öğreten dersler verir, başkalarıyla uyum içerisinde ve anlamlı işbirliklerine hazırlar. Bir grubu doğru yönetmeye ihtiyaç duyduğumuzda, rolümüzü doğru anlamaya ve doğru oynamaya yönelten bir rehberdir. Büyük bir lider olmaya uygun pek çok insan kişisel cevherini önüne geçemediği kıskançlık duygularıyla zedeleyebilir; Aslan böyle insanlara sunduğu yol gösterici çözümlerle doğru yönetim konularında ustalaştıracaktır.

Aslan'ın taşıdığı güçlü dişil enerji, yaratıcılık, sezgisellik, hayal gücü gibi yetenekleri içerir ve bu yeteneklere kadim halklar çok değer verirler. Burada Maya seremonilerinde Nagual olarak Aslan'a seslenildiğinde söylenen bir türküyü paylaşmak isterim:

Güneşin yarattığı, Tanrıçamızın sevdiği varlık,
Bana sihrin kadim sırlarını öğret,
Gücüm ve cesaretim gelişene kadar yanımda yürü…
Bağları ne zaman güçlendireceğim, ne zaman koparacağımı göster bana,
Çalışacağım vakitleri, dinleneceğim vakitleri söyle ve uyar.
Güçlü Aslan, enerjini bahşet bana...

Erk Hayvanı Olarak At

Güç, Aşk, Sadakat, Özgürlük ve Hareket Sembolü

At, yazılı ve sözlü olarak kayda geçmiş tüm mitolojilerde, folklorda, edebiyatta karşımıza çıkan bir erk hayvanıdır. Hıristiyanlık öncesi İskandinav halkların Nors mitolojisinde Tanrı Odin'in sekiz ayaklı atı, kanatları olan Pegasus, tek boynuzu olan Ünikorn, Hindu Güneş tanrısıyla Yunan tanrısı Apollo'nun aygırları ilk akla gelenlerdir. Kelt mitolojisindeki At tanrıçasında hayat döngülerine egemen olma gücü anlatılır. Bu At tanrıçasının o toplumdaki insanların doğum, ölüm, ölümden sonraki hayat ve yeniden doğum şeklindeki yaşam döngülerini yönettiğine inanılır. Efsanelerin çoğunda At psişik özelliklere sahip olan ve sihirli güçlerini kullanarak insanlara özel mesajlar sunabilen bir varlık şeklinde betimlenir.

Nagual olarak At, insanı tüm yaşam evrelerine zihinsel olarak hazırlama erkini temsil eder. Gerçek ruhsal gücümüzü keşfetmemizi sağlayacak, fiziksel bedenimizin geçiciliğine karşın ölümsüz ruhlar olduğumuzun farkındalığını öğretecektir.

İnsanoğluna hareket özgürlüğünü sunan en önemli hayvan attır. Kadim halkların hayatlarına At katılınca yolculuk süreleri kısalmış, aileleri ve tüm mal varlıklarıyla birlikte uzaklardaki yeni yerleşim bölgelerine taşınabilmeleri mümkün olmuştu. Uzakları keşfetmekten korkmayarak yeni özgürlüklerin tadını alabilmişlerdi. Buradaki sembolizmde, ruhsal gelişmeyi amaçlayarak çıkılan spritüel yolların sunacağı çok değerli şeyler olduğunu ve genel anlamda tüm arayışlara ve özgürlüğe önem vermenin erdemlerini görürüz. İnsanlar uzakları, yeni yerleri keşfederek aynı mekâna bağlı kalmaktan kurtulunca, başka halklarla iletişim kurabildiler, ilişkileri güçlendi. Dolayısıyla At, samimi ve anlamlı ilişkileri de temsil eder.

At, yerleşik göçebe halkların at binen güçlü savaşçılara ve nomadlara dönüşmelerini sağladı ama ehlileştirmek hiç kolay olmadı çünkü Atların taşıdıkları özgürlük ruhu, içlerini yakan bir ateş gibiydi. Kuzey Amerika halklarının gözünde At gerçek gücün sembolüdür; ancak bu güç, başkalarına şefkatle, koşulsuz sevgiyle yaklaşıldığında, yüreği açmak gerektiği öğrenildiğinde, sahip olunanlar başkalarıyla sevgiyle paylaşılabildiğinde kazanılacak bir güçtür.

Everensel etiğe uygun düşmeyecek biçimde kullanılmaması, istismar edilmemesi gereken güç pek çok kişinin zihninde iki ucu keskin bir bıçak gibi algılanır. Bazı toplumsal örneklerde yöneticilerin gücü başkaları pahasına ve kötüye kullandığının deneyimlenmiş olması, bazı aile fertlerinin kötü şekillerde sergilediği gücün o aileye ağır bedeller ödetmiş olması nedenleriyle, kolektif bilinçaltında ya da bir kişinin ruhunda güce dair endişelere rastlanır. Bu şekilde kodlanmış zihinlerde kuvvet konusuna yönelik şüpheler öyle güçlüdür ki, kendi ruhsal gelişimi anlamında, spritüel yolculuklarda sahiplenilmesi gereken güç anlamında bile gücün reddedilişini görebiliriz. Oysa ruhsal tekâmül, güçten kaçarak, güçsüz olmayı seçerek ulaşılacak bir mertebe değildir. Nagual olarak At'ın rehberliğinde kendi gücünün değerini bilmenin, olumlu anlamda nasıl kullanılacağını vardır. Bunlar algılandığında kişinin kendi yolculuğu gelişecek, hızlanacak, neşe dolacaktır. Eğer güç ego seviyesinde kişisel kazanımlar için kullanılıyor, başkalarının ihtiyaçları tümüyle göz ardı ediliyorsa, bu insanın rehberliğine de At gelecek, gücü doğru kullanmayı öğretecektir. Bu önemli bir derstir ve At çok güçlü bir hocadır.

At çevreyle, doğayla ve evrenle uyum içerisindeyken sağlanabilecek kozmik aidiyetin, sevgiye dayalı gücün temsilidir. Nagual olarak sadakati, adanmışlığı, koşulsuz sevgiyi, dostluğu, refakat edebilmeyi temsil eder. Rehberliğinde ayrıca harekete geçme özgürlüğünü uyandırmak, seçilecek yönü netleştirerek sınırları aşma gücünü sunmak vardır. Hayat yolculuğumuz yeni hedeflere doğru yön değiştirme noktasındaysa, bu ufuklara nasıl yol alınacağını göstermeye gelir. Tutukluklardan sıyrılmamız, uyanmamız, özgürlüğümüzü, içimizde susturduğumuz gücü ateşlemeye gelir.

Horace McCoy'un romanından Sydney Pollack'ın filme çektiği *Atları da Vururlar*, kapitalist sistemin eleştirildiği *kült*, efsane eserlerdendir. 1930'ların ekonomik bunalımla boğuşan Amerika'sında hayattan umutlarını kesmiş bir çiftin katıldığı özel bir dans maratonunun öyküsüdür. Kazanmak için durmaksızın dans edilmesi gereken bu yarışmada dansa dayanmaya çalışan ama tüm gücünü harcayarak ölen çiftleri çöpe atarlar. Bu iki insan son bir umut olarak sarıldıkları yarışmanın acımasızlığına rağmen ayakta kalmaya çalışırlar. Romanına isim verirken At ile ilişkili bir deyimi seçen yazarın sadece sakatlanan yarış atlarının vurulmasına gönderme yaptığını düşünmek eksik olacaktır. Amerikalı yazarın bilinçaltında Kuzey Amerika halklarının bu erk hayvanına dair inancı gizlidir. Yukarıdaki paragraflarda tanımlandığı şekliyle yazarın imgelemesinde de At gerçek gücün sembolüdür. At harekete geçme özgürlüğüdür; seçilecek yönü netleştirerek insana sınırları aşma gücünü veren erktir. Hayat yolculuğu bir hedefe odaklandığı zamanlarda azimle yol alışın rehberliğini veren bu Nagual, sistemin ya da kendimizin tutukluklarının farkına varmayı, sıyrılarak uyanmayı, içimizde susturduğunuz gücü ateşlemeyi temsil eder. Atın savaşçı ruhumuz olduğuna dair bilgeliğinin yazar McCoy'a metafizik yoldan ilham verdiğini, romanını neden böyle adlandırdığını anlamak zor değildir. At, gelişmesi gereken savaşçı ruhu olgunlaştırmaya gelmiş çok değerli bir rehberdir.

Atın rehberliğinde dayanıklılık ve hareket özgürlüğü kadar önemli diğer konular, işbirliği, iletişim ve ikna becerisi, geleceği görme yeteneğidir. Kişinin gizli kalmış ve ortaya çıkmamış yeteneklerini harekete geçirdiği gibi astral seyahatleri de temsil eder. At, tüm seyyahların, tüm kâşiflerin ve gezginlerin koruyucu Nagual'idir; tehlikeleri önceden sezdirerek, engel ve güçlüklerin aşılmasını sağlar.

Nagual olarak At şaman yolculuğuna girerse, bazen kontrolde zorlandığınız yaban ama doğal gücü hissetmeye başlarsınız; muhtemelen seyahati çok sevenlerden olursunuz. Erk hayvanı At olan insanlar bağımsızlıklarına inanılmaz ölçüde düşkündürler; kendilerini özgürce ifade etmelerine engel olan herkese ve her şeye karşı tahammülsüzdürler. Öte yandan güvenilirdirler; dostlarının içlerindeki ateşleri de yakar, çevrelerine macera vaat ederler.

At, rehberlik ettiği kişinin savaşçı ruhunu geliştirmeye gelen bir rehber olduğu için şaman yolculuğunda karşılaşıldığında akla gelecek ilk sorular şunlar olabilir:

Nerede sıkışık kaldınız?

Bağlarınız nelerdir?

Neden hareket edemiyorsunuz?

Başkalarının ilerlemesi için hep yol vermeniz mi gerekiyor?

Doğurabileceği sorunların endişesiyle ilişkilere sınırlarınızı mı kapadınız?

Nagual olarak At, fiziksel ya da ruhsal bir yöne ilerlemeye ihtiyacı olanlara güvenli yol göstericiliğine gelmiştir. Gelir ve seslenir: "Kıpırdayın!" Hayatınızdaki bir durum ürkütüyorsa, gücünüzü uyandıracak, engelinizi aşacak cesareti vererek o girdaptan öteye geçirecektir.

Nagual olarak rehberliğinde sizinde başkalarına örnek olmanızı sağlamak vardır. Değer verdiğiniz yakınlarımıza şimdi sahiplendiğiniz güç ile hocalık etmenizin yolunu açar. At erki taşıyan bir kimseyle ilişki kuranlar, kendi iç güçlerinin artması arzusuyla yanıp tutuşacaklardır.

Erk Hayvanı Olarak Ateş Böceği

Aydınlığı Bulmanın, İletişimin, Renklerin Sembolü

Ateş Böceği, esasen karşı cinsin dikkatini çekmek için yanıp sönen bir ışık saçar; bu ışığın ritimli olması onu ışık saçan diğer böceklerden ayırt eder. Aydınlıkta diğer böceklerden farksız sıradan görünüşlüdür; tüm sembolizmini geceleyin, karanlıkta gösterir. Ateş böceğinin ışığı bedeninin içerisinden dışarı doğru süzülür ve bunun sembolizminde insanlar için de arzu edilenin dış güzellikten çok iç güzelliğin farkındalığı ve iç güzelliğin dışarıya yansıtılması bilinci vardır.

Ani farkındalık ve ilham anlarını ifade ederken kendi lisanımızdaki benzetme deyimini hatırlayacak olursak, 'kafamda bir ampul yandı' sözünde, uğur böceği erkinin anlamını buluruz. Hayal, ilham ve umut birer ışık huzmesidir ve ateş böceği bunların simgesidir. Gece karanlığında Ateş Böceğine rastlayan çoğu insan hemen peşine düşer; ardından gitme arzusu duyar. Naguallerin yol gösterici oldukları düşünüldüğünde, bu arzu Ateş Böceğinin rehberlik kavramına gayet uygun düşmektedir.

Tradisyonel Tarot kartlarında Yıldız kartı ile ilişkilendirilmiş olan Ateş Böceği, doğal enerjiyi en etkin biçimde kullanmanın bir örneğidir çünkü ışığını üretirken kendi beden ısısı hiç yükselmez. Oysa elektrik üreten bir ampul bu enerjinin sadece yüzde onuyla aydınlık verir, yüzde doksanı ısıdır. Şaman yolculuklarına giren Ateş böceği kişiye kendi fiziksel ve ruhsal ritimlerinin farkına varmasını, kendi ışığına güvenmesini öğretecektir. Yeteneklerinin farkına varmasıyla ümitlerinin yeşereceğini, hayallerini gerçekleştireceği ışığı kendisinin yaratmaya muktedir olduğunu anlatacaktır. Bir ateş böceğinin küçücük aydınlığında bir kitap sayfası okunabildiği için bu erkin metaforik yorumlanmasında aydınlanmış insanın ışığıyla yolu aydınlanacak başkaları olabileceğini buluruz. Bunların tümünden hareketle, Ateş böceği, güzel niyetlerin hiç kayba uğramadan sevgi ışığı yayacağını, kendi aydınlığının farkına varanlar için imkânsız diye bir şey olmadığının simgesidir.

Sürekli herkesi yargılamaya eğilimli ve üstelik başkaları hakkında çokça defa hatalı hükümler verenlere Nagual olarak Ateş böceği gelmesi sık rastlanır bir durumdur. Özellikle karşı cinsten insanlarla ilişkilerinde peşin hükümlü davranıyorsa, bu ilişkilerde yeniden düşünmeye sevk edecektir.

Doğalarını tekrar incelersek, Ateş böceklerinin bir türü oldukça iri gövdelidir. İri olan ateş böceklerinin dişileri ilginç bir beslenme davranışı gösterir. Bunlar ufak gövdeli dişi ateş böceklerinin çiftleşme dönemlerinde sergiledikleri özellikleri taklit ederek erkekleri çeker; hevesli erkek gelince de yerler. Nagual olarak Ateş böceğinin buradaki sembolizmi, çevremizdeki kişileri daha doğru tanımaya davettir. Onları gerçek yüzleriyle mi, yoksa görmeyi arzu ettiğimiz şekilde mi görüyoruz sorusuna odaklanmamız mesajıdır. Yanlış bir hedefe odaklandığımız zamanlarda, hayrımıza olmayacak yanlış insanlarla, yaratıcılığımızı baltalayacak gruplarla ilişkiler kurduğumuzda, zararlı ortamlarda özümüzü kaybetme riski aldığımızda Ateş Böceği erkinin rehberliği başlayacaktır.

Ateş böceği, hayallerimizi gerçekleştirmenin temelinde umut olduğunu, bir ışık gibi içimizden dışarıya yansıyacak ümidin yaşamımızı aydınlatmasına işaret eder. Bu nedenle, ateş böceğiyle karşılaştığımızda kendimize sormamız gereken sorular şunlar olacaktır:

Karamsar mıyız?

Umutsuz bir ruh haline mi büründük?

Yanlış olan bir yolda ısrarla kendimizi zorlayan bir çaba halinde miyiz?

Kendi sezgilerimizin yaratıcı gücünü, ilhamı görmezden mi geliyoruz?

Sahte ümitler vererek, gerçekdışı önerilerle itekleyerek bizi yanlışa sevk eden kişiler mi var?

Erk Hayvanı Olarak Atmaca (ve Şahin)

Bilgelik, Cesaret, Doğruyu Yanlıştan Ayırt Edici Muhakeme Sembolü

Atmacanın taşıdığı erkler arasında net gözlem yeteneği ve odaklanma, fırsatları değerlendirme, sorun çözme, güçlü sezgiler, geçmiş hayatları hatırlayabilme, koruyuculuk, aydınlanma, yaratıcılık, sihir sayılır.

Atmaca, numerolojide 14 sayısı ve uyum yeteneğini, çözümlemeyi ve tecrübeyi temsil eden Tarot kartı XIV "denge" ile ilişkilidir. Bu kart, psişik yetenekler ve vizyon konularında yüksek beceri öğretilerini anlatır.

Kuzey Amerika'nın yerli halkları için Atmaca, habercidir. Hayatımızdaki çok ince hatta sinsice saklı mesajlara dikkat etmemiz gerektiği veya yakında böyle bir mesajı anlamamız gerekeceği zamanlarda Nagual olarak gelmesi çok olasıdır. Verilen tüm mesajların içerisinde görünenin altında saklı olanı fark etmek çok önemlidir. Atmaca gözlemci olmayı, gözden kaçması muhtemel konulara dikkat etmeyi öğretecektir ve eğer kullanmadığımız bir yeteneğimiz varsa bunu da hatırlatacaktır. Evrenin bize sunduklarına, birinin özel hediyesine, beklenmedik yardımlara şükran duyarak karşılık vermediysek bu ilgisizliğin nedenlerini bulmamıza yardım edecektir. Atmacaların çok çeşidi olduğu için, çok farklı biçimlerde vereceği mesajları ruhumuzun tüm katmanlarını etkileyecektir.

Hava elementinin koruyucusu olan Atmaca kâhindir, bilincin yüksek katmanlarının anahtarına sahiptir. Rehberliğe geldiği kişinin geniş bir vizyon sahibi olması, görüş açısını genişletmesi için gereken gücü uyandırır. Perspektifin genişlemesi yaratıcılığı tetikler ve yepyeni hayat amaçları edinilebilir. Nagual olarak bunu telkin edecek ve ilhamını verecektir. Atmacayla buluşmak hayatımızın sorumluluklarla dolacağı anlamına gelir çünkü bu erkin desteğiyle bütünü görmekte ustalaşılır. Bu, aynı zamanda olumsuz işaretlerin ve mesajların da süratle farkında olunmasını getirecektir.

Kırmızı kuyruklu Atmaca'nın Hayat boyu rehberliği ayrıca çok özeldir. Bu özel Atmaca *Kundalini* diye adlandırılan temel yaşam enerjisiyle doğrudan ilişkilidir çünkü kök çakraya bağlıdır. Nagual'iniz bu tür Atmaca ise, ruhunuzun seçtiği yaşamsal kader çizgisinin farkına varmanız ve bu amacı gerçekleştirmek için özel gayretler göstermeniz mümkün olur. Hayatınıza yansıtacağı fiziksel, duygusal ve zihinsel enerjinin yoğunluğu daha fazla olan Kırmızı Kuyruklu Atmaca rehberliğinde spritüel güçlerinizi daha kuvvetli hissedeceksiniz demektir.

Bütün Atmacaların ortak özelliği, görünen ve görünmeyen âlemlerin arasında zarafetle hareket edebilmeleridir. *Vision Quest* yani "durugörü arayışı" tabir edilen özel inisiyasyon ritüelinde, gelmesi en çok beklenen Nagual Atmaca'dır. Toplumdan uzak, ücra bir alanda yapılan duru görü arayışının şaman yolculuklarından farkı bazı hazırlıklar gerektirmesi ve zor koşullarda gerçekleştirilmesidir. Şaman yolculukları insanın kendisine rehberlik edecek Nagualleri bulduğu, onların yol göstericiliğinde hayatının anlam ve amaçlarını değerlendirdiği bir ritüeldir. Durugörü arayışı ise insanın gücünün sınırlarını genişletecek daha özel doğa rehberlerini bulabilmek, atalarıyla ilişki kurarak yardımlarını alabilmek için yapılan bir çalışmadır.

Atmacanın keskin görüş yeteneği yoldaki tehlikeleri gösterir ve bu yollardan uzak tutar. Bu yetenek kehanette bulunabilme becerisinin de sembolüdür. Naguali Atmaca olanların görüş açıları genişleyecek, geleceğin neler getirebileceğini görmeleri kolaylaşacaktır. Bu yeteneği gelişmemiş insanlar her şeyi aşırı derecede analiz etmeye meyillidirler, sıklıkla bütünü gözden kaçırırlar. Atmaca analitik zihni kontrol altına almayı, koşturmasına izin vermemeyi öğretir.

Atmacanın avlanma becerisinin gücü, avının kaçma çabalarını gayet iyi tahmin ve sonra onu kaçırmadan takip etmesindedir. İri ve güçlü pençeleriyle avı yakalar, sivri uçlu ve güçlü gagasıyla hemen parçalar. Buradaki sembolizmde kader ufkundan saklanamayacağımıza, olması gerekenlerin sonunda olacağına ve bunu bir hayat dersi olarak kabul etmenin rahatlatıcılığı vardır.

Ruhsal gelişimde arzu edilen uyanış, ruhun özgün niyetini hatırlamak, hayatı yeniden değerlendirip ruh ile zihni bütünleştirmektir. Nagual olarak Atmaca güçlü pençeleriyle bizi yakaladığında, kişiliğimizi, yaşamımızın ne durumda olduğunu değerlendirmemizi, kendimizle ilgili ilüzyonlarımızı parçalamamızı isteyecektir. Böylelikle, içsel gerçekliğimizin dışarıya çıkarak kendimize görünür hale gelmesine, parıldamaya başlamasına yardım edecektir.

Atmaca cennetin kuşlarındandır; kozmosla bütünleşmemiz ve ruhsal tekâmülde hızla ilerlememiz için gereken değişiklikleri dürenler. Bu Nagual'e sahip olmanın tadı hem acı hem tatlıdır; çok kolay değildir, çok çalışmayı gerektirir. Yaşamın bütünlüğüne hizmet etmeyen her şeyi bırakmak, terk etmek, teslimiyet istenecektir. Bu bir düşünce de olabilir, duygu da olabilir, eylem de olabilir. Ama hasat edilen, semeresi alınan ödülleri müthiştir; tüm zorluklara değecektir.

Erk Hayvanı Olarak Ayı

Koruyuculuk, Güç, Bilgelik, Rüya Zamanı ve Değişim Sembolü

Antropoloji uzmanlarına göre Ayı, insanlar tarafından derin saygı duyulan ve kutsanan ilk hayvanlardandır. Pek çok yerli halkın sanatında Yüce Ruh'un gücü Ayı bedeninde temsil edilir. Kelt tradisyonunda çok güçlü bir koruyucu olduğuna inanılan "Ayı Tanrıça Artio" vardır ve "İlk Yaratıcı Anne" diye adlandırılır. Yunan mitolojisinde Zeus'un kızı olan, doğa, avcılık ve ay tanrıçası Artemis bazı eserlerde Ayı simgesiyle anlatılmıştır. Kuzey Amerika halk öykülerinde Ayı, ekinlerin bereketi ve olgunluk simgesi ve ruhsal koruyucusudur. "Büyük Ayı" denilen "Ursus Major" takımyıldızı da koruyuculuğu simgeler. Ormandaki en tehlikeli hayvan, yavrularını korumaya çalışan ana ayıdır.

Ayı, dünyayı cennet'e bağladığı düşünülen ağaçlarla, kozmos ışığının yedi rengiyle ve bilinç ile bilinçdışını birbirlerine bağlayan Ay enerjisiyle ilişkilendirilir. Sezgileri müthiştir ve rehberliğinde zihnin bilinçli ve bilinçdışı bilgilerini ortak bir farkındalıkta buluşturmak, güçlü bir kimliği oluşturmak vardır. Hayata dair kafa karışıklığı içerisinde her şeyi yargılayan, bu birikintilerde bocalayan kişilerin şaman yolculuğuna katılarak yol göstericilik yapacak Nagual olarak yaşamın balını tatmayı öğretir.

İnsan kendi benliğine özen gösterdiğinde, iç dünyasını anlamaya daha fazla zaman ayırdığında, sezgiler uyanacak ve rastlanacak fırsatlar çoğalacaktır. Bu nedenle Ayı zihni ve ruhu biraz sessizleştirebilmeyi ve farkındalığı arttırmayı öğretir. İnandığı şeyler için dimdik ve korkusuzca ayakta durmasının büyük kazançlar sağlayacağı kişilere rehberlik ederek liderlik özelliklerini geliştirir. Ayrıca doğuştan gelen şifacılığı olanların bunun farkına varması ve yeteneğini kullanması için teşvik eder.

Kış, bazı insanların sevmediği, karanlığı, ölümü çağrıştırdığını hissettiği mevsimdir. Oysa kış mevsiminde gökyüzündeki yıldızlar berraklaşır, görünürlükleri ve parlaklıkları artar, güzellikleri belirginleşir. Kadim halklar Ayı'nın yaradılışında kozmik bir güzelliği keşfettiği için Druid'ler Kutup Yıldızı'nı Büyük Ayı yıldız kümesi içerisinde başrole oturtmuşlardır. 21 Aralık kış dönümünde, yani yılın en karanlık gecesinde, Kuzey yıldızı yol göstericidir. Onlara göre Kutup Yıldızı Kral Arthur'a işaret eder çünkü Arthur kelimesinin anlamı ayıdır.

Ayının yavrularını kendisi kış uykusundayken doğurması derin iç bilgeliği ifade eden rüya zamanının, değişim ve dönüşümün sembolüdür. Uyku sırasında, bizi besleyen Yüce Ana'ya duyarlı hale geliriz, kendi derinliklerimize dalar, egomuzu kaybeder ve elemental doğamızın özüne ineriz. Sonsuzluk ve her şeyin birliği ile bütünleştiğimiz o yere ulaşmayı sembolize eden erk hayvanı Ayı'dır çünkü rüya zamanı dediğimiz dönem onun kış dönemidir, uykuya yattığı aylardır.

Ama bahar geldiğinde uyanmak, yenilikleri, tüm ihtimalleri aramaya başlamak gereklidir. İçgüdüleri canlandıran, ne zaman doğru zamandır, hangi yöne gidilmelidir diye kış uykusunu sembol olarak sunan Ayı, bahardaki canlanmasıyla da ne zaman uyanılacağına işaret eder. İnsanın bazen yalnız kalmaya ihtiyacı vardır. Bu yalnızlık, hayat yolculuğunda nereye ve nasıl ilerleyeceğini düşünmesine, tartmasına, duygularını derinlemesine incelemesine fırsat verecektir. Ayı sembolizminde içgüdülerimize güvenmek ve bu içgüdüleri takip etmek önem taşır.

Ayı gündüz ve gece sürekli hareket halinde bir hayvandır. Hem aydınlanma ve gücü temsil eden güneşin, hem de sezgileri temsil eden ay enerjisiyle sıkı bağlarına işaret eder. Yolculuğuna katıldığı insanın kozmik bağlarını pekiştiren, içinde taşıdığı özel vasıfları geliştirmeyi öğreten bir Nagual'dir. Benliğimizin derinliklerine inmemiz gereken zamanlarda, hayat bize karanlık, olumsuz, karmaşık göründüğünde, duygularımız, aklımız ve zihnimiz bizi hayal kırıklığına uğrattığında, hangi yolu izleyeceğimizi bilemeyip kaybolduğumuzu hissettiğimizde, iç bilgeliğin ve sezgilerin ışığıyla yuvaya dönüşün yolunu bulmamız gerektiğinde Nagual olarak Ayı çıkagelir. Kendi içimize dönmemizde rehberlik etmek için, hayat deneyimlerimizi nasıl hazmedeceğimizi öğretmek için, kafamızı dolduran ve taşan tüm soruların cevaplarını benliğimizde taşıdığımızı anlatabilmek için gelir. Hayatın o dönemindeki zorlayan koşullar ve meydan okuyan insanlar konusunda iç bilgeliğimizden yardım almak ya da kendimizle yüzleşmek için biraz yalnız kalıp iç sesi duyabilmek için sükûnete gerektiğini anlatır. Öte yandan kişinin kış uykusundan kalkmaya, canlandırıcı ilişkiler kurmaya ihtiyacı varsa, bu konuda kendi yaşam örneğini sunacaktır.

Bazen ayılar öfkelerine kapılıp fazla özgüvenli, aceleci davranır ve korkusuz hayvanlar olduklarından dolayı dikkati elden bırakırlar. Nagual olarak Ayı dikkatin önemine işaret etmeye ve eğer kendi limitlerinizi zorlamaya başlamışsanız bunun istenmedik sonuçlar doğurabileceğini göstermeye gelmiş de olabilir. Düşüncelerinize, davranışlarınıza, başkalarıyla, özellikle hayatınızdaki en yakın kişilerle ilişkilerinize dikkat çekecektir. Anahtar sözcük farkındalıktır. Her eylemde, her sözde, farkındalık ve seçiciciliğe rehberlik eden Ayı, gücün nasıl kullanılması, kararların nasıl alınması gerektiğini gösterir.

Kutup Ayısı için bir ekleme yapmak isterim. Kutup Ayısı sembolizminde mistik özelliklerin gelişimi vardır. Zor zamanlarda dayanıklılık, yaşamı sürdürme cesareti, yalnızlıkla başa çıkabilme becerileri Kutup Ayısının temsil ettiği ruhsal gelişim alanlarıdır.

Kutup Ayısı insanın hayallerini gerçekleştirmesi için dobra dobra konuşması ve hatta biraz saldırgan davranması gereken zamanlarda gelir. Doğru zamanda doğru hareket edebilmek için gereken gözlem gücünü pekiştirir. Hayat zemininin buzlandığı, kayganlaştığı dönemlerde sağlam adımlarla yürümenin rehberliğini yapar.

Erk Hayvanı Olarak Balina

Bilgelik, Sonsuzluk ve Ölümsüzlük Sembolü

Balina ayrıca duygularla, yaratıcılıkla ve kendi gerçekliğini arayışla ilişkilendirilir. Ezoterik literatürde gezegenin tarihinin kaydını tuttuğuna, bilgeliği temsil ettiğine, fiziksel ve duygusal şifa kaynağı olduğuna inanılır. Mitolojide Balina erkini ifade eden tanımlamalar arasında sayılabilecek olanlar, ses ve şarkının gücü, denizin tüm enerjileri, psişik ve telepatik yetenekler, içsel derinliklere ulaşmaktır. Balina sesleri, gizemli şarkıların sembolizmini barındırır. Yunuslar gibi balinalar da gezegenimizin duygu yüklü ve bilinçli varlıklarıdır. Mistik bazı öğretilere göre insanlarla benzerlik gösteren yüksek farkındalık sahibi ve ruhları bilincin dördüncü evresinde olan canlılardır. (Bu öğretilerde insanoğlu bilincin on bir ya da on ikinci evresindedir).

Balina evrenin bilgeliğini anlamayı, gezegenin kalp atışlarını hissetmeyi öğretir. Yaratıcılığımızı ve hayal gücümüzü keşfetmek üzere kendi derinliklerimize nasıl dalınacağının yolunu gösterir. Sonra da hayalleri ve yaratıcılık enerjisini kararlılık ve fiziksel güçle bütünleştirmenin yaşamı nasıl mutlu kılacağını gösterir. Eylemlerine rengini ve ışığını ekleyebilenlere, yaşamın muhteşem olacağını müjdeler.

Balinanın Nagual olarak rehberliğinde duyguları doğru yorumlamak, hayatta nerede durduğunun bilincinde olmak, hangi eylemler, hangi duygusal dürtülerle bu noktaya geldiğini anlamak vardır. Kişi bir drama içerisindeyse buradan çıkması, huzura ulaşması için yapması gerekenleri gösterecektir. Çağdaş edebiyatta iz bırakan *Moby Dick* adlı Balina, Kaptan Ahab'ın amansız takibine rağmen, kolayca mağlup edilmemenin simgesidir. İç gerçekliğin, ruh sesinin ve yaratıcılığın kolayca alt edilemeyeceğinin sembolüdür.

Herman Melville'in bu ünlü romanı, Kaptan Ahab'ın bir beyaz balinanın peşinde yaşadığı macerayı anlatır. Zengin yorumlamalara açık bu kitaptaki çatışmada Kaptan, Balina'nın kimliğinde kabul etmek istemediği bir gücün varlığını görmekte, bu gücü eline geçirme, yani onu öldürme hırsıyla yanmaktadır. Balina'da insana sınırlarını bildiren ve kontrol eden bir gücün varlığını sezmektedir. Okyanusta insanın ulaşamayacağı derinliklere dalabilmesine öykünen satırlarla karşılaşırız. Kaptan, balinanın ve okyanusun sırlarını çözebilmek için hangi yeteneklerini geliştireceğini sorgular. Yazar Melville, kolektif bilincin kodlarıyla zenginleşmiş romanında başka bir büyük balığı değil Balina'yı seçmiş ve Kaptan Ahab'a bu erk yazısındaki ifadelere çok benzer sözler söyletmiştir.

Nagual olarak Balina yürekten iletişimin değerine vurgu yaparcasına okyanusta diğer balinalarla binlerce mil öteden iletişim kuran bir balık türüdür. Bunun sembolizmi, kalpten duyguların uzaklık tanımadan başka kalplere ulaşabileceğidir. Ayrıca aileye çok düşkündür ve şaman yolculuğuna katıldığı kişilere aileyle ilişkili sorunları, kopuklukları hususunda yol göstericilik yapacaktır.

Balina erkiyle karşılaşıldığında, taşınan duygusal yüklerin farkına varma zamanı gelmiş demektir. Çok yüksek su basıncına rağmen çok derinlere dalabilen Balina'nın öğretisinde gerek duygusal gerek fiziksel baskılardan etkilenmeden canlılığı korumanın mümkün olduğu örneklenmektedir. Dalışlar arasında Balina su yüzeyine çıkarak nefes alır nefes verir. Spritüel âlemle ve bilgelikle ilişkilendirilmesi bu dalış çıkışlardır; rehberliğinde bilinç düzeyi ve bilinçaltı arasında gidip gelebilmenin bütüncül önemine, iç sesini dinleme ve hayatının kontrolünü ele almaya işaret vardır. Ayrıca balinanın devasa bedeni, işte ya da özel hayatta çok fazla yük üstlenildiğine işaret eder ve bazı yükleri azaltma kararı alma vakti gelmiş demektir.

Erk Hayvanı Olarak Baykuş

Bilgelik, Gizlilik, Sırların Sembolü

Baykuş, dişil olanı, Ay'ı ve Gece'yi temsil eder. Ay'ın sihirli gücünü taşıdığı için sezgi gücü yüksektir. Büyünün, sihrin, sırların, karanlıkların, yüksek düzeyde bilgeliğin erkine sahiptir. Yuna mitolojisinde zekâ, sanat, ilham ve barış tanrıçası Athena'nın sembolleri arasındaki gök gözlü baykuş bilgeliği temsil eder. Baykuş sembolizminde maskeleri kaldırmak, yüzeyin altında yatanı, hatta kendi derinlerindekileri fark edebilmek vardır. Özellikle kandırmaya yönelik çaba ve eylemleri hemen fark etme erkine sahiptir.

Olağanüstü görme ve duyma yetenekleri, gizemli halleri, sessiz uçuşları ve keskin çığlıklardan tuhaf ötüşlere uzanan bir yelpazedeki sesleri Baykuşların batıl inanışlara konu edilmesine, hatta korkulmasına yol açmıştır. Baykuşu ölüm sembolü olarak kabul eden, ölmekte olan kişiyi ziyaret ettiğine inanan kavimler bile vardır. Oysa şamanik inançta Baykuş fiziksel ölümü temsil etmez; kişiye yarardan çok zarar veren özelliklerin, düşüncelerin, duyguların, inançların, davranışların ölümünü, yani bunların serbest bırakılması, terk edilmesi gereğini temsil eder.

Baykuş'un şamanik lisanda *shape-shifting* diye ifade edilen şekil değiştirebilme özelliği çok güçlüdür; bu yüzden sıradan ve sıra dışı dünyalardaki yolculuklarında Şamanların sıklıkla seçtiği bir Nagual'dir. Şaman yolculuğuna girdiği kişilere kendi gölge kimliğini tanıtmak, karanlık ve aydınlık veçheleriyle bütünleşmesini sağlamak, davranışlarına uyum getirmekte güçlü rehberliğiyle bilinir.

İri ve dışa doğru çıkık duran çok etkileyici gözleriyle çevresine bilgece bakan Baykuş, omurgalı hayvanlar içerisinde boyunlarını en geniş açılarda oynatabilen tek türdür. Etrafını gözlerken gözlerini değil, boynunu çevirir, gözleri sabit durur. Çevresinde olan bitenin son derecede farkındadır ve gece görüşü o kadar güçlüdür ki, karanlıkta bir kilometre öteden bile avını görebilir. Avlanmasını kolaylaştıran diğer özelliği ise asla fark edilemeyen bir sessizlikle avının üstüne alçalabilmesidir. Gürültü çıkarmadan, odaklanarak hareket edebilmeleri rehberliklerinin bir bölümünü oluşturur.

Baykuş geceleyin avlanır; dolayısıyla, başkalarının göremediklerini, gözden kaçırdıklarını görebilme yetisiyle donanmıştır. Maya şaman lisanında "gece kartalı" anlamına gelecek şekilde adlandırılır çünkü karanlıkların içerdiği tüm gizemlere rehberlik eder. Yüzeyin altında neler olduğunun bilinmediği karanlıkların içyüzünü gösterecek, dış görünüşten anlam çıkartmanın zor, görüntünün yanıltıcı olduğu durumlarda yanlış yorumlardan koruyacaktır. Güçlü duyularıyla Baykuş, özellikle korkulu değişim dönemlerinin karanlık tünellerinde fener olacaktır. Tünelin öte yanındaki ışığı göremeyenlere, tedirginlere rehberlik eden bir erk olarak gelir.

Gece ve karanlık korkusu, insanları gece hayvanları konusunda da çekingen ve korkak yapmıştır. Bu rahatsızlığın sebebi, gecenin karanlığının bilinmeyeni sembolize etmesindendir; geceler göremediklerimizin ya da görmek istemediklerimizin diyarıdır. Hatırlamak istemediğimiz, zihnimizi ve ruhumuzu meşgul etmesini istemediğimiz ve olumsuz duygularla yüklü hatıraları, travmaları, kazaları benliğimizin derinliklerinde bloke ederiz. İnkâr edip gömdüğümüz şeyler rüyalarımızda bilinç düzeyine yükselirse, bu rüyaları unuturuz. Hissettiklerimizi kendimizden saklama gayretimiz kendimizi aldatmakla eş anlamlıdır. Nagual olarak Baykuşun gelme sebeplerinden birisi de budur; öz kandırıcılığımız ciddileşmiş demektir. Maskelerimizi kaldırmak, derinlere attıklarımızla yüzleşmemizi sağlayacaktır. Kendimizle ilgili evham veya fazla beğeni ilüzyonlarının perdelerini kaldırarak, öz gerçekliğimizle yüzleşmemize yardımcı olacaktır.

İllüzyonları olmayan, halının altına itilmiş, perde arkasına saklanmış sırları, çevresindekilerin ruhsal karanlıklarını görebilen kişilerin de Baykuş'un rehberliğine ihtiyacı vardır. Özen ve başkalarına şefkat göstermeyi gerektiren böyle bir yeteneğin doğru kullanılması için de Baykuş gelecektir. Yüksek sezgi sahibi insanlar daha sevecen olmaya, daha dikkatli konuşmaya, daha özenli davranmaya mecburdurlar. Bu yeteneğin kozmik takdiri ancak böyle mümkün olur. Nagual olarak Baykuş başkalarının ruhlarının karanlıklarına bakarken o karanlıklardan ders almayı, şefkatle paylaşmayı öğretmeye gelir.

Baykuş erki taşıyan kişiler, genellikle *nevi şahsına münhasır* diye tabir edilen kendilerine özel insanlardır. Kendi gerçek düşüncelerinin bilinmesini istemezler, biraz gizemlidirler ve bu nedenle çoğu zaman yanlış anlaşılırlar. Bazen bu durum onların aleyhine gelişir, çok farklı oldukları kanaati taşıyan yakınlarıyla ilişkilerinde zorluklar çıkarabilir. O zaman Nagual olarak Baykuş rehberliğinde doğru kişilere perdelerini açmayı, güzel ve gizemli ruhlarını sakınmadan göstermeyi öğreneceklerdir. Uzağı görebilen psişik yapıları çok değerli olduğundan bu yeteneklerini başkalarına yardım amaçlı olarak geliştirecek yolları Baykuş gösterecektir. Başardıkları zaman, mükemmel terapistler, psikologlar, danışmanlar olurlar.

Erk Hayvanı Olarak Boğa

Hayal, Bolluk, Bereket, Olumlu Düşünce Sembolü

Boğa eril enerjiyi, güneşi, gökyüzü tanrılarının yeryüzündeki yaratıcı güçlerini temsil eder. Göçebe avcı-toplayıcı halkların tarımla uğraşan yerleşik topluluklara dönüşümü Milattan Önce 4000-2000 yılları arasında, yani astrolojik olarak Boğa Çağında, gerçekleşti. O dönem topluluklarının inancında boğaların bitkilerle ilişkilendirilen mitolojik özelliklerine rastlama sebebimiz bu olabilir. Romalı Virgil bir şiirinde ilkbaharı boğa'nın altın boynuzlarıyla açılan bir mevsim olarak ifade etmiş ve boğayla hasat bereketini ortak bir sembolizmde buluşturmuştur.

Gücü ve heybetli duruşu nedeniyle Boğa, Mezopotamya, Yunan, Roma ve Mısır uygarlıklarında sık kullanılmış bir semboldür. Örneğin hemen tümünün bolluk bereket festivallerinde boğa kurban etme alışkanlığına rastlarız. Romalılar kestikleri boğanın parçalarını bereket getirmesi için ülkenin değişik yörelerine yollarlardı. Sümer tanrısı Dumuzi'nin halkı uğruna kurban edilmeyi kabul eden vahşi bir boğa olarak betimlendiği eserler vardır. Antik Mısır tanrısı Apis, Memfis şehrinin kutsal boğası olarak resmedilmiştir ve Yunan şarap tanrısı Diyonisos'un ayakları boğa ayaklarıdır. Ayrıca yaşanan coğrafyaya bağlı olarak, kış aylarının güçlükleriyle ya da verimsiz topraklarla mücadele amaçlı seremonilerde takılan süslemelerde boğa sembolü sıklıkla kullanılmıştır.

Boğa, Kelt mitolojisinde de eril gücün ve ilkbaharla gelen bereketin sembolüydü; servet ve bolluk ile ilişkilendirilmişti. Bereket yağmurları yağdırdığına inanılan gökyüzü tanrısını güçlü bir boğa olarak resmetmişler, gök gürültüsünün gökyüzünde dolaşan boğa tanrıların nal sesleri olduğuna inanmışlardı. Kadim toplumlarda dünyevi üstün gücün, canlılığın, bolluğun sembolü olan Boğa'nın gerçekte hırçın ve kavgacı doğası göz ardı edilmiştir. Mitolojik öykülerde saldırgan tutumunu sadece kötülere, olumsuz güçlere karşı gösterdiğini okuruz.

Boğa, toprağın gücünü hissettiren, fiziksel dünyayı etkin biçimde temsil eden ve kuvvetini fiziksel dünyada gösteren bir hayvandır. Kim olduğundan, nerede olduğundan ve nereye gideceğinden emin görünümü ve adeta bunun farkındaymış gibi hissettirmesi, saygın bir güç simgesi olmasında önemli rol oynar. Hareketleri enerji yüklü ve kararlıdır; amacına odaklanır ve ulaşana kadar amacından sapmaz. Sürüyü takip eden değil, kararlılıkla kendi bildiği yolda giden bir hayvandır. Yol göstericilik anlamında babalık simgesidir.

Boğa'nın bedenini yükseltip boynuzlarını kaldırarak atağa geçiş ve saldırma görüntüsü o kadar etkileyici bir güç gösterisidir ki, dünya çapında sermaye piyasalarında borsaların yükseliş dönemlerini ifade için "boğa piyasası" tabiri kullanılmaktadır. Öte yandan ayıların pençe vururken aşağı doğru eğilmelerinden hareketle sermaye piyasalarındaki düşüş dönemi de "ayı piyasası" deyimiyle tanımlanır. Anglosakson lisanında inatçı, dik kafalı kişilere "boğa-kafalı" tabiri kullanıldığını görürüz.

Boğa'nın öğretileri arasında yeni fikirlere açık olmak, inat etmek yerine hareket etmek, eril enerjileri dişil enerjilerle dengelemek vardır. Beslenmede, çalışma ve dinlenme zamanlarında, sessizlik ve konuşkanlıkta, her alanda denge bu listeye eklenebilir. Amaca ulaşacak yolda gereken azmin eksikliği sorun oluyorsa Boğa rehberlik edecektir.

Nagual olarak rehberlik ettiği kişilik alanları şu şekilde derlenebilir: Farkındalık içerisinde yaşamak, tehlikelere karşı uyanık ve tetikte olmak, halinden memnun olmayı öğrenmek, sevmeyi, sevdiğini ve kendi değerlerini korumayı bilmek, doğanın toprak elementiyle bağlı olmak, toplumsal uyum.

Erk Hayvanı Olarak Ceylan

Farkındalık, Sürat ve Zarafet Sembolü

Ceylan oldukça sıra dışı bir erk hayvanıdır. Koşarken hiç zorlanmadan hızı saatte yüz kilometreye ulaşır ve yaşamımızda süratin önem kazandığı durumlarda dönemsel rehberliği gereken Nagual Ceylan'dır. Ayrıca çok hassas, kolay incinen, çevrelerine karşı kendilerini korunmasız hisseden kişilerin bu zaaflarıyla baş etmeyi öğrenmelerine rehberlik eder. Ceylan hayatta özgüvenle, sağlam adımlarla ilerlemek için gereken farkındalığın nasıl geliştirileceğini, tehlikelerden süratle nasıl uzaklaşılacağını öğretir.

Ceylan aynı zamanda güzelliği ve hayatiyeti temsil eder. Tehditlerden, tehlikelerden kaçarken bile gözlenen zarif hareketleri, zigzaglar çizerek, hatta ara sıra oyalanır gibi dolanarak zıplayışları dikkat çekicidir. Ruhsal sembolizm perspektifinden bakılınca bu hareketler önemli mesajlar içerir. Zorluklarla, bunaltıcı durumlarla, sorunlarla karşılaşınca, köşeye sıkışmış hisseden, kendini koruma şekli gerçeklerden kaçmak olan, bu kaçışları aşırı yemeğe, ilaca, alkol ve benzeri uyuşturuculara ya da başka türden bağımlılıklara başvurma şeklinde olanlara Nagual olarak Ceylan gelecektir. Zorluklarla mücadele için mantıklı ve uzun soluklu çözümlerin aranıp bulunması gereken zamanların rehberidir.

Hayat sonsuz bir gül bahçesi olmadığına göre herkes çekindiği, hiç beklemediği veya korktuğu bazı durumlarla bir gün karşılaşabilir. Psikolojik ya da bedensel bazı hastalıklara yakalanması, bağımlılık yaratan davranışlara yönelmesi bu durumlarla baş edememesindendir. Başkalarıyla ilişkileri zayıf olan, yalnızlık ve çaresizlikle kıvrananların bu ruh haliyle kendilerini analiz etmeleri mümkün değildir, hatta hiç tanıyamaz durumda olabilirler. Ceylan'ın rehberliği esasen kendimiz ve çevremizle ilgili farkındalığı arttırmak, sağlıklı bir güvenlik alanı yaratma becerisini geliştirmektir.

Ceylan'ın şaman yolculuğuna gelmesi kişinin güçlü ve zayıf yönlerini keşfetmesini, problemlerden kaçmak yerine çözmeye yüreklenmesini, gereken becerileri kararlılıkla geliştirmesini sağlar. Rehberliğinde kolay çözümlemelerle kendini motive etmeyi öğrenmek ve gereken hayat enerjisini üretmek vardır. Rüyada bile Ceylan görmek kişinin enerjisini derleyip toplamak için yeni yöntemler bulması gerektiğine işarettir.

Bazı insanlar hayata deneyimlenecek bir macera gibi bakar, kimileri her olayda bir hayal kırıklığı bulur ve olası fırsatları bile kaçırabilir. Ceylan, hayatı bir külfet gibi değil, macera gibi görmeyi öğretir, maceranın tadını çıkartmak için gereken enerji ve heyecana nasıl sahip olunacağının rehberliğini verir.

Çaresizce hayat yolunda tökezleyerek, karamsar duyguların biriktiği boğaz çakralarında blokajlar yaratarak yaşamını tıkayan kişiler Ceylan rehberliğinde başkalarıyla doğru iletişimler kurmanın yolunu bulacaktır. Farkındalığı ve becerileri arttırmak suretiyle zaafları yenmeyi, yeni yollar keşfetmeyi ve gereğinde yön değiştirerek kendini geçmişin gölgelerinden kurtarmayı öğrenecektir.

Hayatın bahşettiği doğal enerjimizi amaçsızca boşa harcamadan olumlu düşüncelere dönüştürerek yaşamı değerli kıldırmak, tüm erklerin ortak rehberliğidir. Ceylan saldırılara karşı en narin yapıya sahip bir hayvan olarak yine de var oluş becerilerini bizlere örnek olarak sunarken yaşam umudu verir. Hayatı iki elle sıkıca yakalamanın, kalbi umut ve istekle doldurmanın engelleri ortadan kaldırışına rehberlik eder.

Erk Hayvanı Olarak Çekirge

Sezgilere Güvenerek İlerleme Sembolü

Çin'de çekirge şans ve bolluk sembolü olarak kabul edilir ve fırsatları iyi değerlendirme becerisini temsil ettiği söylenir. Sezgisinin gücüne inanan, doğru zamanda hareket etmeyi bilen, kendi şansını kendi yaratan kişilerin çekirge enerjisi taşıdığına inanılır. Çoğu insan ilerlemenin dikkatle, planlı şekilde ve adım adım gerçekleşmesi gerektiğini düşünürken, çekirge erkini kullanan kişiler içgüdülerine tümüyle güvenir, ne zaman sıçrayacaklarını doğru sezer, süratin lehlerine olduğunu bilirler. Bu ikinci gruptaki insanlar sezgisel mesajların doğruluğuna, uygun zamanda eyleme geçmenin olumlu sonuçlanacağına inanır ve cesaretle atılım yapmaktan korkmazlar çünkü çekirgeler asla geriye doğru değil, sadece ileri doğru sıçrarlar.

Sonuç olarak Çekirge, hayatın ritmine ve sezgilere güvenmeyi, cesaretle atılım yapmayı öğretmeye gelen Nagual'dir. Gözüpek olmak, sebatla ilerlemek, karşılaşılan fırsatları kaçırmamak, hatta riskleri göze almak gereken hayatların rehberidir. Sezgilerin gücünü, çevrenin ve koşulların sürekli farkındalığını öğretir. Cesaret her ne kadar önemli bir erdemse de, icabında kaçmayı da bilmeyi, ikisinin dengelenmesi gereğini gösterir. Bu arada davranışlarda ataklığı ruhun derinliğindeki suskunlukla dengelemenin önemine işaret eder.

Çekirge erkinde yeni uğraşlara başlarken ihtiyaç duyulan dayanıklılık ve süreklilik vasıflarının geliştirilmesi vardır. Düşünceleri, idealleri, algıları değiştirmek ya da yeni ufuklar açacak bir dönüşüm gerekiyorsa Çekirge gelecektir. Zaman ve mekânın ötesine geçebilmek, bilinmeyen hedeflere atlarken engelleri aşabilmek çekirge erkleri arasındadır. Örneğin, mesleğini değiştirmekten çekinenlere Çekirge rehberliği değerli olacaktır.

Dünya üzerinde on bine yakın çekirge türü yaşar ve her türün kendine özel bir şarkısı vardır. Sesin ve şarkının gücü, Çekirge erkinin bir bölümünü temsil eder. Şarkı söylemek, kadim geleneklerde bilincin yükselmesi, hayvanlarla ve bitkilerle iletişime geçilebilmesi için kullanılmış bir metottur. Nagual olarak Çekirge kişiye aslını hatırlatmak, köklerine uzanıp atalarına saygı sunmak için bir mesaj getirmiş de olabilir.

Çekirgeler astral seyahatlerle ilişkilendirilir çünkü astral tanımında hayatın gizemlerinin saklı olduğu bir başka gerçekliğe sıçrayış vardır. Kaçınılması ya da yön değiştirilmesi gereken durumlarda rehberlik sunacaktır. İster bir ilişkide, ister bir iş alanında, ister kişilikte dönüşüm gerekiyorsa, bununla ilgili olarak yol gösterecektir çünkü dönüşüm inançla sıçramakla mümkündür. Engellerin aşılması, ulaşılmak istenen hedefte olumlu sonuçlar alınması doğru yöntemlerin kullanılmasını gerektirdiğinden, Çekirge bilgeliği değerlidir.

Çekirgeler genellikle sakin hayvanlardır. Ancak nüfusları çok arttığında ya da kıtlık hallerinde göz açıp kapayana kadar bir çiftliği talan ve yok edebilirler. Bu arada renkleri siyaha dönüşerek güneşten ekstra ışığı depolar ve hareket hızlarını arttırabilirler. Buradaki sembolizm bize bazen hayatımızdaki kişilerin sunabileceğimizden fazlasını alarak bizi tüketebileceğine işaret eder; ya da biz buna fırsat veririz. Nagual olarak Çekirge bu hususa dikkat çekmeye gelmiş olabilir. Sorulması gereken sorular şunlardır:

Sadece fiziksel varlığınızı değil, zamanınızın veya enerjinizin çok fazlasını talep edenler var mı hayatınızda?

Sizi zorlayan ve kendi hareketlerinin sorumluluğunu size yükleyenler var mı?

Bu soruları sorma vakti gelmiş ve bu hassas konuları düşünmeye açık değilseniz Çekirge rehberliği gereklidir.

Erk Hayvanı Olarak Denizanası

Kabul Ediş ve Yüksek İnanç Sembolü

Dönemsel Naguallerden olan Denizanası, duygusal açıdan zorlayıcı dönemlerde çırpınmadan, batmadan kendini dalgalara teslim etmeyi, çetin koşullarda katılaşmadan durabilmeyi, su elementine hassasiyeti, yani duygusallığı sembolize eder. Hayatın tehlikeli ağlarına dolanmadan, koşulları anlamaya çalışarak varoluşu sürdürmek iman gücü gerektirir; Denizanasının kendisinden örneklerle rehberlik edeceği hususlar bunları içerir.

Denizanaları 7 ile 40 santim arası büyüklükte, yassılaşarak yüzmeye uyumlanmış canlılardır ve vücutları hidrodinamik olmadığından yüzüşleri çok yavaştır. Korunmak için dokunaçlarındaki batıcı polip kümelerinden zehir fırlatırlar. Hareket etmelerini sağlayacak bir yapıları olmadığından, kendilerini suyun hareketlerine teslim ederek yaşayan tek deniz canlısıdır. Okyanus akıntıları ve rüzgârların esiş yönü denizanalarının hareketini ve gideceği yönü belirler. Bizlere hayatın akıntılarıyla, Tabiat Ana'nın doğal güçleriyle uyum içerisinde yaşamanın anlamını gösterirler.

Genellikle dönemsel rehberliğe gelen Nagual olarak Denizanası, yaşam düzeninin sükûnetle kabulünün mümkün olduğunu, teslimiyet içeren bir iman ile yaşanabileceğini temsil eder. Şaman yolculuğuna Denizanası girmişse, sorulması gereken soru, hayatın içerisinde dengeli biçimde akıp akmadığınızdır.

Yaşamla, sunulanlarla çatışmaya girmeden, bütün ile birlikte ve dengede kalmaya ihtiyaç varsa, bu dengenin kurulmasında dönemsel rehberlik edecektir. Amacını kestirememiş, hatta amaçsızca sürüklenmekte olduğunu hisseden ve çaresizlik duyan kişilerin şaman yolculuklarına girdiğinde zamanı nasıl kullandıklarını irdeletecek, amaçlarını yitirmeden hayatın cereyanlarıyla uyumlu yol almaları konusunda rehberlik edecektir.

Erk Hayvanı Olarak Deve

Gücü ve Enerjiyi Doğru Kullanarak Varoluş, Başkalarına Hizmet Sembolü

İnsan hayatına bir yolculuk olarak bakıldığında Deve sembolizmindeki seyahat teması, çöllerin sert koşullu coğrafyasında uzun mesafeler kat ederek varlığını sürdürebilmesindeki anlam göz ardı edilemez. Hörgüçlerinde yağ, besin ve su depolayarak uzun yollar kat eden, kıtlık zamanlarında açlıktan ve susuzluktan mağdur olmayan Deve, Nagual olarak yavaşlamanın ve enerjiyi iyi kullanmanın önemine işaret eder. Şaman yolculuklarına girmesi, kişinin kendi enerjisinin ve gücünün çok büyük bölümünü başkaları için harcamaya başladığına işaret eder.

Kat ettikleri güzergâhın hep zorlu ve uzun olması, fiziksel hayatımız kadar ruhsal hayat yolunun da zaman zaman destek gerektireceğine işarettir. Yaşam biraz ürkütücü olmaya başladığında, önümüze çıkabilecek tehlike ve tuzakların bizi sendeleteceğinden, ayağımıza takılacak şeylerin bizi tökezleteceğinden endişe duyduğumuzda, ilerlemekten korktuğumuzda, rehberliğini arzu edeceğimiz Nagual'dir. Güç ve dayanıklılık verecek, koruyacak, gerçek hayatın fiziksel yollarında ya da ruhsal hayatın seyrinde zorluklarla baş etmenin rehberliğini yapacaktır.

Develerin çok özel bir metabolizması su ihtiyacını uzun süreler boyunca regüle eder. Yağı devasa hörgüçlerinde depolar ve bu yağdaki hidrojen sayesinde büyük miktarda su depolayabilirler. Buradaki sembolizmde, enerjisini seçtiği yola uygun şekilde yönetebilenlerin yol almaktan çekinmemesi anlaşılabilir. Zihnimiz ya da ruhumuz çok yorulduğunda, kendimizi tükenmiş hissettiğimizde, enerjimizi yüksek tutmak gerektiğinde, şaman yolculuğunda Deve ile tanışırız.

Kendisini başkalarına muhtaç hisseden, gücünün farkında olmayan ya da tam tersine, kendisini güçlü sandığı halde aslında yardıma ihtiyacı olan kişilere Nagual olarak Deve gelir. Ayakları üzerine sağlam basmayı, gösteriş için değil, gerçekten kendinden emin olarak dik durmayı, ille de başkalarından destek aramak gerekmediğini öğretecektir.

Bir deve vahaya ulaşıp suyu bulduğunda deliler gibi içip şişmez; sakindir ve açgözlü davranmaz. Bir daha ne zaman yeni bir su kaynağına rastlayacağı meçhul olduğundan yavaş ama ihtiyacını bolca karşılayacak kadar içer. Nagual olarak kişiye hem kendi ihtiyaçlarına odaklanmayı, hem de taşıyabilecek kadar yük üstlenmeyi öğretmesinde bu örnek vardır. Geleceği planlamanın önemini vurgularken, zihinsel ve ruhsal birikimleri hedeflere uygun biçimde tasarlamanın da yol göstericiliğini yapar.

Kendine yeterlilik özellikleri hayranlık uyandıran Deve, ihtiyaç duyulan şeyleri önce kendinde aramanın, öz kaynakları, becerileri doğru kullanmanın rehberliğini verir. Deve enerjisini kullanmayı öğrenenler, asla tükenmeyecek bir yaratıcılığın insanda var olduğunu görecekler, çeşitli durumlarda orijinal çözümler üretebilecek, pratik yolları fark edeceklerdir.

Deve enerjisi, sağlık ve canlılık ile doludur; bağışıklık sistemini güçlendirir ve kendine şifa verebilmeyi sağlar. Deve erkiyle çalışmaya başladıktan sonra bu şifalandırıcı enerjiyi başkalarına da iletme yeteneği, şifacı olma becerisi gelişir.

Deve erki taşıyan insanlar, başkalarına hizmeti önemseyen kişilerdir. Çoğunlukla bu amaca uygun meslekler seçer ya da gönüllüğe önem verirler. Zayıf düşenlere, engellilere ve hastalara sonsuz şefkatle yaklaşır, yardımlarına koşarlar. Ancak bunu aşırıya kaçırıyor ve bu kez kendilerini göz ardı ediyorlarsa da Deve erkinin rehberliğine ihtiyaçları vardır çünkü kaldıramayacakları kadar yüklenmek hasar verecektir. Türkçede "bardağı taşıran son damla" deyiminin İngilizce karşılığı "devenin sırtını kıran son ağırlık" şeklinde söylenir; deveyi aşırı yükle ezince oluşan kırıktır.

Erk Hayvanı Olarak Ejderha (Dragon)

Şans, Bereket, Değişim, Bilgelik, Uzun Ömürlülük, Doğaüstü Sembolü

Şaman yolculuklarında Nagual olarak Ejderha'yla karşılaşan çok sayıda insan vardır. Dragon, mitolojik erk hayvanlarındadır; ateşten doğduğuna inanılan güçlü bir koruyucudur. Efsanelerde, halk masallarında düşünceler arasından uçtuğu, dünyalar arasında yolculuklar yaptığı, evrenin yaratılırken doğduğu ve kızıl renkli olanların yeryüzünün merkezinde uyuduğu söylenir. Ejderhanın sembolizmi yeniden doğmasındadır; yani değişim ve dönüşümün güçlü bir sembolüdür. Korumaya alan, sihir gücü olan imgedir. Şaman öğretisinde ilerleyenler hayat boyu rehberlik edecek Nagual'lerini tanıdıktan sonra, zaman içerisinde dönemsel olarak Ejderha rehberliği de alabilirler. Şamanik açıdan toprak, ateş, su ve hava elementlerini taşıyan dört ayrı Ejderha vardır.

Ateş elementini taşıyan Ejderha enerji ve ustalık ifade eder. Nagual olarak şevk, cesaret ve hayat enerjisi desteği vereceğini anlamak gerekir. İnsanın içindeki ateşi alevlendirir, engellerin aşılmasına yardım eder, liderlik ve ustalık vasıfları kazandırır.

Hava elementini taşıyan Ejderha, içgörü, ilham ve yaşam sevinci sağlar. Büyük saygı duyulan bu Nagual gelince, zihinsel ve ruhsal alanlarda ani aydınlanmalar başlar. Sezgiler, berrak düşünce ve problem çözücülük vasıfları gelişir.

Toprak elementini taşıyan Ejderha, potansiyelleri güçlendirir ve zenginlik getirir. Kişiye kendi olanaklarının gücünü, neye muktedir olduğunu ve iç güzelliklerini gösterir. Toprağın derinliklerinde yaşar ve dağılmış enerjilerin topraklanmasına destek verir. Yardıma çağırılacağı zaman ağır adımlarla yavaş yürüyen bir ejderha hayal edilmesi önerilir. Enerjisinin sizi çepeçevre sardığını hissetmenizi takiben ruhu Toprak Ana gibi besleyecektir.

Su elementini taşıyan Ejderha, bağlantı, derinlik ve yüksek arzular sunacaktır. Nagual olarak hatıraları canlandırır, derinlere gömülmüş arzuları, unutulmuş heyecan ve istekleri su yüzüne çıkarır. Sizi hareket etmekten alıkoyan derin korkularınıza meydan okuyabilirsiniz.

Ejderhayla birlikte gruplandırılan iki mitolojik erk hayvanı daha vardır ve ikisi de At erkindendir. *Unikorn* tabir edilen tek boynuzlu atlar ve *Pegasus* tabir edilen kanatlı atlar Ejderhayla aynı aileden sayılır, orman ruhları, divalar ve perilerle ilişkilendirilir. Saflık, masumiyet, bekâret sembolizmlerini ve hava durumlarını temsil ederler. Unikornla ilişki kurmak isteyenlerin çiçeklenmiş meyve ağaçları altında şaman yolculuğu yapmaları bilinen adetlerdendir.

Erk Hayvanı Olarak Eşek

Zekâ, Kendini Adama ve Bağlılık Sembolü

Eşek, becerikliliği, çok yönlülüğü, zekâyı, çalışkanlığı, kararlılığı, yaratıcı güce sonsuz inancı, başkalarının sorumluluklarını ve yüklerini üstlenmeyi sembolize eder. Uzun zamandır yanlış yorumlanmış, cahil kitleler tarafından anlaşılamamış bir hayvandır. Oysa takriben 4,500 yıl önce evcilleştirildiğinde sahipleri için bir statü semboluydüler. Hatta Hıristiyan mitleri arasında eşeklere dair iki öyküye rastlanır. İlki bazı eşeklerin sırtında rastlanan haça benzer şekle dairdir; Hazreti İsa sıklıkla eşeğe bindiği için sırttaki haç şeklinin peygamberi taşımasını onurlandıran bir simge olduğunu anlatır. Diğeri ise İsa peygamberin cennete Tanrının yolladığı bir eşekle yükseldiğini ima eden bir öyküdür.

Eşeğin temsil ettiği en önemli vasıflar sabır ve alçak gönüllüktür; bilgeliğin ancak zamanı geldiğinde sunulmasını öğretir. Hayatı olduğu gibi kabul edişin bir kişilik gücü olduğu konusunda rehberlik eder. Çok çalıştığı halde istediği sonuçlara ulaşamayan, amaçlarına ulaşmakta zorlanan ama hala ne yapması gerektiğini bulamayan, inatla sezgilerine kulak kapayanlara zihni kadar kalbini de dinlemeyi öğretecektir.

Eşeklerin huni gibi kulakları çok uzaklardaki sesleri toplar, her şeyi duymalarını mümkün kılar. Çevremizdeki mesajlara açık olmanın önemine işaret ederek hem dinlemeyi, hem de duyulanı iyi anlamayı arttıracak becerilerin geliştirilmesine rehberlik eder.

Eşek, çalışırken yorgunluk bilmeyen bir hayvan olma özelliğiyle, kararlılık meziyetini ve başkalarına hizmeti sembolize eder. Başkalarının yüklerini sorumlulukla taşımaya itirazı olmayan Eşek, yüksek düzeyde sadakati temsil eder. Ancak taşınabilecekten fazlasını üstlenmenin duygusal ve fiziksel sorunlara yol açacağını işaret etmeye gelmiş de olabilir. Böyle kişilerin "hayır" demeyi öğrenmeleri, sorumluluk sınırlarını doğru tespit etmeleri, kendilerini gözetmeleri de hayat dersleri olabilir.

Değişime isteksiz ve inatçı oldukları iddia edilen eşeklerin istenen şeyi yapmayışları inatçılıkla ilgili değildir. Bu davranışlarının sebebi bir tehlike ya da sorun görünce içgüdülerini dinleyen, sınırlarını ve nerelerde zorlanacaklarını bilen hayvanlar olmalarındandır. Rehberliklerinde sezgilerimize güvenmeyi öğretmek vardır.

Eşek zorlu zeminlerde, basılan yeri iyi tartmak gereken topraklarda evrimini geçirmiş bir hayvandır. Bu topraklar dikkat ve özenle yürümeyi öğretmiştir. Korkan bir eşek taş kesmişçesine durur ve kendisini ürküten şeyin ne olduğunu anlamadan tek bir adım atmaz. Köşeye sıkıştırılır, tehlikeli bir durumla karşılaşırsa çeşitli kurnazlıklar yapar. Nagual olarak Eşek, hayatınızda sizi hareket etmekten alıkoyan ya da meydan okuyan zorlukları değerlendirmeniz, sonra güvenli adımlarla o durumdan çıkmanız için gerekenleri gösterecektir. Seçilecek yolların önceden araştırılması gereğine işaret eden becerikli bir Nagual'dir.

Erk Hayvanı Olarak Fare

Ayrıntılı Araştırma, Denge, Düzen, Hayatta Kalış Sembolü

Fare, detayları görebilme, gizlilikleri keşfetme sembolizmini taşır. Akıllı bir hayvan olduğu için fazla dikkat çekmeden sessizce amacına ulaşır. Bir konuyu mutlaka bütünü görerek anlamayı alışkanlık edinmiş olanlara, ya da aşırı meraktan dolayı detayları gözden kaçıran kişilere, onları ilgilendirecek önemli şeylerin aslında detaylarda gizli olduğunu öğretmeye Nagual olarak Fare gelir. Hayata, ilişkilere biraz savsak ve mesafeli baktığımızda, fark etmemiz gereken ve üstelik dileklerimizi gerçekleştirecek anahtarları taşıyan şeyler sürekli dikkatimizden kaçtığında, bunları görmemizi sağlayacak metaforları Fare sunar.

Bunun tam tersi de mümkündür. Detaylarda takılıp bir türlü ilerleyemeyen ya da resmin bütününü, ana fikirleri kaçıranlar için de Fare rehberliği gerekir. Önemsiz ve en çok da kendilerine ait detaylarda sürekli hatalar arayan, yaşamsal değeri olmayan meseleleri kendilerine zehir edenler için de bu öğreti önemlidir. Böyle insanlar en basit konuyu bir sorun yumağına çevirebilir, değmeyecek meselelerde aşırı duygusal hal alabilirler. Nagual olarak Fare ayrıntıları abartmanın ve aşırı analizin yanlış yargılara ve yanlış kararlara sebep olabileceğini öğretir. Hayattan korkmaya meyilli insanlara detaylara takılmak yerine resmin bütününe odaklanarak kaygıları gidermenin yolunu gösterir; her konuda olduğu gibi burada da denge gerektiğini anlatır.

Fare, yaşanan mekânın belli bir düzen gerektirdiğine dikkat çeker çünkü düzensizlikte insanın kendisine yönelik bir değer bilmezlik, hatta hor görüş vardır. Yaşanan her mekânın gezegenin hayat noktalarından biri ve var oluşun bir nimet olduğunu anlatır.

Fareler sosyal hayvanlardır ve her koşula uyum gösterebilen gerçek *survivor*'lardır. Nagual olarak öğretisinde, çevresel ve duygusal değişimler sırasında yetenekleri iyi değerlendirerek hayata tutunabilmek vardır. Değişim ve kargaşa ortamlarında, zihinsel ya da duygusal yükler ağırlaştığında, güç, inanç ve cesaret verir. Hayatımızdan neleri çıkartmamız, neleri geleceğe taşımamız, hangi ilüzyonlardan kurtulmamız önem kazandığında şaman yolculuğuna katılacaktır. İnsanlar ve mekânlar hakkında sıkı sıkıya sarıldığımız düşüncelerle yaşamı sınırladığımız hatta engellediğimizde, bunları fark ettirecek erk hayvanıdır. Fare fiziksel dünyadaki ürkek görünüşünün aksine, güven eksikliğinde rehberlik eder.

Nobel Edebiyat Ödüllü John Steinbeck'in *Fareler ve İnsanlar* romanı Amerika'daki büyük bunalım yıllarında göçmen iki kardeş toprak işçisinin öyküsünü anlatır. Akli dengesi bozuk olan küçük kardeş Lennie yumuşak şeylere dokunma takıntısı yüzünden çiftlik sahibinin karısının saçını okşamaya çalışırken onu öldürür. Bu işten kazanacakları parayla kendi çiftliklerini kurma hayalleri sona erer. Yazar Steinbeck bir saplantının detayı üzerinden ülkesindeki tüm hayal kırıklıklarını, sosyolojik bütünü oluşturan temaları işler. Lennie de kendi sonunu hazırlayan dramaya bir detayı gözden kaçırarak bulaşır; saçını okşaması için kendi rızasıyla kucağına uzanan kadın, çiftlik sahibini karısıdır. Şaman öğretisindeki Nagual rehberlikleri edebiyatın sonsuz ilham kaynağıdır. "Hayata, ilişkilere biraz savsak baktığımızda, dileklerimizi gerçekleştirmenin anahtarlarını taşıyan detaylar resmin bütününü gözden kaçırttığında, rehberliği gerekir" diye açıklanmış bu Nagual sembolizmi kıymetli yazarın bilinçaltı kodlarında yer almasaydı, romanına farklı bir isim seçerdi diye düşünerek paylaşmak istedim.

Nagual olarak Fare ile karşılaşılırsa sorulması gerekenler vardır.

Sıradan detaylar için hayatta elzem olan değerli şeyleri fark edemiyor olabilir misiniz?

Bir ya da birkaç meseleye aşırı odaklanmaktan dolayı bazı fırsatları kaçırıyor musunuz?

Fare, bizlere doğru odaklanmamız gerektiğini, küçük meseleleri hallederek büyük meseleleri çözebileceğimizi öğretmeye gelir.

Erk Hayvanı Olarak Fil

Kadim Bilgelikler, Özgüven, Sabır, Güç, Merhamet Sembolü

Filler tarihin tüm çağlarında büyük saygı duyulmuş çok akıllı hayvanlardır. Dünyanın en iri ve en uzun ömürlü kara hayvanlarındandır. Buddha'nın bir enkarnasyonunda beyaz fil olarak beden bulduğuna inanan Budistler beyaz file hala çok değer verirler çünkü onun bedeninde tanrıların kendilerini göstermeye geldiklerine inanırlar. Hindu inancında tüm engelleri kaldırma gücü olan tanrıları Ganesh'in başı bir fil başıdır. Duyma, koku alma, dokunma ve tat alma duyuları çok hassas olan fillerin gözleri ise kafalarıyla orantısız küçüklüktedir; sağa sola zor döndüğü için yan taraflarını görmeleri kısmen engellidir. Bu sınırlı görüş açıları yüzünden çoğunlukla dümdüz ileriye bakarlar ve çevrelerinde olan biteni bazen fark etmeyebilirler. Hayatın bütününe odaklanılması gereken hayat dönemlerinde Fil rehberliği önem kazanır. Her şeyi derinlemesine hissetmeyi, fevri olmadan içsel bilgelikle tepki vermeyi öğreten Nagual Fil'dir.

Fillerin dört adet molar dişinin ikisi ağızlarının ön tarafında, ikisi arkadadır. Ön dişler aşınmayla düştüğünde iki arka diş öne doğru hareket eder; ağzın arka tarafında iki yeni molar diş çıkar ve onların yerini alır. Dişlerin esas işlevi yenilebilir köklere ulaşmak için toprağı kazmaktır. Bu sembolizmde hem yenilenmenin döngüselliği, hem de örtülü anıları gün yüzüne çıkartmanın şifalandırıcılığını buluruz.

Nagual olarak zekâ, şefkat ve sadakati, ayrıca doğru iletişim kurmayı öğreten bir rehberdir. Şaman yolculuğunda verdiği mesajlarda, güvenmeyi ve sevmeyi bilen kişiler olunmasını, arkadaş, aile ferdi ya da sevgili, tüm insanlarla sağlıklı ilişkiler kurulmasını, sadakati vurgulayacaktır. Tür olarak anaerkil bir yapı gösteren fillerde sürünün lideri en yaşlı ve en deneyimli olan dişi fildir; grubunun hiçbir üyesini dışarıda bırakmayan, terk etmeyen, sevecen bir liderdir. Fil zorlayıcı ama son derecede müşfik bir öğretmendir.

Yaşam süresi insan ömrüne yakın olan fillerin insan ırkına bir diğer benzerliği aşk, neşe, kıskançlık ve öfke gibi güçlü duygular taşımalarıdır. Yavru fil bir sevgi yumağı içerisine doğar; doğum sürecinde bütün aile anneyle bebeğin çevresini sarar, büyük bir neşe ve duygusallık sergiler. Bebek filler büyüyene kadar tüm dişiler onun eğitimiyle ilgilenir, beslenmesinde ve korunmasında birbirleriyle yarışırlar. Ailesi tehlikeyle karşılaştığında kendisini feda eden, bir üyesi öldüğünde yas tutan, gözyaşı akıtan filler belgesellere konu olur.

Hafızası çok güçlü bir hayvandır ve kendisine kötülük edenleri unutmaz. Bu erki taşıyan kimselerin de hafızaları, ayrıca koku alma duyuları yüksektir; hatta aroma terapiden çok yarar görürler. Ailelerine düşkün olur, çocuk yetiştirilmesine ve yaşlıların bakımına büyük önem verirler. Aile içi ilişkilerinde ciddi sorunlar yaşayanlar bu Nagual'in rehberliğinde çok anlamlı derler alırlar.

Filler hem kendi sürüleri içerisindeki hem de başka sürülerdeki fillerle telepatik iletişim kuran hayvanlardır. Başkalarını yürekten dinleyebilmek, insanlara konuşulan sözlerden öte bir sevgiyle yaklaşmayı öğrenmek gerektiğinde Fil huzurlu yaşamın bu güçlü anahtarlarını sunmaya gelir. Rehberliğinde paylaşmacılığın, kendi ruhunu beslemiş öğretileri başkalarına sunmanın erdemi sürekli vurgulanır. Bizlere sevgilerini, hayat bilgilerinin zenginliği sunmuş kişilere saygıda kusur ediyorsak, ihtiyacı olanlara destek vermeyi ihmal ediyorsak, Fil gereğini öğretecektir. Çocukluktan ergenliğe geçenlere, bilgiyi aramaya niyet edenlere, tüm değişim dönüşüm süreçlerinde olanlara sevgi, sabır ve şefkat göstermekten kaçınanlara Fil rehberlik edecektir.

Şaman öğretisi sadece özel hayata dair değildir; profesyonel hayatta da aynı vasıfları geliştirmek gerekir. Rekabetin hırsla kirlenmemesi, işbirliğinden kaçınılmaması, ahlaklı, şefkatli ve adil olunması için eksik kalan özellikleri, becerileri kazandıracak olan Nagual Fil'dir. Açık kalplilikle güçlü bağlar ve uyumlu ilişkiler kurmakta zorlananlar Fil'in yol göstericiliğinde iş hayatlarında huzuru sağlayacak rehberliği alırlar. Fil çok zeki bir hayvandır; bu erki geliştiren insanlar arasından saygın araştırmacılar ve bilim adamları çıkar.

Kadim bilgilerle dolu Fil'in erkinde bitkiler ve özellikle kökleri konusunda yüksek deneyim vardır; bunlardan yararlanmak için kokular ve tütsüler kullanarak yapılacak şaman yolculukları ilham vericidir, yepyeni enerjiler katar.

Erk Hayvanı Olarak Fok Balığı

Korunma, Yaratıcılık, Duyguları Doğru Tanımlama Sembolü

Foklara lisanımızda balık sözcüğü eklenmiş olsa da onlar deniz memelilerindendir. İnsan duygularının, duyusal kimliğimizin önemli sembollerini taşırlar. Ruhumuzu tanımlarken önemli bir metafor kullanır ve "derinliği"nden bahsederiz. Duygularımız gerçekten de denizin ritimleriyle örtüşen özelliktedir ve insan psikolojisinden söz edilirken derinlik tabiri kullanılır.

Kelt mitolojisinde kadim çağlarda insanlar ve hayvanlar arasında mükemmel bir iletişim olduğu anlatılır. Hayvanların insana dönüştüğü, bazen bütün bir kabilenin insana dönüşmüş hayvanlardan oluştuğu, bazen de hayvanlarla insanların birleşmesinden doğan çocukların anlatıldığı mitolojik öyküleri vardır. Bu hikâyelerde sözü edilen hayvanlar arasında baş sırayı *selchies* dedikleri fok-insanlar alır.

İnsanlar genellikle kendilerini hayvanlardan ayrı ve ayrıcalıklı varlıklar olarak kabul eder. Hiyerarşik üstünlük yanılsamaları insanın evrenle bütünleştiği ruhsal kimliği unutmasına yol açabilir. Oysa evrensel bilinç bütünün mükemmel ortaklığını kasteder ve bir Fok'un değişken su akıntılarıyla ne kadar uyumlu yüzdüğünden bile feyiz alabiliriz. Değişen hayat koşulları, değişen ruh halleri ve değişen evren algıları içerisinde uyumla yüzebilmemiz için Fok rehberlik edecektir. Akıntıya karşı savaşmadan, hayatı kendi mükemmeliyeti içerisinde algılayarak yüzebilmek ruhsal bir dönüşümün başlangıcına işaret eder. Bunu yapabildiğimizde, şüphe, endişe, korku gibi olumsuz duygulardan zihnimiz temizlenecektir. Şaman yolculuğuna Fok girdiği zaman, düşünce ve duyguların med cezirlerini ve akımlarını yeniden değerlendirmek, denge ve uyumun sağlanacağı noktayı keşfetmek için rehberlik yapacağı anlaşılır.

Fokların dışarıya açık kulakları yoktur; ufak delikler vardır sadece kafalarında. Buradaki sembolizmde iç sesleri dinlemenin önemine vurgu yapılmaktadır. Sezgilerimizi önemsemediğimizde hayat dengemiz yerli yerine oturmaz, dikkat edildiğinde ise hayallere uzanan yollar daha belirgin hale gelir. Ayrıca Fokların suyun hem altında hem de üstünde yüzebilmeleri iç ve dış dünyaları birlikte algılayabilmeyi temsil eder. Rehberliklerinde doğanın derin gizemlerini keşfedebilme ve akışta kalabilme özellikleri ifade bulur.

Duygu fırtınaları yaşayan, istediği huzuru bir türlü bulamayan insanların ruhsal dengelerini sağlamalarına örnek olacak yaşamları vardır Fok'un. Bazen birbirleriyle son derecede vahşi kavgalara tutuşur ve hemen ertesinde sahilde oynamaya başlarlar. Bu halleri, yani kızgınlık ve neşe arasında gidiş gelişleri, insanların kendi ruhsal dengeleri konusundaki iç gözlemlerin önemine işaret eder.

Su, yaratıcılığı, dişil enerjileri, hayal edebilmeyi ve sezgileri güçlendiren bir elementtir. Fok balığı bu özellikleri geliştirirken, rüyaların da rehberidir. Çoğu zamanı denizde geçirdiği halde doğumunu karada yapan Fok'un bu sembolizminde hayallerin gerçekleştirilme sürecine gönderme buluruz. Benliğin derinliklerinde oluşan arzuları gerçekleştirmek için onları gözümüzün önünde canlandırmak yetmez, pratik hayata geçirmek gereklidir. Nagual olarak rehberliğinde yaratıcılığı doğru yönlendirmek, hayallere odaklanarak eyleme dönüştürmek vardır. Gerçekleştirilmemiş hayaller sadece uygulanmadığıyla kalmaz, insan hayata bile küsebilir.

Hayatın değişim dönemlerinde korkularla yüzleştirmeye, endişelerden korumaya, duyguları ve iç sesin olumlamalarını duymayı öğretmeye gelen Fok, şamanik bilgeliği saklayan erklerdendir. İçimizde saklı kalmış olanları bize göstererek, hayallerimizle zihnimizin ustaca bütünleşmesinde rehberlik eder. Bu her seviyede denge ve uyum demektir. İlk bakışta öyle sanılmasa da bedeni son derece düzgün ve görkemli olan Fok, hem bedenlerimizle barışık olmayı, hem iç güzelliğimizin farkına varmayı da temsil eder.

Erk Hayvanı Olarak Gelincik

Keskin Gözlemcilik Sembolü

Gelincik, samur ailesinden usta, kurnaz, zekâsı çok yüksektir bir hayvandır. Nagual olarak, yaratıcı zekâyı, gözle görünmeyenleri keşfedebilme yetisini temsil etmesi bu niteliklerinden kaynaklanır. Gelincik ayrıca intikam duygusuyla ilişkilendirilir.

Arkeolojik ve tarihi kaynaklarda gelinciklerin üç bin yıl öncesine uzanan geçmişleri olduğunu görürüz. Antik Yunan ve antik Roma'ya ait belgelerde gelinciklerin tavşan avında kullanıldığı ve becerikli tünel avcıları oldukları için antik Mısır'da çiftçiler ve denizciler tarafından, ahırlarda ve gemilerde fare avlamaları için beslendikleri anlatılır.

Gelincikler rakunlar gibi meraklı, kedi yavruları gibi sevimli, neşeli, oyuncu, çok da fırsatçı hayvanlardır. Daha sonra kullanıp yararlanabilecekleri her şeyi süratle kaçırıp, güvenli bir yere götürüp saklamaya meraklıdırlar. Akıllı ve kurnaz oluşlarıyla insanoğluna kendileri için güvenli limanlar yaratmaları, değişik koşullara hazırlık mahiyetinde birikimler yapmaları, ihtiyatlı olmaları konusunda rehberlik ederler. Zor zamanlara dair yol göstericiliği çok değerli bir Nagual'dir.

Burnunu ucuna bakar gibi uzanan gözleriyle Gelincik, önümüze çıkan şeylerin farkında olmaya, amaca odaklanmaya işaret eder. Koku alma ve karanlıkta görebilme yetileri çok güçlüdür. Sembolojide bu iki özellik yaradılışın sırlarını saklayan yer altı dünyasıyla ilişkilendirilir. Sezgileri güçlü olan Gelincik her şeyin ardında ve altında yatanı görme ve anlayabilme yetisini temsil eder. Rehberlik ettiği kişiye kendisini, hayatını ve yaşadıklarını anlamasında, duyularını dengeli olarak kullanmasında yol gösterecektir. Böyle bir denge, tutarsız, katı duygularla, gereksiz endişelerle yaşamanın önüne geçecektir. Gelincik, hayata karşı daha anlayışlı, daha umutlu ve daha neşeli bakabilmenin rehberliğini sunar.

Gelincik korktuğu ya da heyecanlandığı zaman kuyruğu dikleşir ve küfe benzer bir koku salgılar. Bu kokuyla düşmanını geri püskürtür ama yine de tüneline girip saklanana kadar kendisini güvende hissetmez. İnsanların güven içinde yaşama ihtiyacı ve arzusunu temsil eden bu Nagual dinlenebilmek ve rahat düşünebilmek için kendinize özel bir mekânınız olmasını önermektedir. Ayrıca telaşından dolayı olayların bütünün görmekte zorlanan kişilere, acelecilikten bazı seçenekleri fark edemeyenlere temkinli davranmaları gereken dönemlerde Gelincik gelecektir. Biraz sakinleşip, kendine özel bir yere çekilip, olaylara daha yukarıdan bakabilmeye rehberlik edecektir.

Gelincik güçlü bir erk hayvanıdır; kişinin kendisini çözümlemesi gereken zamanlarda, yüzleşmediği bazı örtülü duygularının farkına varması gerektiğinde, hayatın sırlarına açılması lehine olacağı durumlarda rehberlik edecektir.

Erk Hayvanı Olarak Geyik

Güzellik, Koşulsuz Sevgi ve Şefkat Sembolü

Geyik sözlerde, düşüncelerde, dokunuşlarda güzelliğin ve şefkatin önemini vurgulayan bir erk hayvanıdır. Dinlemeyi, görmeyi, koklamayı bilme, dikkatli ve özenli olma, nezaket, zarafet ve uyumun güzelliğini takdir edebilme özelliklerini temsil eder. İnsanlara ve özellikle çocuklara duyarlılıkla yaklaşmak, yüksek idealler için fedakârlık etmek, şükretmeyi bilmek, bir amaca ulaşacak alternatif yolları bulmak gibi önemli vasıfları geliştirmeye gelen Nagual'dir. Çocuklara karşı duyarlı olmak derken, kendi içimizdeki çocuğun farkındalığı konusunda rehberlik etmesi de çok değerlidir.

Kelt tradisyonunda geyiklerin sihirli diyarlardan seslenerek insanları maddesel tuzaklardan kurtulmaya, ruhsal doğalarını keşfetmeye çağırdıklarına inanılır. Masallarında kadınlara, ya da dişi tanrıçalara dönüşen, ailelerini büyülerden koruyan dişi geyikler konu edilir. Bu masallarda kıssadan hisse olarak sihrin mutlaka iyi ve doğru niyetlerle yapılması gerektiği, doğanın aşk ve dostlukla kutsandığı bilinci vurgulanır. Erkek geyik sihirli ormanın kutsal kralı ve koruyucusu olarak bağımsızlığı ve gururu temsil eder. Geyiğin sembolizminde zarafet, şefkat, tüm varlıklara karşı koşulsuz sevgi vardır.

Kadim çağlardan beri insanlar kendilerini geyik ile özdeşleştiren kostümler giyerek, süslü geyik boynuzları olan seremoniyal başlıklar takarak ve geyiğin zarif sıçramalarını dans figürleri olarak seçerek törenler yapmışlardır. Kuzey Amerikan yerlileri de avın bereketli geçmesi için geyiğe dualar eder, ihtiyaçtan fazlasını avlamayacaklarına ve köylerine getirmeyeceklerine söz verirler.

Geyiğin hayranlık uyandırıcı özelliklerinden zarafet ve şefkat, hayatın sınadığı çeşitli zorluklarda nasıl hareket edileceğine, zorlukların nasıl aşılacağına ışık tutar. Şefkat, zarafet ve sevecenlikte eksiklik olduğunda, bu özellikleri geliştirmeye gelen Nagual Geyik'tir. Herkese karşı sevgi duyabilmeyi arzulayan, özelde aşk konusunda içinden çıkamadığı ilişki sorunları yaşayan ve bu nedenlerle canı yananlara rehberlik eder.

Zor mücadeleler yaşanan, öfkenin ağır bastığı oysa sükûnet gerektiren, ne yapılacağına karar verilemeyen dönemlerde olayların ancak sevgiyle yaklaşarak çözümleneceğini sunmaya Geyik gelir. Gerçeklerin konuşulması gerektiğinde, sorunun ancak iyilikle seçilmiş sözlerle çözüleceğini gösterir. Hareketlerde nazik, gözlemcilikte keskin olmanın ve hassasiyetin gücünü öğretir. Geyikler tüm doğayla uyum içerisindedir, barışın kutsal habercileridir. İnsanlara kalplerini nasıl açacaklarını, koşulsuz sevgiye nasıl ulaşacaklarını gösteren erk hayvanlarıdır.

Çiftleşme dönemleri dışında erkek ve dişi geyikler ayrı sürüler halinde yaşadıkları için, babalarla yavruların ilişkisi olmaz. Çevrede olup bitenlere dikkat kesilen, yavruların tek başına koruyabilmek için çırpınan hep anne geyiktir; temkin ve dikkatleri müthiştir. Katı, haşin ve ilgisiz, koşulsuz sevemeyen hatta acımasız ebeveynler kişinin hayatında iz bırakmışsa, şaman yolculuğunda karşılaşacağı Nagual Geyik olabilir. Bu derin geçmişle yüzleşmek ve sonra seçilen yolda güçle yürümek, dış etkenleri bahane ederek iç güzelliklerimiz kaybetmemek, Geyik rehberliğinin erdemlerindendir. Hangi koşullarda doğmuş ve yetiştirilmiş olursak olalım, sevgiyle, bilinç ve farkındalıkla yol almak için yardım gerektiğinde Nagual olarak gelecektir. Sadece başkalarını değil, kendimizi de nasıl sevmemiz gerektiğini öğretecektir.

Geyiğin tüm duyuları güçlüdür; uzaklardaki bir dalın kırılışını duyabilir, çok loş ışıkta bile görüşü güçlüdür. Bu sembolizm hayattaki pek çok şeyin derin sembolik anlamları olabileceğini ve dileyenin bunları anlayabileceğini temsil eder. Bu erk hayvanına sahip insanlar tez canlı, çevik ve uyanıktırlar, sezgileri güçlüdür, hatta kimilerinin duyu ötesi algılama yetenekleri vardır. Nagual'i Geyik olanlar, zaman içerisinde uzağı görebilme, duyabilme yeteneklerinin arttığını hisseder, en hassas işaretlerin farkına varabilir, daha ağızdan çıkmamış sözcükleri algılayabilirler.

Geyik zarif, nazik, şefkatli olmayı ve ruhen yaralı kimselere yürekten dokunabilmeyi, insanları değiştirmek için iteklemeden, zorlamadan, aksine sarılarak yol göstermeyi öğretir. İnsanları severek kabul etmeden mutlu olunamayacağını, gerçek aşkın bu gücü gerektirdiğini, arzu edilen sevgi ve şefkatin aynı şekilde geri döneceğini anlatır. Nagual olarak şaman yolculuğuna girdiğinde, yeni maceraların eşiğinde de olunduğunun işaretidir; bu yeni kapılar evrene sunacağınız şefkatli sevgiyle açılacaktır.

Ren Geyiği için ayrıca eklemek istediklerim var...

Ren geyikleri, dayanıklılık, güç ve sebat sembolizmini barındırırlar. Zor koşullara uyum becerisini, çevreye duyarlılığı, dikkat ve bir işi başarma kararlılığını temsil ederler. Ren geyiği erkinde birbirini tamamlayan karşıtlıkları bütünleştirme vardır. İnsanların eril ve dişil yönlerini uyumlu bir bütünlük içerisinde taşımaları önemli olduğu için, bir yanı ağır basan kişilere Nagual olarak Ren geyiğinin geleceği dönemler olabilir. Tam tersine, hayatın belli bir dönemi eril ya da dişil enerjilerden bir tanesini güçlendirmeyi gerektiriyorsa, örneğin iş hayatında biraz daha otoriter veya aile hayatında biraz daha edilgen olmak yarar sağlayacaksa, rehberliği Ren geyiği verecektir. İletişim, sosyal ilişkilerde beceriler de erkleri arasında sayılır. İlerlemeyi ve ilerlerken sosyalleşmeyi, gruplarla bütünlüğü kaybetmemeyi öğretecektir. Hayatta yol alırken iç huzurunu ve yerini korumanın erkidir.

Erk Hayvanı Olarak Guguk Kuşu

Yeni Başlangıçlar ve Umut Sembolü

Guguk Kuşu çoğu batı lisanında aynı isimle adlandırılmıştır çünkü ilkbahar aylarında akşam saatlerinde duyulan ve erkeklerin dişilerine serenatları olan ötüşü çok özeldir. Uzak mesafelere yayılan bu güçlü sesine rağmen, ağaçların görüntüleriyle uyumlu renkleri yüzünden zor fark edilen bir kuştur. Mitolojik öykülerde hep yeni bir kaderi ya da hayatın özel bir döneminin başlangıcını temsil eder; yeniliklere cesaretle atılmak için ümit verir. En önemli sembolizmi olan umut şarkılarını duyabilmek her kişinin harcı değildir ve duyan için şanstır.

Herhangi bir hayvan, folklorda ve mitolojilerde çokça yer alıyorsa, incelenmeye değer özellikleri olduğuna hükmedilir çünkü bu durum arketip enerjilere işaret etmektedir. Çeşitli halkların folklorunda Guguk kuşunun şarkısını duymaya dair hikâyeler vardır. Birkaç örnek vermek için, ilkbaharda Guguk Kuşu'nu duyanın cüzdanındaki paranın katları kadar zenginliğe kavuşacağı, ötüşü sırasında dileyeceği şeyin gerçekleşeceği, ya da bekârsa ve kaç kez öttüğünü sayarsa, evliliğine o kadar yıl olduğu hikâye edilir.

Nagual olarak Guguk Kuşu kişinin fiziksel ve ruhsal işitme becerilerini geliştirmeye gelmiş olabilir. Çevresindeki insanlara daha özen göstermesine, bazılarının kendisine söylenmemiş duyguları, düşünceleri olabileceğinin farkına varmasına işaret etmektedir. Duymak, duymayı istemekle mümkündür; kendisine neler söylenmediğini araştırmak ya da eşine dostuna hassasiyet göstermek vakti gelmiştir.

Hayatımızdan bazı olumsuzlukları çıkartmak, yeni bir bahara yönlenmek gerektiğinde, şaman yolculuklarında ya da fiziksel hayatta Guguk Kuşuyla karşılaşırız. Yavaş ve temkinli adımlarla, ikisi önde, ikisi arkada olan parmaklarını gayet dengeli ve sağlam basarak yürüyen Guguk Kuşu, yeniliklere açılırken telaşlı davranmaktan kaçınılmasının, değişimlerin kararlı ama dikkatli adımlarla gerçekleşeceğinin önemini simgeler. Yenibaharların yaza dönüşmesi, enerjilerin yavaş ve temkinli yönetilmesiyle mümkün olacaktır.

Guguk Kuşu hayatın akışına ve ritimlerine uyumlu biçimde zarafetle ilerlendiğinde yaşamın rahat akacağına dair öğreti sunar. Tekâmül niyetiyle yol alırken acı çekmek gerekmediğini, sabırlı ve uyumlu davranmanın tüm dileklerin hayırlı biçimde gerçekleşmesini sağlayacağını hatırlatır.

Cuculidae (Gugukgiller) ailesinden olan Guguk Kuşu'nun parlak sarı ya da siyah renkli gagalarının renklerinin sembolizmi çok önemsenir ve insanlarla iletişimimize ışık tutar. Örnek vermek gerekirse, kara gagalıysa neyin, nasıl ve kime söylendiğine dikkat edilmesi çünkü hatalar yapıldığı şeklinde, sarı gagalıysa pek yakında bir insanla bir bilgi paylaşılacağı ve bu paylaşımın olumlu geri dönüşlerle sevindireceği şeklinde yorumlanır.

Guguk Kuşu, yuvasını kendisi yapmayan ender kuşlardandır. Yumurtalarını başka kuşların yuvalarına bırakır ve yumurtaları kendisinininkilerle benzer renkte olan kuş yuvalarını seçer. Bu özelliği, erkine dair sembolizmi barındırır çünkü evinde ya da ailesinde, yuvadan gitme ya da evden taşınma gibi bir değişikliğe işaret ettiği ifade edilir.

Guguk Kuşu, tırtılın kancalarla kaplı bedenini rahatça ağzında taşır. Bu erkle tanışan kişilere dışarıyla değil, içte olanla ilgilenmeleri, yüzeysel olanı bırakıp derin ve anlamlı olanla meşgul olmaları konusunda rehberlik edilecektir. Ya da dış etkilerden çekinmeden derinlerdeki bilgilere yönelmeleri için yol gösterilecektir. Bireysel ilişkilerde ürkek davrananlara, dış görünüme bakıp isabetsiz kararlarla uzaklaşanlara, karşılarındakilerin az görünür değerlerini gözden kaçıranlara Guguk Kuşu'nun rehberliğe gelmesi kaçınılmazdır.

Ağaçların yapraklarına, tarla bitkilerine hasar veren güve cinsi tırtılları çokça yemesi nedeniyle Guguk Kuşu çiftçilerin dostudur. Bu özelliğinin bizlere sembolik mesajı, insanın "başının etini yiyen", sürekli taciz eden, huzurunu kaçıran şeylerden uzaklaşılmasıdır. Yenilenme ancak böyle mümkün olabilecektir.

Erk Hayvanı Olarak Güvercin ve Kumru

Barış, Aşk, Analık, Şefkat Sembolü

Güvercin ve Kumru aynı ailedendir; astral iletişimi, dişil enerjiyi ve kehanet edebilmeyi de temsil ederler. Güvercin erkinin sembolize ettiği barış çok geniş anlamlıdır. Endişeli düşüncelerimizi teskin eder, zihni sakinleştirir ve sükûnet içerisinde kendimizi yenilemenin yol ve yordamını bulmaya yardım eder. Hayattaki küçük şeylerin kıymetini fark edebilmek ancak bu sessiz anlarda mümkündür.

Güvercin çevresinin çok farkında olan bir varlıktır ve ayrıca gelişmiş yüksek varlık duyarlılığındadır. Güvercinler, hem yeryüzü, hem gökyüzü varlıkları olarak, sezgisel düşünce ve gerçeklik arasında ilişki kurmaya hizmet eder. İki dünya arasındaki hareket kabiliyetini geliştirir, bilgiden bilinçli farkındalığa doğru akış için kanal görevi üstlenirler. Güvercin, soyut ve somut arasındaki dengeyi temsil ederek, düşünce, rüya, sezgi gibi soyut bilgileri kalp, ev, güvenlik gibi fiziksel uygulamalarla bütünleştirir.

Güvercin menekşe renkli bir kristal olan ametist ile ilişkilendirilir. Gündoğumuyla günbatımlarında bazen gökyüzü bu renge bürünür. Güvercin gibi ametist de huzuru ifade eden ve stresli dönemlerde sükûnet verdiğine inanılan bir kristaldir. Sadece insanların değil dünyamızın da huzura, barışa gereksinim olan zamanlarında güvercin ve ametistin taşıdıkları enerjilere ihtiyaç duyulur. Hayatımızda önemli ve büyük değişimler yaşanıyorsa Nagual olarak rehberliğe gelmesi bundandır.

Güvercinin bizlere öğreteceği, dış etmenler ne olursa olsun, huzurun sadece bir adım ötede, aslında kendi içimizde ve her zaman ulaşılabilir olduğudur. Meditasyon ve derin nefes teknikleri bu iç huzura ulaşmak, hayatı daha sakin ve olumlu bir amaçla yaşayabilmek için yardımcı olacak yollardır.

Bu kuşlar her kuluçkada ikişer tane yumurtlar ve iki sayısı, yaratıcılığın ve dişil enerjilerin sembolüdür. Güvercin ve Kumru Toprak Ana'yla çok yakın ilişkidedir ve onun yaratıcı enerjisini taşır. Güvercini çevreleyen mitolojik öyküler ve efsaneler hep tanrıçalara ilişkilidir. Güvenliği, analık içgüdülerini sembolize ettiği için annelikle ilgili totemlerin çoğunda Güvercin ya da Kumru'ya rastlarız. Nagual'i Güvercin olanlarda yuva ve aile çok değerli, çok anlamlı kavramlardır. Hayat dersleri ağırlıkla bu iki alanda alınacaktır. Bu erki taşıyan kimselerin çoğu çocukluk dönemlerinde huzursuz edici deneyimler yaşamış ve dolayısıyla hayatlarının bazı alanlarında dayanıklı, güvenilir bir zemin oluşturmakta zorlanacak insanlardır.

Güvercin ve kumruların en karakteristik yönü çok özel ötüşleridir. Gün boyunca dikkatimizden kaçsa dahi, sabahın ilk saatleriyle akşamın geç saatlerindeki ötüşleri hep dikkat çeker. Mistisizme önem veren geleneklerde, fiziksel ve spritüel dünyaların arasındaki tül perdenin en inceldiği saatlerdir bunlar. Kumru ve güvercinin hüzünlü ötüşleri benliğimizin çok derinlerine hitap eder, duygularımızı harekete geçirir; bu erki taşıyan insanların gizli duygularını yansıtır. Bu ötüşü nasıl algıladığınız, hayatınızdaki enerjilere ayna tutar.

Güvercin sesini yeni başlangıçların umudunu aşılayan bir yağmur gibi duymak ta mümkündür. Dolayısıyla çağrılarını yürekten dinlemek gerekir.

Nagual olarak kişiye kendi derinliklerine inmesi, duygusal uyumsuzluklarının farkına varması, geçmişte gömülü olan ya da hala belleğinde tuttuğu travmalardan kurtulması için yardım edecektir. Şarkı mırıldanmalar bu arınmalarda çok destekleyicidir.

Güvercinler umut ve söz verme enerjilerini taşır. Düşüncelerimiz, sözlerimiz ve duygularımız derinlerdeki çalkantılardan, huzursuzluklardan temizlendiğinde, hayatımıza güzellikler ve iyilikler girmeye başlayacaktır. Duygusal, fiziksel, zihinsel ve ruhsal, tüm katmanlarımızda güvercinin verdiği şifa çok önemlidir.

Güvercinler yere konar ve toprak üstündeki tohumlarla beslenir. Bu erki taşıyan insanların beslenmelerinde de tam tahıllar, fındık ve ceviz gibi yiyecekler çok yararlı olacaktır. Ayrıca beslenmeyle ilgili mesleklerde çok başarılı olurlar.

Erk Hayvanı Olarak Hamam Böceği

Hamam böceği hayat boyu rehberlik eden Nagual'lerden değildir. Kısa bir süre için, özel bir konuya dikkat çekmek için şaman yolculuğunda gözüken dönemsel erk hayvanlarındandır. Hamam böceği, çevreye ve koşullara uyum sağlamanın hayati önem taşıdığı ancak bunun farkında olunmayarak iddiacı tutumlar sergilendiği dönemlerde şaman yolculuklarına girecek, ya da Nagual'i tarafından kişiye bir metafor olarak gösterilecektir.

Franz Kafka'nın *Metamorfoz* (Dönüşüm) adlı ünlü eserini okuyanların çoğu, yazarın tarifini yapıp ismini vermediği hayvanın Hamam Böceği olduğunu düşünür. Kolektif bilinçaltı Nagual'lerin erklerine dair derin bilgiler içerir. Hamam böceği, kendisine ve ortama yabancılaşmış ya da zorlayıcı koşullara uyum göstermekte zorlanan insanların rehberidir. Hayattan bezildiği, pes edildiği dönemlerde de gelir çünkü temsil ettiği rehberlikte son derecede güçlü bir hayatta kalış öğretisi vardır. İnsanın duygusal, ruhsal bir değişime ihtiyacı varsa, şaman yolculuklarında bu Nagual'in rehberliğiyle bunu gerçekleştirecektir.

Rehberlik ettiği insanlar arasında baş sırayı, çocukluğunu doyasıya yaşayamamış, bir anda kendini yetişkin sorumluluğunu taşır bulmuş, hayatın çok erken dönemlerinde mesuliyetler altında ezilmiş olanlara rastlanır. Aynı önemde bir diğer rehberliği hayatımızda artık önemi ve değeri kalmamış şeylerden kurtulma ve arınma konusundadır. Çabuk bağlanan ama bırakmayı bilemeyen ve taşıdıklarının ağırlığı altında ezilen kişilerin bu dönemsel Nagual'den öğrenecekleri vardır

Hamam böceği, aşırı duygusal olan, hislerinin çok etkisinde kalan kişilere rehberlik ederken duygusallığın tuzaklarından kurtulmasında, dış dünyaya cesaretle bakabilmesinde, disiplin ve kararlılıkla davranmayı geliştirmesinde yardımcı olur. Kararlılık gücü ve gayretle her olayın üstesinden gelinebileceğini öğretir. Ortamın sürekli farkındalığı hayata karşı hazırlıklı tuttuğu için, Hamam Böceği sembolizminde çevremizdeki kişi ve olaylara dikkat etmeyi, süratli karar verip hızlı eyleme geçmek vardır. Bunları yapabilmek için sağlıklı olmak, ne zaman ve nasıl hareket edeceğini ve kaynakları iyi değerlendirmeyi bilmek gerekir. Yaşamsal önem taşıyan bu hususlardaki rehberliğinde sebat ve azmin yanı sıra olayların akışına uymak da öğretilir.

Gizli kalmış bazı şeyler olduğunu sezdiğinizde, gayret göstererek bunları keşfetmek için ve çevre koşulları değiştiğinde süratle uyum sağlamak için gereken rehberlikleri Hamam böceği verir. Zayıf yönlerini tanıyarak hayatını düzene sokana kadar, çevreyle sağlam ilişkiler kurana kadar, uyumlu ve sorumlu olmayı öğrenene kadar yol göstericilik yapacaktır. Çevredeki insanların ihtiyaçlarına karşı duyarlı olmak da bu erkin rehberliğindendir.

Erk Hayvanı Olarak Jaguar

Ruhsal Tekâmül, Kendi Gücünü Keşfetme Sembolü

Jaguar, ya da değişik coğrafyalardaki isimleriyle Leopar, Panter, Pars çok güçlü bir erk hayvanıdır. Kargaşa içerisindeyken tüm yolları görebilmek, kaosun geometrisini anlayabilmek, karanlık ya da bilinmeyen yerlerde hareket edebilmek, şekil değiştirebilmek, psişik vizyonlar gibi erkleri barındıran bir Nagual'dir. Kara renkli Jaguar güçlü dişil enerjisiyle ayrı olarak bir sonraki erk yazısının konusudur.

Jaguarların tercih ettiği yaşam alanı, habitatları, genellikle biraz nemli ve ağaçlı arazilerdir ama çölde de rahat yaşarlar. Mağaraları ve su kaynaklarına yakın kanyonları severler. Mağara imgesi çoğu mitolojik öykülerde inziva için, ruhsal çalışmalar için seçilen yer olarak karşımıza çıkar. Su imgesi de insanın duygusal bedenini temsil eder. Şaman yolculuklarında Jaguar rehberliği, kişiyi kendi iç dünyasına girmeye, korkularını serbest bırakmaya, derin ve gizli duygularını şifalandırmaya yöneltecektir. Jaguar, kişiye kendi gücünü gösteren, ne zaman ve nasıl tepki vereceğini öğreten, manevra yeteneğini geliştiren, görünmeyenleri sezme becerisini geliştiren Nagual'dir. Geçmişin acı veren derslerinden yararlanılmasında, tüme aidiyet duygusunu pekiştirerek yüksek bilinç seviyesine ulaşılmasında rehberlik eder. Bilincin yükselmesi, uyum ve zarafet ile bezenmiş bir varoluş halini yarattığı için şamanik inisiyasyonda inzivadan çıkan bir müridi Jaguar bekliyor olur. Şaman öğretisi alanlar Jaguarın yol göstericiliğinde hayatın ve yaradılışın sırlarının bulunduğu alt dünyalarda çok rahat hareket edebilecektir.

Jaguarın kaslarını kullanma becerisi çok yüksektir; büyük hızla atlayabilir ya da gayet yavaş ama güçlü adımlarla zarafetle gezinebilir, eğer görünmek istemiyorsa uzun süre hareketsiz kalıp hiç fark edilmeyebilir. Bu ustalık, şaman lisanında *"shapeshifting"* denilen özel şekil değiştirebilmeye işaret eder ve Şamanların bu amaçla sıklıkla seçtiği erk hayvanlarından birisi Jaguar'dır. Gelişmek ve öğrenmek istiyorsak zihinsel ve duygusal olarak da bazen 'şekil değiştirmek', yani dönüşmek gerekli olur. Ruhsal kimliğimizin dönüşümü için bazı yükümlülükler üstlenmemiz, hatta bazen riskleri göze almamız gereklidir ama dönüşümün ödülleri bu gayrete değer.

Jaguarın kıvrak bedenleri, özellikle de yüzleri incecik tüylerle kaplıdır; bu tüyler titreşimleri algılar. Bu erk hayvanının rehberlik ettiği kişiler için bu sembolizm önemlidir. Duygularına dikkat etmeleri, duygularının ilettiği mesaja önem vermeleri gerektiğinin bir ifadesidir. Jaguar rehberliğinde, kişinin farkındalığı, sezgisel yetileri yükselir ve bu şekilde ruhsal ve psişik görü yeteneğini artar. Jaguar insanın kozmik yeteneklerini rahatlıkla, sağlam bir duruşla kucaklamasında, hayat derslerini kimliğiyle bütünleştirebilmesinde, yani yaşamıyla uyumlu biçimde özümsemesinde ve sonra öğrendiklerini hayata uygulamasında yol göstericilik yapacaktır. İç seslerine, iç görülerine ve düşüncelerine, gerçek hayatın kendisi kadar itimat etmeyi öğrenenler farklı yaşam boyutlarını işitebilir, doğaüstü iletişim kurabilir hale gelebilirler.

Maya inancında güneşin gökyüzündeki yolculuğu, ufka dalıp, gözden kaybolup sonra göğün en yüksek noktalarına yükselmesi, insan bilincinin yolculuğunu temsil eder. Bu göksel yolculuk bağlamında güneş iki Nagual ile anlamlanır; Jaguar ve Kartal. Kişinin kendi ruhsal derinliklerine inerek, karanlıklarıyla yüzleşerek yükselmesinin, yani tekâmül edişinin temelinde önce o karanlıklara dalışlar vardır. Göze gözükmediği zaman dilimlerinde güneş, Jaguar olmuştur. Benekli derisi gece semalarının yıldızlarla parıldayan görüntüsünün simgesidir. Dolayısıyla güneşin bize gözükmediği zamanlardaki ruhsal kimliği Jaguar Güneş olarak adlandırılır.

Dağlarda gizli, volkanik ve dönüştürücü kuvveti temsil eden Jaguar için Maya lisanındaki kelime *IX*'tir (okunuşu "iş") ve dünyanın eril kimliğini taşır. Maya inancında bu husus, gezegenin bütüncül kutsallığında dişil enerjiyi tamamlayan eril enerji şeklinde anlaşılır. Nagual'i Jaguar olanların doğalarındaki güç onlara eylemsellikte, işlevsellikte yüksek beceri sağlar.

Jaguarların genellikle yalnızlığı tercih edişi gibi Jaguar erki güçlü kişiler kalabalıklar içerisindeyken bile derinlerindeki yalnızlığı hissederler. Tek başlarınayken son derecede rahattırlar; benzer şekilde yalnız yaşamaktan kaçınmayan kişileri seçer, onlara yönelirler. Nagual'i Jaguar olan kadınlar, çeşitli koşullar sonucunda ve sıklıkla kendilerini çocuklarını yalnız yetiştirirken bulurlar.

Jaguar, beslenme amaçlı olarak yüzlerce kilometre yol kat edebilen kuvvetli bir yapıya ve olağanüstü tırmanma özelliğine sahiptir. Nagual olarak hayallere, hedeflere, tüm amaçlara ulaşmada sebat etmeyi ve esnek olabilmeyi öğretir. Karanlıkta iyi görebildiği için geceleri de korkusuzca ilerleyen Jaguar sezgilerimize nasıl güveneceğimizi gösterir. Bazı kişilerin açığa çıkmamış psişik yetileri Jaguarın desteğiyle su yüzüne çıkacaktır. Dolayısıyla bu rehberliği alanlar akıllarına gelen düşüncelere ve görülerine itimat etmelidirler; sezgilerinin gerçeklik olasılığı çok yüksektir.

Jaguar bir aslan gibi kükremez; homurdanır gibi derin sesler çıkarır. Nagual'i Jaguar olanlar genellikle konuşma lisanına çok hâkimdir, yüksek hitabet becerileri vardır. Ama sözleri kesici, yırtıcı, parçalayıcı da olabilir. Dolayısıyla kendilerini düzgün ifadeye dikkat etmelidirler. Jaguarın çok etkileyici, gözlerini hiç kırpmadan uzun ve delici bakışları vardır; adeta bedeninizin en derinliklerini görüyor gibidir. Bu erkten öğrenilecek şeylerden birisi de gözlerini doğru kullanmayı öğrenmek ve gözleriyle şifa verebilmektir. Şamanlar Jaguar Nagual'ini kullanarak hücresel düzeyde şifa verebilirler.

Erk Hayvanı Olarak Kara Jaguar

Astral Seyahat, Dişil Enerji, Ölüm ve Yeniden Doğuş Sembolü

Kara Jaguar gücünü ay'dan alan, ay enerjisi ve mistisizmle ilişkilendirilen, görünmeyen dünyaların sırlarına sahip bir erk hayvanıdır. Gecenin karanlığında yaradılışın gerçekleri saklı olduğu için karanlıktan korkmamayı ve sonra o karanlığın içerisinde ışıldamayı ve aydınlatmayı öğretir. Ölüm ve yeniden doğuş mistik ve şamanik kavramlardır. Kara Jaguar, karanlıklarda gizli bilgileri öğrenme, mistik dünyalarda seyredebilme ve bilinçaltına itilmiş gizli güçleri yeniden kazanma sembolizmini içerir.

Döngüsel zamanın bekçisi ve gizemler dünyasının koruyucusu olarak kabul edildiği antik uygarlıklarda kara renkli Jaguar sembollerine sıklıkla rastlanır. Antik Mısır medeniyetine özgü ritüellerin bir tanesinde boyuna ya da bele jaguar kuyruğu sarılır ve bu şekilde kişinin korunması ve kendini güçlendirmesi sağlanırdı. Yunan mitolojisinde karanlıkları ve korumayı birlikte temsil eden Yüz Gözlü Argos'un sembolü kara Jaguar'dır.

Naguali Kara Jaguar olanlar galaktik bilgilerle doğmuş kişilerdir. Bu önemli bir sorumluluk getirir çünkü kozmik bilgiyle karşılaştıklarında, kaynağı her olursa olsun, bu bilgeliği derin bir inanç ve saygıyla sahiplenmeleri gerekir. Bilgilerini paylaşırken özenli ve dikkatli olmaları gerekir; öğrenci hazır değilse, bilgiyi hazmedebilecek olgunlukta değilse, negatif sonuçlar, istenmeyen neticeler tetiklenecektir.

Kara Jaguar av sürerken, avlanırken hiç ses çıkartmaz; kendisini ne zaman gösterip ne zaman görünmez olacağını iyi bilir. Rehberliğinde sessizliğin gücünü öğretmek de vardır. Ayrıca ay'ın kendisine bahşettiği güçlü dişil enerjiyi Nagual olarak rehberlik ettiği kişiye nakleder; kendi gücünün farkına varmasını, gücünü sahiplenmesini öğretir.

Büyük kediler arasında en yırtıcı olan siyah renkli jaguarlar hem çok iyi yüzer, hem çok iyi tırmanırlar. Büyük bir hızla atağa kalktıkları ve atladıkları için öğretilerinden bir tanesi çabuk karar alabilmek, hızla eyleme geçebilmektir. Öte yandan uzun mesafe koşusunda o kadar iyi değillerdir. Dolayısıyla, bu erki taşıyanların dayanıklılığı arttıran, bedeni güçlendiren, yüzme gibi sporlarla ilgilenmeleri önerilir. Akıl ve beden gücüne birlikte odaklanmak gereken işlerle uğraşanlara, aşırı telaşlı ya da çok yavaş olmaktan kaynaklanan sorunlar yaşayanlara rehberliğe gelecek olan Kara Jaguar yaşam hızını düzenleyerek başarılı olmayı öğretecektir.

Kara Jaguarın çok düzgün, yumuşak ve duyarlı kürkü cinsellikle ilişkilendirilir. Şaman yolculuğunda karşılaşılan Kara Panter kişiye cinsel meselelerini çözümlemesinde yardımcı olacak ya da cinselliğini örterek yok sayanlara bu yaşamsal enerjiyle barışması konusunda rehberlik edecek olabilir.

Kara Jaguar sadece şaman yolculuklarında rehberlik etmez; kişinin yolunu aydınlatmak üzere hayatına bu erki taşıyan bir mentor, bir hoca, ya bir yakını olarak, yani insan olarak da girer. Öğretilerini hem fiziksel hayatta hem sıra dışı dünyada sürdürdüğü için, denenyimlenen ilerleme mükemmel olacaktır.

Erk Hayvanı Olarak Kaplan

Cesaret, Güçlü Duyular, Adanmışlık, Anın Farkındalığı Sembolü

Kaplan su elementinin tüm özelliklerini taşır, yani şifanın, akışın ve dişil enerjinin gücüne sahiptir. Erk sembolizmi ayrıca zorluklar karşısında kuvvet ve irade, zamanın iyi değerlendirilmesi, analizlere boğulmadan zamanında eyleme geçmek, tutku, sadakat ve güven öğelerini içerir. Çoğu halk inancında portakal sarısı renk canlılık, hayat ve yenilenme sembolüdür ve Nagual'i Kaplan olanlar genellikle hastalıkları çok çabuk atlatırlar. Kaplan erkine sahip olanların dokunma duyusu çok gelişmiştir ve dolayısıyla dokunma şifası yüksek kişilerdir.

Alınlarında düşey bir çizgiyi kesen üç yatay çizgi bulunan kaplanlar Çin folklorunda çok önemsenir. *Wang sembolü* (Kral sembolü) diye adlandırdıkları bu şeklin kutsal anlamı olduğuna inanıldığından hemen korunmaya alınırlar. Çin mistisizminde renk, mevsim, yön ve elementlerle tanımlanmış beş adet kaplan sembolizmi vardır. Kırmızı kaplan, güneydir, yazdır, ateş'tir. Kara kaplan kuzeydir, kıştır, sudur. Mavi kaplan, doğudur, ilkbahardır, bitkiler âlemidir. Beyaz kaplan batıdır, sonbahardır, tüm madenlerdir. Sarı kaplan yeryüzünün tüm enerjilerinin efendisidir.

Kaplanlar, çok asil görünümlü, daha ilk bakışta özgüvenlerini, bağımsız ruhlarını hissettiren, yalnız dolaşan, sessiz avcılardır. Nagual olarak taşıdıkları erk başarmak için tüm yetenekleri kullanma becerisidir. İnsanlara zihinlerini ayrıntılardan temizleyerek tümüyle an'da olma konusunda rehberlik ederler.

Görme, duyma, koku alma duyuları müthiş gelişmiş olan Kaplan'ın ışığı retinada yansıtan özel göz yapısı olduğundan gece görme yetileri insandan altı kez daha güçlüdür. Bu yüzden gece avlanabilme becerisi olan bir hayvandır. Bunun sembolik önemi vardır; Kaplan erkiyle donanımlı insanlar derinleri görebilen, sezgileri çok açık kişilerdir; hatta kâhinlerin Nagual'lerinin Kaplan olduğuna inanılır. Bizlere olağandışını, duyu ötesini nasıl görebileceğimizi öğretir ve Nagual'i Kaplan olanlar en verimli çalışmaları gece saatlerinde yaparlar.

Jaguar gibi Kaplan da yiyecek ararken çok uzun mesafeler kat etmesini sağlayan dayanıklılığa ve güce sahiptir. Avına yaklaşırlarken yürüyüşü değişir; ayaklarının arkasını kaldırarak parmak uçlarında yürümeye başlar. Sonra yatarak gizlenir, beklemeye başlar ve apansız avının üstüne atlar. Temkini, odaklanmayı, sabrı, sürprizleri öğreten bir rehberdir.

Kaplan, yeni ay'ı temsil eder. Şaman yolculuğuna Kaplan girerse, yeni maceralar yakın demektir; yeni arzular, yeni bir güç içinizi kaplamaya başlayacak demektir. Nagual'i Kaplan olan insanlar duygusal, duyarlı ve özverilidir; çok iyi ebeveynler olurlar. Bu kişiler herkesin girmesine izin vermedikleri, kendilerine özel mekânlarda zaman geçirmeyi sever, bu tür inzivalarda hayatta kolay ilerlemelerini sağlayacak enerjiyi toplarlar.

Sonuç olarak, güç, sadakat, özen ve beceri sembolizmiyle dolu olan Kaplan ara sıra hayatı gözden geçirip, duyguları sorgulamayı, gücünün farkına varınca öz güven ve sabırla ilerlemeyi öğretecek ve seçilen yolda başarılı olmanın koşullarını sunacaktır.

Erk Hayvanı Olarak Kaplumbağa

Toprak Ana, Bereket, Destek, Güven Sembolü

Kaplumbağa dayanıklılığın ve azmin sembolüdür. Sağlam, düzenli, sarsılmaz güçte olmayı, yaş ile gelen bilgeliği simgeler. Maya yaradılış efsanesinde Kaplumbağa sırtı yeryüzü kabuğunu temsil eder ve dünyanın dördüncü çağını başlatan Tanrı, Kaplumbağa sırtından yükselir. Amerikan halklarının kültüründe rastlanan çizimlerde Toprak Ana'yı, doğu mistisizminde ise birbiriyle karşıt prensiplerin ya da cennet ve dünya gibi tezat ama birbirleriyle ilişkili kavramların arasındaki dengeyi sembolize eder. Yunan mitolojisinde Tanrıça Afrodit'in kutsal ilan ettiği Kaplumbağa çok adette yumurtlaması nedeniyle ayrıca doğurganlıkla ilişkilendirir.

Kaplumbağa, kendine özel bir zaman ölçütünde oldukça yavaş ilerler ve Nagual olarak bizlere bazen yavaşlamamız gerektiğini hatırlatır. İnsanlar çoğunlukla istedikleri şeyleri yapmaya vakit bulamadıklarını söyleseler de herkesin sahip olduğu en büyük zenginlik zamandır. Zaman hep vardır; vaktimiz kalmamış olsaydı ölürdük.

Kaplumbağa aynı zamanda sağlam zeminin ve evrenin güvenilir düzeninin en iyi simgesidir. Evini sırtında taşıyan, kendisini tehlikede hissederse korunmak için evinin içerisine gizlenen Kaplumbağa bizlere kendimizi en iyi kendimizin koruyabileceğine işaret eder. Korunmanın şiddete başvurmadan yapılabileceğini, bazen kendimizi koruyucu bir kalkanla sarmalamak gerekebileceğini örnekler. Etrafımızdaki öfke, kıskançlık, düşüncesiz davranışlar gibi harici olumsuzlukların yanı sıra kimi zaman kendi iç çatışmalarımızın yarattığı ruhsal kaostan da kendimizi korumaya almamız gerekebilir. Atacağımız bir sonraki adımın ne olacağına karar verebilmek, kendimizle ilgili tefekkür edebilmek için kendimizi biraz saklayıp gözetmemiz gerektiğinde Nagual olarak gelir ve içe dönmemiz gerektiğini hatırlatır.

Kaplumbağalar yumurtalarını kuma gömerler ve bu önemli bir imgedir. Bazen içimizde uyanan hassas bir fikri hemen gün yüzüne çıkarmadan, gelişip büyümesi için zaman tanımanın uygun olacağını gösterir. Yapacak pek çok işle boğulduğumuz, başladığımız projeleri bitirmekte zorlandığımız, hayatımızın karmaşıklaştığını fark ettiğimiz dönemlerde şaman yolculuğumuza Kaplumbağa girecektir.

Yavaş hareket etmeyi, derin düşünmeyi temsil eden Kaplumbağa, aynı zamanda bir topraklama simgesidir. Toprağa bağ, bir yere yapışıp kalmak değildir; hiçbir değişiklik yapmamak, olduğu yerde çakılmak değildir. Hayatımızda amaçladığımız hedefe odaklanabilmek, doğanın besleyici ve koruyucu enerjisi içerisinde topraklanmak, o enerjiyle uyumlu tempoda adımlar atmak gerektiğinde Nagual olarak Kaplumbağa erkinin rehberliği mükemmeldir.

Kaplumbağa ve iri tavşan masalı bu erki anlatan güzel bir örnektir. Daha hızlı, daha güçlü ve daha büyük olan her zaman daha başarılı olacak değildir; amacı gerçekleştirmek için mutlaka bedensel güç gerekmeyebilir. Nagual olarak bir konuya kendini adayan, bir işe odaklanan, amacını gerçekleştirecek zihinsel, ruhsal çabayı harcayan insan için yavaş olmanın önemsizliğini öğretir.

Kaplumbağa'nın toprağa yakın, Tabiat Ana'nın enerjisiyle yakın bir ilişki içerisindeki yavaş hareketi, evrenin tüm yaratımlarına şükran duyarak hamd ederek yaşamak için herkese yeterli zaman sunulduğunu sembolize eder. Bu Nagualin örneğinde bollukla sunulmuş zamanın idraki artar ve yolumuzda ilerlerken, yolculuğun keyfini daha iyi çıkarabilmeyi öğreniriz.

Erk Hayvanı Olarak Karabatak

Cesaret ve Yaratıcılık Sembolü

Dönemsel rehberliğe gelen Karabatak, otuzdan fazla türüyle dünyanın hemen her yerinde bulunan, kıyılarda ve iç denizlerde yaşayan, çok iyi yüzüp çok iyi dalan deniz kuşlarındandır. Nagual olarak hayatımızın her alanında o sırada imkânsız gibi gözüken yerlerde nasıl yüzeceğimizi, güç sandığımız konulara nasıl dalacağımızı gösterir.

Karabatak orta büyüklükte bir kuş olduğundan hafif bedeniyle derin suya dalabilmek ve su altında kalabilecek ağırlığa ulaşabilmek için çakıl taşları yutar. Şaman yolculuğuna Karabatak girmişse imkânsız ve asla ulaşamayacağımızı sandığımız fiziksel ya da ruhsal hedeflere erişmeyi sağlayacak fırsatları gösterecek, yeni yollar açacaktır. Bir kuş amacına ulaşmak için çakılları yutmayı göze alabiliyorsa, insanın daha fazlasını yapabilecek cesareti vardır.

Karabataklar Japonya'da balıkçılıklara yardımcı olmak üzere eğitilirken boyunlarına, yakaladıkları balığı yutmalarını önleyici metal bir halka takılır. Bu bile Karabatağın bize dersidir. Eğer kendi becerilerimizin, sahip olduğumuz yeteneklerin farkına varamamışsak, başkaları bizi bunlardan alıkoyabilir, kendileri için kullanabilir.

Nagual olarak Karabatağın dönemsel rehberliğini alanlar, başkalarının zor bulup göze alamadığı bazı şeyleri kendine özel yöntemlerle başaracağı nitelikleri geliştirecektir. Hayatın sularına yaratıcılıkla dalmayı, yeni şeyler yaratma yolunun bu olduğunu öğretmeye gelen Karabatak, sürekli ertelediğimiz, cesaretsizce sahiplenmediğimiz alan ve konulara dalabileceğimizi hatırlatacak ve yol yordamını öğretecektir.

Erk Hayvanı Olarak Karga

Kutsal Yasaların ve Değişimin Sembolü

Kargalar adeta bir ıssızlıkta, boşlukta yaşarlar; zaman algıları yoktur. Geçmişin, şimdiki zamanın ve geleceğin bütününün farkındalığını sembolize eder bu özellikleri. Kuzey Amerika yerlilerince aydınlık ve karanlığı birleştiren gücü temsil eden *Great Spirit*'in (Yüce Ruh) totemi olarak Karga'ya büyük saygı göstermelerinin sebebi yaradılışın ve spritüel gücün simgesi şeklinde kabul etmelerindendir.

Değişim ve dönüşüm habercisi olan Karga'nın çarpıcı, parlak kara rengi yaradılışın rengini, yeni olan şeylerin doğmayı beklediği ana rahminin karanlığını temsil eder. Renginin karası yeni günü doğuracak olan gecenin rengidir. Pek çok efsanede dünyayı sarmalayan sihirlerin gizemli hikâyelerini anlatan bilge Karga olarak tasvir edilir çünkü spritüel güçlerle ilişkilidir. Hayatımıza sihirli güzellikleri çekmek ve getirmek için farkında olunması gerekenleri öğreten, bunları arayıp bulmamız ve gerçekleştirmemiz için rehberlik veren Nagual'dir.

Kadim pek çok inançta Karga'nın kutsal yasaların koruyucuları olarak da kabul edilmesinin sebebi keskin gözlerinden hiçbir şeyin kaçmadığının fark edilmiş olmasıdır. Nagual olarak son derecede güçlü bir erk getirir. Tek boyutlu düşünce sisteminin, dünya boyutundaki yasaların sınırlarını aşan bir uzayda kendimizi tanımamızı sağlayacak bilgelikle gelir. Kendi gerçekliklerimizin değerini bilmeyi ve bu bilgileri şükran duyarak kabulü, sezgilerimize ve kişisel bütünlüğümüze inanmayı öğreniriz.

Kulağımıza hepsi aynı gibi gelse de, Kargaların her birinin ötüşü farklı anlamlar taşır. Oldukça karmaşık bir lisana sahip bu kuşların zekâsının çok yüksek olduğunu anlarız. Bir Karga bilmediği, tanımadığı bir şeyi keşfe karar verdiğinde, diğerleri ne olacağını görmek ve bundan ders almak için onu dikkatle izlerler. Nagual olarak dikkatin önemine vurgu yapar ve özellikle kalıplaşmış düşüncelerimizi yeniden değerlendirmemizi, tekâmülümüzle uyumlu olup olmadıklarını tartmamızı hatırlatır.

Pek çok hayvanın cıvıldama, gaklama, kükreme, kişneme, ötme ve benzeri seslerinden o sıradaki duyguları hakkında fikir edinebiliriz. Oysa az önemseyip dikkat etmediğimiz ötüşünden kargaların neler hissettiğini anlamak mümkün değildir. Bu da bizlere, kendi kültürel algı ve sınırlarımızın dışına çıkmanın ne kadar zor olduğunu gösterir. Nagual olarak Karga zihnimizdeki sınırlamaları, doğru ve yanlış şeklindeki etik kodlarımızı, kaçınılmaz olarak bu kodlara eşlik eden kurallarımızı sembolize eder. Aynı zamanda başkalarını yargılama konusunda özenli olmamız gereğini öğretmeye gelir.

Tarih boyunca pek çok savaş farklı inançlardan kaynaklandığı için barış ve uyum içerisinde bir çağı yaratmanın yolu aynı kozmik ağın içerisinde aynı öz maddeden olduğumuzu idrakten geçer. Nagual olarak Karga, başkalarının canını yakarken aslında kendi canımızı yaktığımızın farkındalığını oluşturacaktır. Düşünce ve davranışlarımızın, söylemlerimizle eylemlerimizin tutarlı olması, kendimizi ifadede cesur ve azimli olmamız gerektiğinde şaman yolculuğuna Karga girecektir. Sezgilerine inanmak, standartlarını evrensel varoluş kodlarıyla tutarlı şekilde oluşturmak isteyenlere Karga mükemmel bir rehberdir. Birey olmak, kendi düşüncelerini geliştirmiş ve onlara sahip çıkar olmak, her kalabalığın peşine düşmemek, Karga'nın öğretilerindendir.

Kargalar her ortama uyum gösterebilen, hemen her şeyi yiyebilen, dolayısıyla her koşulda yaşamlarını sürdürebilen ve oldukça kurnaz kuşlardır. Düşmanlarını kandırmak için çok yüksek dallara yalancı yuvalar kurdukları bilinir. Nagual olarak hayatınıza Karga girerse, alışılmış yuvanızdan dışarı çıkmanız, mevcut görüş alanınızın ötesine bakmanız, ötüşünü, verdiği mesajları dikkate almanız gerekir.

Erk Hayvanı Olarak Karınca

Birlik Bilinci ve Sabır Sembolü

Karıncalar çeşitli görevler üstlenmiş olan her birinin kendi özel yerini bildiği, sadakatle görevini ifa ettiği son derecede düzenli bir toplum şeklinde yaşarlar. Ciddiyetle ve çok çalışırlar, sabırlıdırlar, işbirliğinden asla ödün vermezler. Oldukça dayanıklı yapıları vardır ve savaşmak gerekiyorsa savaşır, tünel kazmak gerekiyorsa kazar, kilometrelerce ötedeki "karınca yuvası" tabir edilen tepeciklere kendi boylarından büyük kırıntıları, ya da böcekleri taşıyabilirler. Ekip çalışmasına ve her şeyin topluluğun ortak hayrına olmasına önem verir, kolonilerinin sosyal düzenini böyle temin ederler.

Şaman yolculuğuna Nagual olarak Karınca girmesi çalışkanlık, ortak bir amaca uyumluluk, yüksek beceri ve toplumsal duyarlılık konularında rehberlik alacağınızı ifade eder. Ayrıca sabrı öğrenmek, amaca ulaşmak için gereken zamanı ayırmaya istek ve azim geliştirmek, bir amaca odaklanınca ısrarcı ve inatçı kararlılık göstermek gerekiyorsa Karınca gelecektir. Yorulmak bilmezliğiyle sebat ve gayret alanlarında rehberlik eder. Özellikle hayat dersi sabır geliştirmede ustalaşmak olanların Nagual'idir.

İşçi karıncalar inanılmaz mimari ustalardır; bu özellikleriyle rüyalarımızı gerçeğe dönüştürmenin ince işçiliğini öğretirler. Kraliçe Karınca'nın kanatları vardır ve hamile kalmadığı sürece uçabilir ama hamile kalınca kanatlarını kendisi koparır. Kraliçe Karıncaların yeni bir cana hayat vermek uğruna uçmaktan vazgeçişleri, yaratıcılıktaki fedakârlığın örneğini sunar.

Karınca hem güçlü bir erktir, hem de gücü incelikle, zarafetle sergiler; bu bileşim maharet gerektirir. Nefs ile mücadele ve kibirden arınma konuları da sebat, ısrar ve gayret gerektirir. Kozmik ahlaka ulaşmanın, evrensel eşitliğin iffetini anlayabilmenin önem taşıdığı gelişim süreçlerinin Nagual'i olarak bu özellikleri içselleştirmeyi, böylelikle de hedeflerin ve rüyaların gerçekliğe dönüşmesini sağlayacaktır. Bu meziyetlerde zaafları olanlar, işbirliği yapmayı, başkalarıyla birlikte uyumlu hareket etmeyi, amaçlarına ulaşacak yolda azimli ve sabırlı olmayı Karınca'nın rehberliğinde öğrenecektir.

Erk Hayvanı Olarak Kartal

Ruhsal Aydınlanma, Saygınlık, Keskin Görüş, Güç ve Denge Sembolü

Ayağını yerden kesemeyen insanoğlu tarihin her döneminde kartalların gökyüzündeki ihtişamlı uçuşundan çok etkilenmiştir. Yunan mitolojisinde Kartal, Zeus'un gökyüzünden yıldırımları atabilmek dönüştüğü hayvan olarak tasvir edilmiştir. Kuzey Amerikan yerlileri için de Kartal, yıldırımın, fırtınanın ve şimşeğin ortak sembolüdür.

Kartal insanların dualarını kanatlarında taşıyarak Yaradan'a ulaştıran ve O'nun insanlara gönderdiği hediyelerle dönen kutsal bir ulaktır. Kartal tüyü Şaman heybesinde mutlaka bulunan, şifa çalışmalarında çok kullanılan önemli bir nucul'dur. İrlanda, İskoçya ve Man Adası'nda yaşayan Gael halkına özgü Kelt lisanında Kartal'a verilen ad *Suil-na-Greine,* "Güneşin Gözü" anlamını taşır. Gökyüzüne güçlü enerjilerle bağlı Kartal'dan hayata biraz yüksekten bakmanın farklı perspektifler kazandıracağını öğreniriz. Bizi zorlayan koşulları yeni bakış açılarıyla görmemize rehberlik eder. Sorunlarının hallini kolayca bulamayan, sadece entelektüel çözümlemelere odaklanarak ruhun semalarında apaçık parlayan sezgisel mesajları sezemeyen, çözüm olasılıkları kendi dar görüş açısına girmeyen kişilere Nagual olarak Kartal gelecektir.

Jaguar erk yazısında paylaşıldığı gibi "şamanik şekil değiştirme", bir işi yapabilmek için fark edilmeksizin başka formlara dönüşmeyi ve vücudu çok iyi kullanabilmeyi gerektirir. Şamanların şekil değiştirmek için sıklıkla seçtiği diğer erk hayvanı Kartal'dır. Gelişmek ve öğrenmek zihinsel ve duygusal içerikte "şekil değiştirmek", yani dönüşmek gerektirir. Kartal, bizden yuvamızın sadece bu dünyayla sınırlı olmadığını, daha gerçek bir yuvaya, spritüel dünyaya uçmayı öğretmeye gelir.

Kartal hava elementine bağlıdır ve hava elementi ruh ile yakın ilişki, aklın ötesine geçen bir bilişle bağlantı demektir. Vaktinin büyük bölümünü gökyüzünün özgürlüğünde, çok yükseklerde korkusuzca uçarak geçiren Kartal'ın gökyüzüyle yeryüzü arasındaki bağı ifade ettiğine inanılır. Aşağıları inceden inceye, büyük dikkatle tarayarak uçuşunda bağımsızlığın, uzak görüşlülüğün ve kuvvetin sembolizmi vardır. Antik çağlarda olduğu gibi günümüzde de Kartal sıklıkla kullanılan bir güç sembolüdür; flamalarda, bayraklarda, hatta spor takımlarının logolarında karşımıza çıkar.

Kartal, sahip olduğu görüş alanının sembolizmiyle, bizlere birkaç adım geri atmayı, daha büyük resme bakmayı öğretir. Aslında geleceğe doğru bakarken, geçmişi ve bu anı objektif biçimde gözlemlemeye ihtiyacımız vardır. Zihinlerimizi ve kalplerimizi açarak, bizi adeta esir almış eski, sınırlayıcı inançlarımızı ve bunların bizi nasıl eylemsizliğe yönelttiğini fark etmemiz gereklidir. Kartal'ın rehberliğinde bilinmeyene karşı duyduğumuz korkularımızla cesurca yüzleşmeyi öğreniriz. Ancak bu şekilde, yüreklerimizdeki sevinç ve sevginin bizi uçuracağı yüksekliklere çıkabiliriz. Sahip olduğumuz güçleri akıllıca kullanmamız gözlemcilikte ustalaşmakla, dikkatli bakmayı bilmekle, kendine güven ve yeteneklerinin farkındalığıyla mümkündür.

Kartalların çene kemiğine bağlı gagaları vücutlarının en güçlü yeridir; avlarının kemiklerini kırabilir, tek kavramada ezebilirler. Kartalın çenesine dair sembolizmde rehberliğe geldiği kişinin sözel özelliklerine gönderme vardır. İnsanlar çenelerini konuşmak için kullandığından burada temsil edilen, sözlerin önemidir. Konuşurken başkalarını etkileyeceğimizin farkındalığıyla sadece ne söylediğimize değil, ses tonumuza, ne kadar ve ne zaman konuştuğumuza dikkat etmemiz çok önemlidir.

Kadim gelenekler sözcüklerin gücünü öğretir. MR ile beyin taramaları yapılan kişilerde "Hayır" sözcüğü bir saniyeden az süre gösterildiğinde bile stres üreten hormon ve nörotransmiterler salgılandığı, olumsuz sözcüklerden oluşan bir liste yalnızca bir kaç saniye gösterildiğinde anksiyete ve depresyon düzeylerinin derinleştiği görülmüştür. Spritüel geleneklerde sözcükler tohum olarak görülür. Ve bu tohumlar sulanıp bakıldıklarında büyüyerek sağlıklı bitkilere dönüşürler. Kırıcı, can yakıcı sözler muhatabını ezip geçebilir, yargılamaktan kaçınılan, cesaretlendirici sözler ise çevreyi sevgi ve şefkatle doldurarak mutluluk getirir. Kartal erki bazı kimselere, konuşmalarına, sözlerine kozmik güzellikler katmaları için dönemsel rehberliğe de gelebilir.

Kartal cesaretle yaşamanın güçlü bir rehberidir. Kendimizi rahat hissettirdiği için alışılagelmiş, dar görüş açılarını terk edemiyorsak, işe yaramadıklarını bilsek bile bazı düşünce biçimlerinden vazgeçemiyorsak, daha büyük bir dünyayı keşif için adım atmaya cesaret edemiyorsak, tüm görkemi ve gücü hemen fark edilen bu Nagual rehberliğe gelecektir.

Kendi aralarında sosyal hayvanlar olsalar da vahşi doğada üreyebilmek için davetsiz misafirlerden kaçınan Kartallar yuvalarına dokunulursa, o yuvayı hemen terk ederler. Bu örnekte kendine ait olanı sorumsuzca paylaşmanın yanlışlığı temsil edilir. Yavruların yetiştirilmesinde erkek ve dişi kartal ortak sorumluluk alır; bu sembolizmde aile gibi ortak sorumluluk alanlarında eril ve dişil dengenin önemi vurgulanır. Ayrıca son derecede sabırlı bir hayvandır; bir ağaç dalına tünediğinde saatlerce aynı pozisyonda durabilir. Gücünden emin olanların sıklıkla düştüğü hata telaştır ve insan kendisini ne kadar güçlü hissederse hissetsin, Kartal beklemenin erdemini, gücü her vesileyle harcamaya gerek olmadığını, sabrın da bir ustalık sanatı olduğunu öğretecektir.

Nagual olarak yaratıcılık becerisini geliştirdiği için yetenekleri çok farklı konularda kullanma, gerçek duyguları arama isteği uyandırır ve önceden hayal dahi edilmemiş yerlere cesaretle uçurur. Dünyayla uyum içerisinde yaşayabilmek için sahip olunması gereken net ve keskin görüşü sunarak benliğin derinliklerinde çalışmayı, kişisel gücü keşfetmeyi, sunulacak inisiyasyon sınavlarından geçerek tekâmül hediyeleri sunar. Kalbin özlemle aradığı mutluluğa ulaşmak için gereken özgürlüğe izin verin diye gelir.

Erk Hayvanı Olarak Keçi

Bağımsızlığın, Bolluğun, Ayağı Sağlam Basmanın Sembolü

Keçi erkinde suçluluk duyguları taşımayı bırakmak, doğa varlıklarının enerjilerini anlamak, yeni yükseklikleri aramak, çeviklik vardır.

Uzun sarkık kulaklı Nubi keçileri, yünleri pek makbul Kaşmir ve Angora keçileri gibi çok çeşitli tipleri olan Keçi, astrolojide Oğlak burcuyla ilişkilendirilmiştir. Esnek iskeleti sayesinde kolayca tırmanabilen, yüksek ve dik tepelerde sapasağlam yürüyebilen bir hayvandır. Şaman yolculuklarında Nagual olarak Keçi'yle karşılaşanların yaşamlarını sürdürmek için seçtikleri fiziksel, zihinsel ve duygusal temelleri iyi incelemeleri, temellerin kendi arzu ve hayalleriyle uyumlu olup olmadığını, amaçlarına ulaşmalarına yardımcı olup olmadığını tartmaları doğru olacaktır.

Keçi, tırmanma becerisinin yanı sıra bağımsızlığı, atik ve çevik olmayı, ayağını sağlam basmayı öğreten bir erktir. Rehberlik alanları içerisinde başkalarının ilerleyişlerine destek olmak da vardır. Gidilecek yolun nasıl inşa edileceği, koşullar öyle gerektiriyorsa daha sağlam bir zeminin nasıl tesis edileceği konularında yol göstericidir. Hayatta yeni başlangıçlarda öncelikle mevcut duruş noktasının sağlam ve güvenilir olması gerektiğinin işaretçisidir.

Hayatta yeni adımlar atmaya hazırlanırken, ruhsal, zihinsel, duygusal alanlarda yükselmeye niyet edildiğinde Nagual olarak rehberliği çok kıymetlidir. Başarmanın yukarı ve ileri bakmakla mümkün ve ulaşılabilir olduğunu hissettirecektir. Kendisini bir alanda sıkışmış ve kaybolmuş hisseden insanlara rehberliği en süratli biçimde Keçi verir ve ilerlenecek yönü gösterir. Özgür iradeyi ve gücü ele alma vakti geçmişse, zamanlama doğru ise, şaman yolculuğunda kendisini gösterecektir.

Keçinin rehberliği arzulanan yeni hedeflere ilerlemek için özgüvenin nasıl oluşturulacağı konularında çok güçlüdür. Basılacak temelin sağlam olması kadar hayallerin de güçlü arzularla desteklenmesi önemlidir; hayallerin zirvelerine tırmanışta başarı ancak kendine güvenle mümkündür. Nagual olarak işaret edeceği ruh hallerinden birisi, pek çok insanı hareketten alıkoyan güvensizliktir. "Kendisi için güvenlikli sandığı" yerin aslında karamsarlığa, eylemsizliğe sevk eden bir atıl alan olduğuna işaretle bu yanıltıcı durakların terk edilmesinde rehberlik eder. İnsana kendini rahat hissettiren sıkıcı alışkanlıklar, bilinmeyene karşı korunma zannedilen bağlayıcı inançlar, yeni şeyler denemekten alıkoyan tüm düşünceler Keçi'nin rehberliğinde terk edilecektir.

Tekâmül hayattan doludizgin keyif almayı sağlayacak yeni şeylerin denenmesiyle ve engellerin aşılmasıyla mümkündür. Keçi erki, yeniliklere atılanların yaşam enerjisini yükseltecek ve bolluk sunacaktır. Rehberliğinde, yaşamsal tüm özelliklerimizi destekleyici, hayatımızı her koşulda sürdürülebilme becerisi sağlayıcı bilgiler vardır. Bağımsızlığımızın ve gücümüzün inşasında yol gösteren ve varoluşumuzu mükemmel şekilde sürdürmenin ipuçlarıyla dolu bir Nagual'dir. Doğanın enerjileriyle tam uyum içerisinde olduğundan zor yollarda stratejik yöntemler kullanabilen, başka kara hayvanlarının ulaşamayacağı yükseklere rahatça çıkabilen Keçi Nagual olarak geldiğinde, insan henüz keşfetmemiş olduğu pek çok yönünü keşfetmesini sağlayacak bir rehbere kavuşmuş olur.

Erk Hayvanı Olarak Kedi

Önceden Tahmin Edilemezlik, Denge, Uyum ve Zeka Sembolü

Kedi, aynı zamanda bağımsız ruh halini, kadınsı cinselliği, yaratıcılığı ve gücü sembolize eder. Antik Mısır medeniyetinden Druid'lere uzanan bir tarih ve coğrafyada hep sihir ile özdeşleşmiştir. Kelt tradisyonunda, büyücülüğün temellerinin atıldığına inanılan *Celtick* bölgesinde Kedi gizli güçler ve kara büyüyle ilişkilendirilmiş ve bu yüzden sevilmemiş, hatta kara renkli olanlar bazen kurban edilmiştir. Bu inanışın etkisiyle kara kedinin uğursuzluk getirdiği düşüncesi yayılmış ve günümüze uzanmıştır. Örneğin, *Cath Palug* adlı bir kedinin topluma zarar verdiğine inandırılan Kral Arthur'un onu öldürdüğünü anlatan bir hikâyeleri vardır. Yine Kelt inancında bir kedinin gözlerinin içine bakarak perileri ve hatta sıra dışı dünyayı görmenin mümkün olduğu hikâye edilir.

Kedilerin doğaüstü şöhretinin bir sebebi de ay ile ilişkilendirmiş olmalarındandır. Gözleri ortamdaki ışık seviyesine bağlı olarak ufalıp büyüdüğü için hilalden dolunaya şekil değiştiren ay'a benzetilmesi ve doğadaki yaban kedilerin geceleyin avlanması kedilerin ay ile bağlantısına dair inancı desteklemiştir. Ay Tanrıçası pek çok kültürde iki farklı şekilde betimlenmiştir: hem bakire olarak, hem de öne doğru eğilmiş yaşlı bir cadı kadın olarak; hem yaratıcı, hem de yok edici olarak. Dişil enerjinin taşıdığı gücü zıtlıklarla ifade etmeye ve resmetmeye pek çok kavimde rastlarız. Ay ve onu temsilen kedi, dişil oluşun ötesinde "görünenden fazlası olmak" şeklinde bir sembolizmi barındırır. Kedi kendisine atfedilen bu ay ve göksel ilişki gizemleri sebebiyle kehanet konularında sıklıkla konu edilmiştir. Bugün bile İrlanda'nın yaşlıları hava tahminlerinde kediye bakar, kulaklarını temizleyen ya da aksıran bir kedinin yağmur yağacağına işaret ettiğine inanırlar. Tarot kartlarında da kedi vardır; yaratıcılığı, doğaüstü güçleri ve gizemi simgeler.

Öte yandan doğu felsefesinde kedi olumlu bir simgedir. Müslümanlıkta Hazreti Muhammed'i bir yılanın saldırısından koruduğu ve yine Hazreti Muhammed'in bir kediyi uyandırmamak uğruna gömleğini kestiği anlatılır. Antik Mısır'da ise kediler çok önemli yere sahiptir, hatta bazı kedilere tapılmış ve o kediler mumyalanarak firavunların olduğu piramitlerde saklanmışlardır. Güney Amerika halk öykülerinde beyaz kedi, hayal edilen bir başarıya, aşkta ve parada kazanca, sıkıntılı bir bekleyiş sonunda her şeyin normale döneceğine işaret eden bir imgedir. Yılda birkaç kez yavrulamaları ve daha önemlisi, yiyecek saklanan mekânlara dadanan kemirgenleri avlamaları, evlerin, iş yerlerinin bereketini korumaları nedeniyle bolluk sembolüdür.

Bütün bu inançların etiketlediği Kedi'nin şaman yolculuğuna girmesi hayatta gizemli ve olumlu bir dönemin başlayacağının işareti olarak kabul edilir. Ayrıca kişinin bakış açısını netleştirilmesi ihtiyacına, yeni fikirlerin doğması ve gerçekleşmesinin böyle mümkün olacağına işaret eder. Zihinsel ve duygusal canlılığı teşvik eder, akılcı taktikler geliştirmeye yardımcı olur, özgüven ve cesaret eksiklerini tamamlar. Bağımsız olmaya ihtiyacımız varsa, yeteneklerimizi kullanmıyorsak, oysa yeni projelere başlamak için çok uygun bir zamansa, Nagual olarak ruhsal gelişime ve yeterlilik hissini oluşturmaya giden yolu gösterecektir.

Kedi çelişkiler taşıyan bir varlıktır. Avlanırken inanılmaz yoğunlukta odaklanırken, dinlenme zamanlarında süratle gevşer, saniyeler içerisinde uykuya dalar. Avcılığı vahşi ve acımasızken, oyunculuğunu, yavru dönemindeki şirinliğini asla kaybetmez. Evine ve temizliğe çok düşkündür, aşırı duygusaldır. Mırıl mırıl sokularak ya da sinirlenip tırmıklayarak hislerini mutlaka belli eden, gizlisi kapaklısı olmayan bir hayvandır.

Nagual olarak Kedi, bütün bu özelliklerinin sembolizmiyle şunu hatırlatmaya gelmiştir: Derinliklerimizde mistik, gizemli sırlar vardır; bizi farklı kılan, dış dünya tarafından ehlileştirilmemiş, şekillendirilip kısıtlandırılmamış, sınırlandırılmamış olan bu gizli kimliğimizdir. Bu karmaşık bireysellikteki arzuları, hedefleri ve hayalleri gerçekleştirecek güç bulununca mutluluğun yakalanması kaçınılmazdır.

İster bir iş, ister bir aşk, ister bilginin ta kendisi olsun, seçici biçimde odaklanmanın rehberliğine Nagual olarak gelecektir çünkü Kedi oraya buraya koşuşturarak enerjisini harcamaz. Böyle davranmanın esas hedefi işaret eden ipuçlarını gözden kaçıracağını bilir. Havadaki her fısıltıyı, her kokuyu duyumsar, en ufak devinimi dikkatle seyreder ve izler. İstediği şeyi görene kadar sessizce bekler, hedefi rahatça ulaşabileceği noktaya geldiğinde şimşek gibi hareket eder; tek bir hamleyle artık o avucundadır. Kedi, sükûnette, sakin duruşta saklı gücü, asalette saklı güzelliği gösterir.

Erk Hayvanı Olarak Kelebek

Büyük Değişimler, Beklenmedik Sonuçlar, Neşe, Zarafet Sembolü

Kelebek şaman yolculuklarına hayat boyu rehberlik edecek Nagual olarak girmez. Dönemsel bir mesaj taşıyıcıdır; kişisel gelişimin önemli bir aşamasında geçici süreli rehberliğe gelir.

Kelt inancında kelebeklerin dünya yaşamını tamamlamış ruhlar olduğuna inanılırdı ve atalarının ruhlarına saygı ifadesi olarak yakalarına kelebek biçimli rozetler takarlardı. Ölen insanın ruhunun terk ettiği bedenin üzerinde bir süre kelebek olarak uçtuğuna inandıkları için de odada gerçekten kelebek görülmesi o ruhun doğru cennete gideceği işareti olarak kabul edilirdi. Kelebeğin yenilenme ve dönüşüm anlamı taşıması nedeniyle, tüm ateşlerin ve fenerlerin söndürülüp yeniden yakıldığı *Samhain* ve *Halloween* gibi törenlerde yeni ateşi yakmakta kullanılan meşaleye "kelebek" denirdi. Bazı şaman toplumlarda ise şamanın bir insanın rüyasına girmek için seçtiği şeklin kelebek olduğu kabul edilir. Tüm kadim halklar arasında kelebek öldürmek yasak, hatta tabudur çünkü bir canlı ruhun öldürüldüğüne inanılır.

Kelebeğin hayatı evrelerden oluşur; önce bir yumurtadır, sonra tırtıl olur, bunu koza hali izler, uzunca bir süreyi kozanın içinde geçirdikten sonra kelebek olarak dışarıya çıkar. Kelebeğin yaşam öyküsünde insan hayatıyla benzerlikler bulan edebi metinlere sıklıkla rastlarız. Ezoterik inançta koza dönemi ve kozadan çıkış imgelemesiyle, ölümün bir başlangıç olduğu, ruhun açığa çıkarak tekâmül ettiği benzetmesini görürüz. Dinlerin çoğunda meleklerin kanatlarıyla resmedilmesi biraz da bundandır.

İnsanların ruhsal dönüşüm süreci kelebeğinkine benzer. Çoğu kişi tekâmüle niyet eder ama süratli olsun ister; bunu gerçekleştirecek süreçte kendisine düşen emeği düşünmek istemez. Hatta pek çok kişi ise kendisini güvende hissetmek için değişiklik yapmamaya eğilimlidir. Oysa bulunulan noktadan ilerlemenin tek yolu değişim, dönüşümdür. Tırtıl kendisini sancılı bir değişime teslim etmeseydi nihai güzelliğine, kelebek formuna asla kavuşamazdı ve uçamazdı.

Değişimler bazen çok süratle deneyimlenebilir; bazen uzun zaman alır ve bir şey olmuyormuş gibi hissedilebilir. Koza örneğindeki gibi gözlerden uzak, fark edilmeden de değişilebileceğinin, her şeyin bir vakti zamanı olduğunun bilinci için rehberlik gerektiğinde Kelebek gelecektir.

Tırtılken ufacık bir bitki sapına tırmanabilmek için, tek bir lokma bulabilmek için harcanan emek büyüktür ve o ilk amaç sadece karnı doyurmaktır. Biz de dönüşüme niyet edince kitaplar okur, söyleşilere katılır, sürekli bilgi hazmederiz. Tırtıla benzer bir çabayla kozamızı örmek için beynimizde bütün bu hazmettiklerimizi biriktiririz. Belli bir doyuma ulaşılınca dinlenme ve farkındalığı hissetme dönemi başlar. Tekâmül, o kozada geçirilen doğum sürecidir. Bu süreç aynı zamanda hayatımızın en sıkıntılı dönemidir çünkü değişimimizi kendimiz görmeyiz. Ama bazı kısımlarımız serbestleşmekte, dönüşmekte ve değişmektedir. Kozadan çıktığımızda, artık aynı insan olmayız; ya biz çevremize uyumda zorlanırız, ya da eski tanıdıklar bu yeni bize alışmakta zorlanır.

Lewis Carroll mahlasıyla yazan Charles Lutwidge Dodgson'un *Alice Harikalar Diyarında* adlı kitabında Alice, Harikalar Diyarı'nın uçsuz bucaksız ormanlarında kaybolmuşken bilgeliği temsil eden Absolem adındaki yaşlı tırtıla rastlar. Tırtılın "Sen de kimsin?" sorusuna "Şu an için pek emin değilim. Aslında bu sabah uyandığımda kim olduğumu biliyordum ama o zamandan bu yana birkaç kez değiştim sanırım" diye cevap verir. Alice'i şaşkına çeviren dönüşümler, Absolem'i hiç şaşırtmaz çünkü dönüşmek, değişmek ve yeniden doğmak tırtılın doğasıdır.

Bu erk sembolizminin edebiyata en anlamlı biçimde girdiği roman Kelebek (*Papillon*)'tir. Henri Charriere'nin bu otobiyografik romanında işlemediği bir suçtan müebbet hapse mahkûm edilişinin, birkaç kez firar edip, her seferinde yakalanışının hikâyesini buluruz. Kaçma imkânı hiç olmayan, çevresi sarp kayalıklardan oluşan bir adaya sevk edildiği son mahkûmiyetinde denizin hareketlerinden ilham alarak son bir firar gerçekleştirir. Macera dolu bir kaçıştan sonra Venezuela'ya ulaşır ve bu ülkeye sığınır. Mahkûmiyetlerinin her birisi Charriere'i değiştirir, farklılaştırır ve sonunda Kelebek artık hürdür; yeni bir coğrafyada uçmaya hazırdır.

Güzelliğe ulaşana kadar geçtiği mücadeleler aklımızdan çıkmasa da, Nagual olarak Kelebek farklı mesajlar da taşır. Hayatın rüzgârlarıyla dans etmek gerektiğini söyler; bilinçli bir dönüşüm için seçimlerimizin önemini vurgular. Hayatın hiçbir evresinin sonsuza kadar aynı kalmayacağı, değişime bu farkındalıkla çaba gösterilmesi, Kelebek sembolizmin ana fikridir. Yaşamın her dönemi kendine özel amaçlar içerdikten sonra kanatlar açıldığında bu kanatlardan artık bambaşka bir enerji akmaktadır. Bu yeni kimliğimizle kendimizi rahat hissetmeye başladığımızda, güzel bir kelebek gibi çiçekten çiçeğe özgürce uçmaya başlarız ve Kelebek görevini tamamlamış olur.

Erk Hayvanı Olarak Kertenkele

Rüyaların ve Korunmanın Sembolü

Kertenkele fazladan bir gözü olması nedeniyle psişik yetenekleri ve üçüncü gözü temsil eden bir Nagual olarak kabul görür. Antik Yunan ve Mısır hermetik tradisyonunda hem bir ilah, hem de yaşamış bir bilge olarak kabul edilen Hermes'in (*Thot*) arabasını, bu yüce şahsın sırları keşfedici doğaüstü özelliğini vurgulamak için kertenkeleler çekmektedir. Antik Yunan'ın kehanet yöntemleri arasında kertenkelelerin hareketlerini izlemek vardır. Kertenkele, kehanetlerle o kadar ilişkilendirilmiştir ki, Tarot kartları, kristal küreler ve benzeri nesneleri kullanan kâhinlerin bile kertenkele enerjisini çağırarak işe başladıkları anlatılan metinler vardır.

Mitoloji ve efsanelerde Kertenkele, rüya zamanı ile ilişkilendirilir. Rüyalar, zihnimizin farkında olmadığımız en ince duyumlarını, sezgi, korku ve arzularımızı içerir; kendimiz için farklı gelecekler hayal ettiğimiz bir derin âlemdir. Kertenkele, rüyaları hatırlamamıza ve mesajları fark etmemize yardımcı olur. Doğru yorumlayarak bazı olayların fiziksel dünyada gerçekleşmesine hazırlıklı olmayı öğretir. Rüyaların jurnalini tutmak, hatıra defteri gibi yazarak kaydetmek önemlidir. Özellikle sembolik olan ve tekrar eden rüyaların çözümlemelerinde Kertenkele enerjisi yol göstericidir. Şaman yolculuğuna Kertenkele katıldıysa, içsel algılar güçlenecek, başkalarına danışmadan sezgilere güvenilir hale gelinecektir.

Güneşe bayılan, sıcak yerler bulup güneşin altında uzun uzun yatan Kertenkele'nin Welsh lisanındaki adı olan *lleufer* beyaz ışık anlamına da gelir çünkü Kelt'ler ruhun aydınlanma arayışını beyaz ışığın temsil ettiğine ve Kertenkele'nin spritüel gücüne inanmışlar, her ikisinin aynı kelimeyle adlandırılmasına karar vermişlerdir. Kertenkele, yerden gelen titreşimlere çok hassastır. Duyma hisleri şaşırtıcı ölçüde yüksek olduğu gibi, çok keskin gözleri sayesinde en belirsiz hareketleri bile görebilir. Eğer Nagual'iniz Kertenkele ise, psişik algılama konusunda tüm özelliklerinizi kullanabilme yeteneğiniz uyandırılmayı bekliyor demektir.

Güneş altındaki uzun dinlenmelerinde de sembolizm saklıdır. Ara sıra günlük olayların seyrinden, kalabalıklardan uzaklaştıran molalar herkese iyi gelir. Hayatın çok yoğunlaştığı, zamanın anlamsız koşuşturmalarla geçtiği, huzurun kaybedildiği ama bunun farkına varılamadığı dönemlerde Kertenkele, soluk almanız ve hayatınızda cereyan eden olaylardan kendinizi biraz ayırmanız gerektiği mesajını vermeye gelir.

Geçmişi geçmişte bırakmayı, ruhu esir tutan anılar zincirinden kurtulmayı öğretmeye gelen Nagual'dir. Eski düşünce ve alışkanlıkların bugünkü yaşama engel olduğu durumlarda, biraz içinize dönme, bugünkü gerçekliğinizi değerlendirme, sonrasında bir güven duygusuyla hayatınızda yeni bir bölüm açmanız gerektiğinde rehberlik verir. Şaman yolculuklarında hayatınızın hangi alanlarında değişiklikler yapılması gerektiğini söyleyecektir. Bir şeylerden kurtulma gerekiyor ve hele ki acil ise, dönemsel Nagual olarak da gelir.

Kertenkelenin ilginç bir özelliği avlanacağını anlayınca kaçmak için kuyruğunu kopartmasıdır. Kuyruk, kıvrılarak bükülerek canlıymış gibi geride kalır ve avcı hayvanın dikkati kuyruğa yönelmiş olur. Ancak bunu hayatlarında sadece bir kez yapabilirler çünkü eskisinin yerine uzayan yeni kuyruk artık omurlardan değil kıkırdaktan oluşur. Kuyruğunu ancak bir kez koparabilmesindeki sembolizm, önemli hallerde seçimlerin çok akıllıca yapılmasıdır; tekrarı mümkün olmayacak ve sonucu uzun süre deneyimlenecek seçimlerdir bunlar. Kertenkele'nin kuyruğunu yeniden yaratabilmesini yılana benzeten bazı toplumlarda yılan gibi, Kertenkele'nin de şifalandırıcı etkisine inanılırdı. Hatta İrlanda'da eski çağlarda rastlanan bir şifa tekniğinde tedavi edilemeyen cilt yaralarında hastaya kertenkele yalatıldığını yazan metinler vardır.

Kertenkele, hayatımıza layık olduğu değeri kazandırmak için doğru seçimler yapmak, sezgilerimizi uyandırmak ve geliştirmek öğretisi taşıyan güçlü bir erk hayvanıdır. Zayıf ve güçlü yönlerimizi gösterir; değişim enerjisini teşvik eder, yüreklendirir, güçlendirir.

Erk Hayvanı Olarak Köpek

Sadakat, Koşulsuz Sevgi, Koruma Sembolü

Tarih boyunca köpekler keskin koku alma ve duyma becerileriyle kabileyi beklenmedik saldırılardan koruyan, avlarında yardımcı olan dost bir hayvan olarak çok sevilmiştir. Köpek erki taşıyan insanlar da, şu ya da bu şekilde insanlığa hizmet eden, insanların kusur ve ihmallerine karşı derin anlayış taşıyan kişilerdir. Köpeğe psişik özellikler atfedilir çünkü insanların aşina olmadığı belli belirsiz enerji titreşimlerini rahatça hissederler. Başka hayvanlarda olduğu gibi, depremi önceden sezmeleri ve sahiplerini oradan kaçmaya yönlendirmeleri bilinen hikâyelerdendir.

Hassas, zeki ve sadık olan, kendini hiçe sayarak hizmet eden, ille övgü beklentisinde olmayan Köpeğin kötü davranan bir sahibi bile sevebilmesinde koşulsuz sevgi ve bağışlayıcılık öğrenilir. Nagual olarak şaman yolculuğuna girmişse, aynı koruyucu özelliklerinize, başkaları için fedakârlıktan kaçınmadığınıza, her ihtiyacı olanın yanına koştuğunuza, manevi şeylere maddi kazanımlardan daha fazla değer verdiğinize işaret ediyor olabilir. Ancak, kulağa çok güzel gelen bu vasıflar, iyi niyetinizden fazlasıyla faydalanılması ve hatta istismar edilmeniz tuzaklarını barındırır. Başkalarına gösterdiği saygıyı kendisine duymakta zorlanan, başkalarına verdiği değeri kendisine vermeyenler sadık ama mutsuz hayatlar yaşayacaktır. Bu Nagual kendinize de aynı sadakatle sahip çıkmanızı, kendinizin de en iyi dostu olmanızı hatırlatmak isteyecektir.

Eğer tamamen tersi bir durum varsa, toplum içerisinde pek sevilmeyen, yalnız bırakılan bir kişi bunun sebebini anlamayarak mutsuzluğa düşüyorsa, eksik tarafının sevgi, şefkat sunmak olduğunu bilmiyorsa, sadakatte kusur ederek çevresini hayal kırıklığına uğratıyorsa, bu vasıfların önemini göstermek için de Köpek gelecektir. Sevgi göstermekte zorlanan, cömert olamayanlara Nagual olarak bu vasıfların gelişmesinde rehberlik sunacaktır. Aile ve arkadaşlık duygularının tartılması ve gereğinin yapılmasına işaret etmeye de gelmiş olabilir.

Nagual'in ne tür bir köpek olduğuna, avcı köpeklerden mi, bekçi köpeklerden mi, evcilleştirilmiş köpeklerden mi olduğuna bakarak o türün özelliklerini araştırmak ayrıca yol gösterici olacaktır. Bu özelliklerden her birisi, yaşadığınız hayatta ihtiyaç duyduğunuz vasıflara ya da sahip olduğunuz özelliklere işaret ediyor olabilir. Halk arasında köpeğin sahibinin özelliklerini yansıttığı şeklinde bir ifade kullanılır; sahiplerini sürekli gözlemleyerek, adımlarını önceden tahmin edip ayak uydurarak adeta sahiplerine ayna tutar gibidirler. Dolayısıyla, öğrenmek isteyenler için köpekler çok iyi hocalardır.

Erk Hayvanı Olarak Köpek Balığı

Korkusuzluk, Uyum Sağlama, Bağımsızlık Sembolü

Köpekbalığı erki içerisinde hayatta kalma mücadelesi, koruyuculuk, duygusal dönüşüm özellikleri de sayılabilir. Tehlikeli, ne yapacağı belirsiz ve bu nedenle güvenilmez şeklindeki şöhreti korku hatta dehşet duygusu yaratsa da karnı tok ve yalnız bir köpek balığı genelde oldukça sakindir; ancak sürü halinde yüzerlerken ne yapacakları gerçekten belirsizdir ve taşkınca davranırlar.

Köpek balığının Nagual olarak geldiği kişinin hayatının o döneminde korunmaya ihtiyacı olduğu anlaşılır. Yaşamın bazı dönemlerinde çatışmaya gireceğimiz insanları ve olayları kendimize çekmiş olabiliriz. Hayatınızda ancak ürküterek uzaklaştırmak gereken bir insan veya bir durum varsa, yardıma çağıracağınız Nagual'dir. Tek bir damla kan kokusunu o damlanın elli milyon katı suyun içerisindeyken alabilen Köpek balığı, sezemeyeceğiniz tehlikeleri önceden fark etmenizde rehberlik yapacak, olumsuz şeylerle çarpışmaktan koruyacak, onları uzaklaştırıp kovacak, hatta tamamen kurtulmanızı sağlayacaktır. Mücadele gerekiyorsa bu gücü ve özgüveni verecektir.

Balıklarda iç organların üzerinde, su içinde balığın dengede durmasını sağlayan balon biçiminde hava keseleri olur. Köpek balığında bu yüzme keseleri olmadığından okyanusun dibine gömülmemek için sürekli yüzmek zorundadır. Yaşamın ayakta durmayı, direnmeyi zorlaştırdığı, insanın sorunların altına gömülerek hayata inancını kaybetmeye başladığı zamanlarda şaman yolculuğuna girecek olan bu Nagual su üzerinde kalmanın rehberliğini verecektir. Duygusal çatışmaların içerisinde nasıl yüzüleceğini, bu çatışma dalgalarından üstelik yararlanmış olarak nasıl çıkılacağını öğretir. Bulunulan tüm ortamlara uyum göstererek hayatı kolaylaştırmayı, koşullara uygun biçimde hareket etmeyi öğretir. Şaman yolculuğunda genel olarak balıklarla karşılaşıldığında hatırlanması gereken hangi yöne doğru yüzdükleridir. Aşağıya doğru yüzen balık, ruhun sarmallarını, karışıklığı sembolize ederken, yukarı doğru yüzen balık ruhun tekâmülünü, gelişimini temsil eder.

Köpek balığı erki taşıyanların kendilerine sürekli meşguliyetler bulmaları, hareketli olmaları yararlı olacaktır. Hatta işkolik denilen insanların Nagual'leri çoğunlukla köpek balığıdır ve en altından kalkılamaz denilen işleri becerebilenlerdir. Nagual'lerinin koku alma becerisini edinerek özel hayatlarında neyin doğru neyin yanlış olduğunun kokusunu süratle alırlar.

Köpek balığı bizleri hayatın en yaratıcı elementi olan suya bağlar. Çağlar boyunca su duygusal dönüşümle ilişkilendirilmiştir. Nagual olarak hayatımızdaki duygusal cereyanları gösterir, kuşkulu ve loş sularda berrak görebilmeyi öğretir. Ayrıca sudaki basınç dalgalarına ve elektromanyetik akımlara karşı çok duyarlı olduğu için kişiye kendi algılarını nasıl geliştireceğini öğretmeye gelir.

Nagual olarak Köpek balığı sükûnete ihtiyacı olan, dengeli yaşamayı öğrenmesi ve bunun için kendisine zaman ayırması gereken insanlara, uyumsuzlukları fark etmezse dengelerin beklenmedik şekilde bozulacağı zamanlarda da gelir; bunlara dikkat çekecektir. Bu rehberliğin eksikliğinde endişeli, aşırı duyarlı bir hal alabilir, aşırı sinirli ve saldırgan olabilirler. Naguali Köpek balığı olanların meditasyon, tai chi, yoga yapmaları huzurlarını kazanmaları için yararlı olacaktır.

Şaman yolculuğunuza Köpek balığı girmişse, genellikle özel bir duyunuzun uyandırılması gerektiğinden de olabilir. Duru görü yetinizin, mesaj veren rüyalarınızın veya öteleri duyuş yeteneğinizin gelişmesini sağlayacak, ruhsal âlemle daha yüksek bağlantılar kurabilmeyi öğretecektir.

Erk Hayvanı Olarak Köstebek

Toprak Enerjisine Bağlılık, Dokunuşlara Hassasiyet Sembolü

Köstebek, insanın dokunma duyusunu güçlendiren bir erktir. Yaşamın, sevginin dokunmayla zenginleşeceğinin önemine işaret eder. Bu dokunma, başka hayatlara dokunabilme anlamında olarak psişik güçlerin gelişimini de ifade eder. Köstebek, insanlara sezgilerine güvenmelerini söyler; bir dokunuş ile doğru ve yanlışı ayırt edebilme metaforunu taşır.

Köstebek, Alt Dünyaların gizemini taşır. Hep kazan, hep arayan ve aradığını mutlaka bulan bir hayvan olduğu için gözle görünmeyen, gizemli olanın keşfinde rehberlik eder. Sembolizminde insanların çok derinlere dalarak aramaya uğraştığı şeyin çoğunlukla inanç olduğu vurgusu gizlidir ve yol göstericiliğinde inancın aranışı ve inanca kavuşma gerçekleşecektir. Şaman öğretisinde öğrenme kadar, sahip çıkma ve koruma erdemleri saklıdır. İnanç sadece ulaşılınca değil, sahip çıkılınca değerlenir. Köstebek gözlerini kaybederek evrimleşen bir tür olarak toprağın altında görmeyen gözlerle yiyeceğini arar. Burada simgelediği kavram, inancın ille gözle görülerek değerlendirilecek bir şey olmadığıdır.

Köstebek kendi yaşam örneğini sunarak, yüksek hayallere ulaşmak için bazen çok karanlık yollardan geçmenin gerekebileceğine işaret eder. Sembolizminde bilinmedik bir geleceğe sadece inanarak yürünebileceğini, bazen hayatta en doyurucu mutluluklara ve hedeflere gözü kapalı olarak ama inançla kavuşulabileceği vardır. Kuşkuyu bırakması gereken insanlara şüphe ve endişeyle bir yere varamayacağını söyleyen Nagual'dir. Bazı hayvanlar temkinli olmayı öğretirken, Köstebek aydınlıklara çıkabilme yolunun temkini bırakmakla mümkün olacağı kişilere rehberlik eder. Kanıtlanmadan, gözle görmeden inanmayan, inanmayınca eyleme geçmeyen, eyleme geçmeyince mutluluk hedeflerine ulaşamayan kimselerin Nagual'idir. Aşkın, ruhsal deneyimlerin, hatta geleceği şekillendirecek pek çok hayalin kuşkusuzca çıkılan yolarda ulaşılacak ödüller olduğunu öğretecektir.

Köstebek bir deyim olarak kendi ülkesinin casus teşkilatı içerisinde ya da bir firmada karşı taraf adına casusluk eden kişiler için kullanılır. Bu deyimin seçilmesi sadece köstebeklerin fiziksel hayatından esinlenildiği için değildir. Nagual olarak Köstebeğin kolektif bilinçaltındaki sembolizminden kaynaklanır. Bu erkin tanımlandığı başlangıç paragrafındaki şekliyle Köstebek "insanların çok derinlere dalarak arama uğraşını, kazarak arayanların aradığını mutlaka bulacağını" temsil eder; "gözle görünmeyen, gizemli olanın keşfinde" rehberlik eder. Mike NeWel'in *Donnnıe Brasco,* Michael Mann'ın *The Insider,* Martin Scorsese'nin *The Departed* filmleri ile John le Carré'nin romanından sinemaya uyarlanan *Tinker, Tailor, Soldier, Spy* gibi derin arayışları konu ederek işleyen çok sayıda filmin orijinal adları farklı olduğu halde Türkçeye "Köstebek" olarak tercüme edilmiş olması ilginçtir.

Köstebek erkinin varlığı içgüdüleri geliştirecek ve sezgileri güçlendirecektir. İnsanın güvenilir sandığı bir kişi aslında kendisi için yanlışsa, ilişki tehlike arz ediyorsa Köstebek rehberliğinde bunu fark edecektir. Ya da henüz tam olarak ortaya çıkmamış fırsatları, başkalarının fark etmediği olanakları sezmeyi öğrenecektir. Zihin aksini söylese de, sezgilerini izleyerek haklı çıkacağını görecektir. Köstebek rehberliğiyle duygular doğru yönlendirilir ve akla uygun sonuçlar çıkartılacak şekilde yorumlanır. Konuları yüzeyden değerlendirme hatası yapıldığında, neler olup bittiğini araştırmak gerektiğinde, bu Nagual'in yol göstericiliği değer kazanacaktır.

Şaman yolculuğunda Köstebek ile karşılaşanların sorması gereken sorular şunlar olabilir:

Görme, koklama, dokunma, tatma olsun, içsel algılama olsun, duyularıma güvenir miyim?

Başkalarının söz ve yargılarından hemen etkilenerek kendimden şüphe eder miyim?

İçgüdülerimi dinler, sezgilerime itimat eder miyim?

Bilincin en önemli basamağı kendimizle yüzleşmek olduğundan kendimizi tanımadan, ruhumuzu çözmeden geleceğimizi hazırlayamayız. Sezgilerini dinlemeyi ve anlamayı öğrenmekte zorluk çekenlere rehberliğe gelen Köstebek karmaşık bilgileri bilgeliğe dönüştürecek, zihni ve ruhu besleyecektir. Nagual olarak hayatınıza girdiğinde "hoş tesadüfler" sanılacak eşzamanlı olaylar sıklaşarak varlığını fark ettirmeye çalışacaktır.

Neye inandığından, ne bildiğinden emin olmayan, hangi inançlara neden sahip olduğunu bilemeyen kişilere bu araştırmasında yol göstericilik yapacak ve kendisini daha iyi anlayıp tanımasında rehberlik edecek olan değerli bir erk hayvanıdır.

Erk Hayvanı Olarak Kuğu

Zarafet, Uyum, Sorumluluk Sembolü

Kuğu'nun erki, dengeli olma, iç güzellik, masumiyet, onur, özsaygı kavramlarını da içerir. Rüya sembollerinin anlaşılması, ruhsal tekâmülün farkındalığı, sezgisel yeteneğin gelişimi, kehanet, başkalarıyla ilişkilerde merhamet ve nezaket, son olarak da verilen söze bağlılık erkini temsil eder.

Kuğu zarafeti ve güzelliği nedeniyle aşk ile şiir ile müzik ile ilişkilidir ve aşk tanrıçası Venüs'ün kutsal kabul ettiği hayvandır. Antik Yunan eserlerinde kuğu, lir eşliğinde şarkı söylerken resmedilir, Kelt tradisyonunda ise ruhu, yani sonsuzluğa uzanan özümüzü simgeler. İrlandalı saz şairleri hem ozan hem de müzisyendiler ve kuğu tüylerinden yapılmış pelerin giyerlerdi. İrlanda masallarından en bilineni olan "Lir Çocukları", kuğuya dönüşmüş çocukları anlatır. Bu kuğu çocuklar o kadar güzel şarkı söylerler ki, dinleyenler dertlerinden, tasalarından kurtulur ve huzur içerisinde uyurlar. Maya efsanelerindeki "şekil değiştirme" öykülerinde kuğuya dönüşen Şamanlara sıklıkla rastlarız.

"Çirkin Ördek Yavrusu" adlı masal, kardeşlerine benzemeyen ve çirkin olduğu için ailesinde dışlanan ördek yavrusunun dünyanın en zarif kuşu olan Kuğu'ya dönüşümünün öyküsüdür. Anlatılmaya çalışılan sadece ilk izlenimlerin yanıltıcılığı değildir; gerçek güzelliğin içten içe büyüyüp geliştiğinin bilgeliğidir. Kuğu, hepimizin derinliklerinde içsel bir zarafet ve güzellik olduğunu öğretmeye gelir, özgüven ve özsaygı eksikliklerimizde rehberlik eder. Kendi gerçek güzelliklerimizin farkına vardıkça, yeni gerçekliklere köprüler kurabilir ve yeni güçler kazanma becerimizi geliştiririz. Kuğu rehberliğinde fiziksel ve ruhsal benliğin iç güzelliğini hissetmeyi, kendimize güvenmeyi, fiziksel ve manevi varlığımıza şükretmeyi öğreniriz.

Şamanik anlamda zarafet sadece uyumlu bir hayat sürmekten ibaret değildir. Hem sıradan, hem de sıra dışı dünyada aynı rahatlığı, özgürlüğü ve huzuru hissedebilmektir. Dış görünümümüzden çok daha fazlasına sahip olduğumuzun bilincine varmak, maddi ve manevi varlığımızın bütününün farkında olmaktır. İnsanı yalnızca kendi iç güzellikleriyle buluşturmaz; başkalarının derinliklerinde yatan güzellikleri göremediğimizde de Kuğu çıkagelir.

Nagual olarak farklı bir bilince dönüşme, sezgisel becerileri geliştirme vaktine işaret etmektedir. Hayatımıza özel bir şifa girer; yaşama tutunuş, yaşamın farkındalığı derinleşir. Bu farkındalık akışa bırakmakla kastedilen, derin, sezgisel, huzur dolu ruh hali, yaşamda süzülerek ilerleme becerisidir. İç sesimizi daha iyi duydukça rehberliği güçlenen Kuğu'nun sesi netleşir, şarkılarını daha sık fısıldamaya başlar. Bu şarkılarla içimizdeki çocuk uyanır; yani iç güzelliğimiz, masumiyetimiz, bilincimiz yükselir, geleceğe ilişkin kehanet gücümüz artar.

Kuğu suda zarafetle süzülürken ardında su dalgacıkları bırakmaz. Çaba göstermeksizin sergilediği doğal güzelliğiyle hayatın cereyanlarında aynı zarafetle süzülmeyi, dalgalara karşı mücadele etmeden akmayı temsil eder. Ayrıca diğer su kuşları gibi beslenirken bütünüyle suya dalmaz, sadece başını ve uzun boynunu suyu sıyırır gibi daldırır. Su, dişil sezgiler ve duygularla ilişkilidir. Hissettiklerimizi duygusal dalgalara kapılmadan izlersek o hislerin bizi doğru düşünce ve kararlara yönlendireceğini öğretir; sezgilerimizi ancak sükûnet içerisinde fark edebileceğimizi gösteren muhteşem bir rehberlik sunar.

Kuğular eşlerini hayat boyu eşlik etmek üzere seçer, değiştirmez, birbirlerine adanmış çiftler oluştururlar. Bağlılık yeminlerini veya başka alanlarda verdikleri sözleri tutmakta zorlanan insanlara Kuğu rehberliği, seçimlerini sevgiyle yapmayı ve sürdürmeyi öğretecektir. Taahhütte bulunduğumuz şeylere layık oldukları önemi vermenin kişisel tutarlılık, fazilet, hatta namus olduğunu öğretmeye Kuğu gelir.

Göç ederken V formasyonuyla çok yükseklerde uçan Kuğuların kanat çırpışları yavaş ama son derecede düzenli bir tempodadır. Uzaktaki hedeflerine yorulmadan ulaşabilmelerini sağlayan dayanıklılık bu kanat çırpış ritmindedir. Nagual olarak Kuğu bir şeyin peşinde olduğumuz zaman bu örnekle rehberlik edecektir.

Şamanik inançta Kuğunun büyük kanatları göksel bilgileri toplar ve sunar. Kar gibi tüyleri kozmik masumiyeti ve ihtişamı sembolize eder. Uzun ve zarif boyunları, sıradan ve sıra dışı âlemler arasında köprü görevini görür; bedensel ve ruhsal varoluş arasındaki bilgeliği taşıyan köprüdür.

Erk Hayvanı Olarak Kunduz

Ortak Zihin, İnşa Edicilik, Usta Yaratıcılık Sembolü

Kunduz erkinde üretken olma, mevcut imkânları ve farklı seçenekleri ustaca kullanma, ısrarcı ve azimli olma yetenekleri vardır. Kunduz, hayatın akışına set çekmeden her şeyin "inşa edilebilir" olduğuna işaret eder. Ekip çalışmasının dinamiğini, korumacılığı, doğurganlığı, bereketi ve yenilikleri temsil eder.

Maharetleri ustalıkları nedeniyle kunduzların inşaat becerileri masonluk tabir edilen kadim duvar işçiliği ile ilişkilendirilir. Bu Naguale sahip insanlar geçmiş hayatlarına dair derin çalışmalar yaptıklarında, masonluğa özgü sihirli işçiliği deneyimlemiş oldukları bilgisiyle karşılaşılabilirler. Kunduzlar yaşadıkları çevreyi kendilerine uygun biçimde değiştirirler. Çamur ve yapraklarla birleştirilmiş tahtalardan inşa ettikleri baraj sistemleriyle akarsuları göle dönüştürürler. Yaptıkları barajlar son derecede güçlü ve güvenlidir. Nagual olarak Kunduz, bastığınız temeli sağlamlaştırmanızı ya da yenisini inşa etmenizi isteyecektir. Eskimiş temeller üzerine yeni hayatlar inşa edilemez. Kunduz eski, sınırlayıcı inanç sistemlerini terk etmeyi öğretecek, canlandırıcı yeni maceralara atılmaya hazırlayacaktır.

Kunduzlar bir bölgeyi terk ettiklerinde baraj yavaşça parçalanır, çözülür ve gölden geriye bereketli bir otlak kalır. İnsanlığın ders alması gereken bir çevrecilik örneği görürüz. Yuvalarını nereye yapacaklarına, bu yuvayı koruyacak barajın nasıl olması gerektiğine karar verdikleri anda keskin dişleriyle ağaçları devirir, sonra da sayısız giriş ve çıkışları olan karmaşık yapılar inşa ederler. Kunduz yuvalarının çok sayıdaki giriş ve çıkışları, inşa sürecinde defalarca değişiklik yaptıklarını gösterir; adaptasyona açık olduklarını, şartlara uyumlanmayı bildiklerini anlarız.

Kunduz insanlara rüyaların eylem gerektirdiğini, eylemsiz hayalciliğin kişiyi sonunda bezgin ve karamsar yapacağını öğretir. Şaman yolculuğuna Kunduz girmişse, kendimize sormamız gerekenler hayallerimizi ihmal edip etmediğimiz, rüyalarımızı unutup, arzularımızı rafa kaldırıp, eylemsizce gezip gezmediğimizdir. Zaman

zaman pek çok kişinin aklına harika bir fikir gelir; ancak sorun o fikri hayata geçirmek gelip çattığında çıkar. Zorluklarla karşılaşınca, uyanınca kaybolan rüyalar gibi, o harika fikir solmaya başlar.

İnsan bir şeyi hayal etmeye başladığında, gözünde canlandırdığı ilk şekle, ilk aklına gelene odaklanır. Oysa o ilk fikir, yaratmanın bittiği değil, başladığı yerdir; gerçekleştirme sürecinde hem koşullar, hem kendimiz değişebiliriz. Bir vizyonu hayata geçirirken düzeltmeye, geliştirmeye, yeni fikirler üretmeye açık olunmalıdır. Değişen koşullar, yeni oluşan düşünceler görmezden gelinirse, bir noktada takılıp kalınabilir. Filizlenen yeni fikirleri önemsemek, iyileştirici bir şey akla gelmişse ilk tasarımı ona uygun biçimde değiştirmek, başlangıçta hayal edilenden daha mükemmel bir sonuç ortaya çıkarabilir. Kunduz erkinde esnek ve değişimlere açık olarak ve yılmadan üretme becerisi vardır. Herhangi bir sorun çıkar çıkmaz onlarca hayalinden vazgeçenlerin rehberliğine Nagual olarak Kunduz gelir.

Yuvalarını düzenli bir işbirliği içerisinde inşa eden Kunduzlar ekip çalışmasının mükemmel örnekleridir. Her şeyin her koşulda gerçekleştirilebileceğini ancak bunun mümkün olması için tüm bireylerin özveriyle becerilerini katması ve uyum içerisinde birlikte çalışması gereğini öğreten Nagual'dir.

Ekip çalışması bireysel egoların karıştırılmadığı bir beraberlik ruhunu taşımaktır; bir amacın uyum içerisinde gerçekleştirilmesini ifade eden eylemselliktir ve bunlar Kunduz'un ustalık alanıdır. Fiziksel hayattaki ortak zihin kavramı, ruhsal âlemdeki birlik ruhu anlayışıyla örtüşür. Kunduz erki hepimizin aynı kaynaktan geldiğimiz anlayışına rehberlik eder. Her bireyin kendisine özel olan vasıfları, ortak bir amaç için başkalarıyla birlikte çalışmakla zenginleşecektir. Bireysel özellikleri bütünün hayrında birleştirebilme erdemi Kunduz'un rehberliğidir. Birleşik bir zihnin ortak çabası tek başına gösterilen gayretlerden daha görkemli eserler yaratacağı için, bundan kaçınanların şaman yolculuklarında Kunduz yol göstericiliğe gelir.

Kunduzun iri ön dişleri belirgin ve ayırıcı bir özelliğidir. İlginçtir ki, kesici dişleri sağlıklı olan insanların çoğunlukla dengeli bir kişiliği olduğu, bu dişlerde sorun yaşayanların ise değişken ruhsal yapıları olduğu gözlemlenmiştir. Nagual'i Kunduz olanlara ruhsal huzur için meditasyon ve ara sıra sessiz geçirilecek süreler iyi gelecektir. Kunduzlar iyi yüzücülerdir ve nefeslerini kontrolleri mükemmeldir; on beş dakikaya uzanan sürelerde suyun altında kalabilirler. Nagualiniz Kunduz ise, yoga ve nefes çalışmalarından büyük yarar sağlayacaksınız demektir.

Erk Hayvanı Kurbağa

Şifalanma, Yeniden Doğuş Sembolü

Kurbağa erkinin özünde hayatın tümüyle ortak bağlar kurmaya teşvik vardır. Değişim, dönüşüm, paklanma, şifa verme, su enerjilerini de temsil eder.

Kurbağalar hem suda, hem karada yaşayan amfibi hayvanlardır; hayatlarının ilk döneminde sadece su içerisinde yaşar, sonra karaya ayak basarlar. Hiçbir zaman su kaynaklarından uzaklaşmayan Kurbağa, Maya inancında şifacılık imgesi olarak algılanır. Kelt mitolojisinde insanların ve toprağın ihtiyacı olduğunda, yağmuru Kurbağa'nın yağdırdığına inanılır. Günümüz bilim insanları kurbağa türünün tüm eko-sistemin sağlık durumunu yansıttığını söylerler.

Nesebine, yani doğurduklarına sahip çıkan kurbağa türleri çok az sayıdadır. Çoğunlukla çiftleşmelerini takiben yumurtalarını terk ederler. Bu nedenledir ki, Nagual'i Kurbağa olan kişilerin hayatlarında ebeveynliğe ya da genel anlamda yaşamı sürdürmeye dair derslere rastlarız. Ayrıca Kurbağa, dönüşümle yakın ilişkilidir. Genellikle, kurbağalar iki dönemli bir yaşam döngüsüne sahiptirler. Yumurta olarak dünyaya gelirler, yumurtalar çatlayınca çıkan yavruların kol bacak gibi uzuvları yoktur, sadece suda yaşayabilen kuyruklu larvalardır. Büyüdükçe bacakları, akciğerleri oluşur ve kuyrukları yavaşça kaybolur. Sembolizminde çarpıcı değişim ve dönüşümleri ifade eden Kurbağa yaratıcı gücün farkına varılmasına ve eyleme geçmeye davet eder. Şaman yolculuğuna girdiği sırada hayatınızın hangi döneminde olduğunuzun farkındalığını uyandıracaktır. Bu farkındalık hayatın aslında bir gelişim süreci, değişim ve dönüşüm içeren bir mucize olduğunu algılamayı kolaylaştıracaktır.

Kurbağaların çoğunlukla böceklerden oluşan avlarını süratle fark etmelerini sağlayan keskin gözleri kafalarının her iki yanında ve dışarı doğru çıkık olduğu için, neredeyse 360 derecelik bir görme alanına sahiptirler. Gözlerinin arkasındaki disk şeklindeki zar ses dalgalarını toplayan ve iç kulağa, sonra da beyne ileten bir kulak vazifesi görür. Olağanüstü görme kabiliyeti ve bu güçlü işitme yetisi birleşince kurbağa sembolizmindeki *clairsentient* (öteyi duyabilme) ve *clairvoyant* (öteyi duyabilme) özellikler temsil edilmiş olur.

Kurbağalar insanlarda olduğu gibi akciğerlerindeki havayı ses telleri üzerinden güçlü biçimde dışarı üfleyerek ses çıkartılar. Çıkardıkları ses oldukça karmaşıktır ve çeşitli seslerle farklı mesajlar verirler. Bu özellikleri Nagual olarak lisan konusuna dikkatimizi çeker. Kurbağa rehberliğinde olan kişilerin lisana çok vakıf olduklarını ve çoğunun ikiden fazla dil konuştuğunu görürüz.

Su yeryüzünü temizler ve ihtiyacı olan tazeliği verir. Yenilenme kavramı sıklıkla su ile ilişkilendirilir; su, blokajları kaldırılabilen, enerjinin serbest akışıyla iyileştiren en önemli şifa simgesidir. Su enerjisini çok güçlü olarak temsil eden Kurbağa, biriktirdiğimiz duygusal atıklar bizi zehirlemeye başladığında, yüreğimizin dibinde yaşam sevincimize set vuran bir bataklık hissedilir olduğunda şaman yolculuğuna girecektir. Uyumlu ve huzurlu yaşamaktan alıkoyan fiziksel ve zihinsel negatif enerjileri yıkamaya, temizlemeye gelir. Doğuştan sahip olduğumuz kendini şifalandırma yeteneğini geliştirmeye yardımcı olur. Kaldı ki, Kurbağa hem suda hem de karada yaşayabildiğinden, iki elementin de, suyun da, toprağın da sihrini taşır. Çamur, su ve toprağın karışımıdır; vücudu toksinlerden arındırıcı terapilerde sıklıkla kullanılan bir şifa yöntemi çamurdur. Nagual'i Kurbağa olan insanların hassas bünyelerine çamur banyoları iyi gelir.

Şifanın en derini duygusal alanda çalışılarak elde edilebilir. Duygular ve özellikle gözyaşları suyla ilişkilidir. Kimi kültürlerde ağlayan insanın zayıf ve olgunlaşamamış olduğu kanısıyla aşağılayıcı "sulu göz" ifadesini görürüz. Oysa duygusal boşalmadan mahrum kalırsak, acı duyguları depolamakta ısrarcı olursak, yaşamın ağır bir külfet haline dönüştüğünü görebiliriz. Nagual olarak Kurbağa, gözyaşlarının yağmur kadar doğal ve gerekli olduğunu anlatır, duyguları serbest bırakmayı öğretir.

"Kurbağa Prens" masalında Kurbağa erkini anlatan güçlü bir mesaj vardır. Farklı anlatımlarından bir tanesinde Kraliçe hastadır, iyileşmesi için içmesi söylenen saf su çirkin bir kurbağanın yaşadığı kuyudan alınmak zorundadır. Kurbağa kendisiyle evlenmeyi kabul etmeyene kuyudan su vermediği için en küçük kızı evlenmeyi kabul eder ve annesi iyileşir. Masalın sonunda kurbağa yakışıklı bir prense dönüşür, küçük prenses mutlu olur. Masalın kıssadan hissesi, kendimizi veya başkalarını şifalandırmak için bazen çirkin bulduğumuz veya gizlediğimiz şeyleri kabul etmemiz, beğenmediğimiz özelliklerimizle yüzleşmekten korkmamamızdır. Kişiliğimizi tüm yönleriyle kabulümüzle, görmekten kaçındıklarımızın paklanacağını anlatmaya gelir Kurbağa. Gerçek güzelliğimizin ışıldamaya başlaması, yağmurdan sonra açan güneş gibi içimizi ve dışımızı aydınlatacaktır.

Kurbağa, gücünüzün farkındalığına ulaşmanızı, tekdüze hayatın içerisinde bataklığa saplanmamanızı hatırlatmaya gelir. Kendinize ve ihtiyaç duyanlara şifa verebilecek, bir ortamdaki negativiteyi temizleyebileceksiniz demektir.

Erk Hayvanı Olarak Kurt

Sosyal Değerler, Doğayla Ritüelistik Bağlar, Sezgi Sembolü

Kurdun temsil ettiği diğer kavramlar aile, sadakat, ruhsal güç ve zekâdır. Yeni yollar, yeni maceralar, çevreye uyum ve özgürce hareket sembolizmi de taşıyan Kurt, değişim dönemlerinde başarıya çabuk ulaşmayı öğreten Nagual'dir.

Amerika'nın yerli halkları Kurdun insanlara benliğin derinliklerine ulaşmanın, sezgileri güçlendirmenin yolunu gösterdiğine inanır. Bunu sembolize eden imge, ay ışığında uluyan kurt görüntüsüdür. Kurdun yol göstericiliğine inanan ve destanlarında bunu anlatan kadim kavim Orta Asya Türkleridir. Astrolojide Kurt, Aborjinler gibi bazı kavimlerin atalarının dünyaya geldiği yer olarak kabul ettiği Sirius yıldızıyla ilişkilendirilir.

Kurtlar, yaban hayvanları arasında en yanlış anlaşılmış olanlardır. İnsanın kanını donduran onlarca hikâyelerine rağmen çok arkadaş canlısı, zeki ve sosyal hayvanlardır. Kurdu düşman ilan eden hikâyeler ve filmlerle bu temayı fazlasıyla işleyen Amerika Birleşik Devletleri'nin böyle yapmasının sebebi asırlardır kurtların doğal yaşam alanlarına çiftlikler kurmuş olmaları ve çiftlik hayvanları için tehdit oluşturan kurtların avlanmasına ilgisiz kalınmasını sağlayabilmekti. İnsanlar tüm canlıların ortak yaşam hakkı konusunda bilinçlendikçe, çiftçilerin tepkilerine rağmen, doğal alanlarda kurtların yeniden yaşaması için büyük çabalar harcanır oldu.

Kurtlar sürüler halinde avlanırken günlerinde doksan kilometreye ulaşan güzergâhlar kat edebilirler. Dayanıklılık ve güç sembolü olarak gücünü geliştirmenin önemini öğretmeye gelen bir erktir. Sebat etmeyi, kendini koruma ve düşmanları alt edecek beceriler kazanmayı, değişim rüzgârlarından yararlanmayı öğretir.

Kurtlar sürü halinde yaşar ve son derecede arkadaş canlısı hayvanlardır. Eşlerini ömür boyu birliktelik için seçer, güçlü bir aile duygusuyla yavruların yetiştirilmesinde ortak sorumluluk alırlar. Sürüleri çok organize yapılıysa da, birey olarak her kurt gerçek anlamda özgür bir ruhtur. Kavgadan kaçınma için her yolu deneyen Kurtlar duruşlarını biraz değiştirerek, bir homurtu veya hırlamayla, ya da keskin bir bakışla, şiddet kullanmalarına gerek kalmadan belayı savabilirler. Bu özelliklerinin bizlere verdiği mesajda kaynaklarımızı israf etmeden sorunlardan kaçınabileceğimizi buluruz.

Kurtlar kendilerini ifade etmek için beden dilini fazlasıyla kullanırlar. Kızgınken kulaklarını dimdik kaldırır ve dişlerini çıkarır, kuşkuluyken kulaklarını geri çeker ve gözlerini kısarak bakar, korktuklarında kulaklarını kafalarına dümdüz yapıştırırlar. Oyun oynamak isteyen bir kurt dans eder ve oyunbaz hareketlerle başını eğer. Beden dili insanlar için de sembolik önem taşır ve çoğu insan mesajlarını beden diliyle iletir. Nagual olarak bu konuyu araştırmanızı, kendinizi daha iyi ifade etmede ve başkalarını daha iyi yorumlamada bu bilgilerden yararlanmanızı önerecektir.

Yazar Murat Tunalı'nın kendi internet sayfasında paylaştığı Kurt yürüyüşü çok etkileyicidir. Önde sürünün en zayıf, hasta üç kurdu gider. Bir pusu varsa sürünün haberdar olması için ilk onlar ölmeyi seçmişlerdir. Daha önemlisi, arkadan gelenler için karda ilk yolu onlar açmış olurlar. Bu üç kurdun adından en tecrübeli beş savaşçı kurt gider. Sürünün ortasında on bir dişi kurt yürür ve böylece dişiler için yüksek bir korunma düzeni oluşur. Dişileri, sürünün arkasını korumaktan sorumlu beş deneyimli savaşçı kurt izler. En arkada ve sürüden epey geride yürüyen ise sürünün lideridir. O, sürekli olarak sürünün tamamını görmeli, izlemelidir. Liderliğin en önde gitmek değil, en doğru şekilde ilerlemek olduğunu öğretir kurt yürüyüşü. Hem ille de önde olma hırsıyla yananlara bir mesaj vardır, hem de yetersizliğine rağmen en öne çıkartılanlara. Önde olmanın lider olmak anlamına gelmeyebileceğini, liderliğin bütünün korumasının farkındalığını içermesi gerektiğini ve üstelik en öndeyken ilk olumsuzlukta harcanıp gitme riski bulunduğunu öğretirler.

Yaban, el değmemiş bölgelerde tek başına gezinen bir kurt özgürlüğü, kurt sürüsü ise toplumsal hayatı simgeleyen bir semboldür. Şaman yolculuğunuzda Kurdun kendisini nasıl gösterdiğine, yalnız ya da sürü halinde oluşuna bakarak, o dönemde hayatı nasıl yaşamanızı önerdiğini anlarsınız.

Kurt yalnız ve özgürce keşifler yaptıktan sonra keşfettiklerini sürüsüne öğretmek üzere geri dönen kâşiftir. Nagual olarak yol göstericiliğinde yeni fikirleri öğrenme ve sonra bunları başkalarına öğretme becerisi vardır. Bilginin paylaşıldıkça değerleneceğini, bir keşfin tüm kavimle paylaşılmasıyla anlamlanacağını, değerleneceğini gösteren erktir.

Rehberliğiyle sadakatin erdemini sunacak, içgüdülerimizi yükseltecek ve ayrıca kendi kendimizle uyumlu yaşamamız için yol göstericilik yapacaktır. Şaman yolculuğunuza Kurt girmişse, bir öğretmen ya da düşünür olduğunuza işaret edebilir. Eğer, böyle değilse, yeni kavramlara ve yeni fikirlere açık olmanız gereği anlaşılır. Zihin ufuklarınızı genişletecek bir şeye ihtiyacınız olup olmadığını düşünmeye başlamanızda yarar olabilir. Böyle yaparak bilgeliğiniz artacak, yeni edineceğiniz bilgelikler içinizdeki Kurt erkinin gücünü arttıracak, başkalarıyla paylaşmanız ise mükemmel bir hayat yolu olacaktır. Bilgelik deneyimlerle, yani yolu yürüyerek kazanıldığından öğrettiklerinizi uygulamanız da şarttır.

Kurda yönelik duygularımızın derinliklerinde kendi soyumuzla ilgili zihin karışıklığımızı buluruz. Kendisinin medenileşmiş özel bir varlık olduğunu düşünen her insanın bilinçaltında vahşi diye damgaladığı hayvanlar âlemiyle ortak bir ruhu taşıdığı endişesi yatar. Kurt pek hoşlanmasak da bize içimizde bir yerde vahşi bir zerre bulunabileceğini hatırlatmaktadır. Ayrıca Kurt, gecenin sembolüdür ve gece çoğu insan için yalnızlığı çağrıştırıcı, biraz ürkütücüdür. Oysa geceler, rüyalar aracılığıyla kendimizle ilgili çok değerli keşifler yapabileceğimiz, yalnız yürüdüğümüz ama aydınlatıcı, saf bir zaman dilimidir.

İnsanın kendisini tüm gerçeklikleriyle anlayabilmesi için yalnız olması gereken, inançlarıyla, yargılamalarıyla, hükümleriyle karmaşıklaşmayan saf bir zamana ihtiyacı vardır. Kurt bizlere kendi iç benliğimizi öğrenmemizde, iç gücümüzü keşfimizde hocalık yapar. Bunu başarabilmek için riskler almamızı, derinlerdeki korkularımızla yüzleşmemizi ve samimiyet talep eder. Kolay değildir bunlar ama karşılığında çok şey sunan, her zaman yardıma hazır bir ruhsal yoldaştır. Kişiye büyük ölçüde dayanma gücü verir, iç sesini duymayı öğretir. Geceleri uluyan kurdun sesinin berraklığı ancak gecenin sessizliğinde hissedilir.

Kurdun rehberliğinde güçlü bağlar kurma, içgüdü ve sezgilerine inanarak hayatın kontrolünü eline alma ve bunu uyum içerisinde yapmayı geliştiririz. Yalnız ya da sosyal ortamlarda geçirilen zamanın kesin hatlarla ayrıştırılmasının gerekmediğini, ailemizin istekleriyle kendi ihtiyaçlarımız arasında denge kurabileceğimizi öğretir çünkü sürülerine tümüyle sadık olsalar da Kurtlar kimliklerinden ödün vermezler. Nagual olarak hangi alanlarda çok bağımlı, hangilerinde aşırı bağımsız olduğunuza dikkat çekecektir.

Kırgız yazar Cengiz Aytmatov, hayvan zihninin derinliklerini keşfetmeye çalıştığı Dişi Kurdun Rüyaları adlı romanında insanın doğayı bilinçsiz ve sevgisizce yok edişi, kendi dışındaki canlılara acımasızlığı, hayvan haklarının ihlali işlenmektedir. Romanda dişi kurt Akbar'ın zihninden geçenler, korkuları, kaygıları, onu insanlaştırarak değil, bir kurt olduğunu vurgulayarak verilir. Yazar, kurdun dünyaya ve yaşama bakışını, duygularını okurunun hissederek kavramasını sağlar. Önceki paragraflarda erki anlatılırken ifade edilen özelliğiyle bu romanda Kurt insanoğluna kendisini tanımakta rehberlik eder; doğanın değerini ve kendi iç çatışmalarımızı gözler önüne sererek uyumlu bir hayatın yaratılmasında korkuların nasıl aşılacağını anlatır.

Kurdun uluması çok kadim, eski çağlara özgü, içe işleyen, insanı delip geçen bir sestir. Bu uluma sayesinde sürüsünü bulur, kendi sürüsünden olmayan kurtlara kendi yaşam alanlarının sınırları konusunda uyarı yapar. Şaman yolculuğunda kurdun ulumasını duymanız kendi sınırlarınızı tespit etmenizi, kendi yaşam alanınıza sahip çıkmanızı hatırlatmak içindir.

Erk Hayvanı Olarak Leylek

Şans, Yeni Başlangıçlar, Analık ve Neslin Korunması, Uzun Ömür Sembolü

Leylek, dünyanın çoğu kültüründe yer alan bir semboldür ve hakkında çok sayıda efsane ve masal vardır. Öncelikle, leylekler bahar aylarında göç ederler ve bahar mevsimi yenilenmelerin, yeryüzünün yeniden doğuşunun mevsimidir. Bir masalda henüz dünyaya gelmemiş bebekler berrak su kaynaklarında annelerine teslim edilmek üzere oradan geçecek Leylekleri beklemektedir ve zaten Leylek en çok gagasında yeni doğmuş bebek taşırken tasvir edilir. Yeni doğmuş bebeği getirişinde Leyleğin su elementiyle yakın ilişkisine de atıfta bulunulmaktadır çünkü su, dişil enerjinin güçlü bir sembolüdür; doğuş ve yaradılışla ilgilidir. Kadim halklar arasında ana rahminin sembolik anlatımlarımda göl imgesiyle karşılaşmamız bu yüzdendir.

Hayat boyu eşlerini değiştirmeyen Leylekler kanatlarını açtığı zaman 3 metreye ulaşan büyük gövdeleriyle bebeklerini ve yuvalarını saldırgan kuşlardan en iyi koruyan kuşlardır. Leylek sözcüğünün Yunancadaki karşılığı olan *pelargós*'un etimolojisinde "anne-sevgi" kavramlarını buluruz. Leylek kelimesinin türediği köklerin anne ve sevgi olmalarına şaşmamak gerekir.

Analık ve yuva sembolleri ötesinde çok uzun ömürlü bir kuş olması nedeniyle, Leylek erkinde bolluk ve uzun yaşam sembolizmi vardır. Çin mitolojisinde hem uzun ömür sembolü hem de iyi şans ve zenginlik sembolüdür. Bunun sebebi dibi gözükmeyen sularda bile her dalışta mutlaka besinler bulup, gagaları yiyecekle dolu çıkmalarıdır. Kaldı ki, bereket ve ev Tanrıçası olan, evde yanan ocağın sürekliliğini temsil eden Hera'nın kutsal sembolü de Leylektir.

Bilinçaltımızın okyanusundan yükselerek şaman yolculuklarımıza girdiğinde Leyleğin vereceği mesajları şöyle özetlemek mümkündür:

Hayatımızda yenilenme zamanı gelmiştir.

Hayatımıza yeni olaylar ya da yeni insanlar girecektir.

Yaşamımızı yeniden değerlendirme, yuvamızın güvenliğini güçlendirme vaktidir.

Sosyal ilişkilerimizi, toplumsal duyarlılığımızı arttırma zamanıdır.

Yeni keşiflere açık olmak, yeni hedefler koymak, yeni planlar yapmak hayrımıza olacaktır.

Aile büyüklerimizi hatırlamak, atalarımıza saygı sunma vaktidir.

Şansımız yükselmekte ve yeni fırsatları kovalamak için fırsatlar değerlendirmelidir.

Erk Hayvanı Olarak Martı

Özgürlük, Neşe ve Vizyon Sembolü

Martı'yı uzun uzun seyretmek ve iyi dinlemek gerekir; şarkıları müthiştir. Şaman yolculuklarına dönemsel rehberliğe gelir. Neşeyle, özgürce uçar ve coşkusunu hissetmemizi ister. Martı, özgürlüğün bir zihin ve kalp hali, neşenin de yüreğimizin besini olduğunu, coşkunun kanatlarında uçmak için kendimize izin vermemiz gerektiğini öğretir. Nerede ve ne yapıyor olursak olalım, yürüdüğümüz zeminden yükselmemizi, endişelere, ufak tefek dertlere yukarıdan bakmamızı teşvik eder. Her şeyle, okyanuslarla, adalarla ve gökyüzüyle bütünleşebileceğimiz yüksekliklere doğru uçmaya sevk eder.

Martı'nın kazanmamızı istediği perspektif, günlük sıkıntıların plajdaki kum taneleri kadar ufalacağı yüksekliğe ulaşmakla kazanılacak olandır. Kendimizi nasıl göstermek istediğimize, gerçekten öyle hissedip hissetmediğimize dair sorular yöneltir. Gücümüzün sınırsız olduğunu, kalpten farkında değilsek zihinden algıladığımızın yeterli olmadığını anlatmaya gelir. Yapılacak tek şey kanatları iyice açmak, hayatın bizi havada tutacağına emin olmaktır. Pek çok bilge sözün özetlediği bu öğretidir.

Richard Bach'ın kısa romanı *Martı Jonathan Livingston*'da bir martının sürüsünden ayrılma ve özgürlüğe ulaşma mücadelesi anlatılır. Martı Jonathan diğer martılardan çok farklıdır; sadece karnını doyurmak için değil, özgürlüğün ve uçuşun kutsallığına inandığı için uçar. İstendiği ve inanıldığı zaman sınırların aşılabileceğini ispatlayan bu martı, yeteneklerini zorlayarak yaşamın mükemmelliğini anlamaya çalışır. Yazar, Jonathan'ı özgür insanın sembolü olarak yaratmıştır. Azimle çalışılırsa ve sabırlı davranılırsa her şeyin başarılabileceği, hiçbir şeyin hayal olarak görülmemesi, hiçbir şeyden umut kesilmemesi anlatılmaktadır romanda. Yapılan iş zevkle yapılırsa, amaçlar mümkün hale gelecektir. Kitaptaki güzel konuşmalardan bir tanesinde Jonathan şöyle der: "Her şeyden önce şunu unutmayın ki, bir martı sınırsız bir özgürlük kavramıdır. En yüksek uçan martı, en uzağı görendir. Gerçekte her birimiz, Yüce Yaradan Martının bir görüntüsüyüz. Ve bir kanadından öbürüne, tüm bedeniniz düşüncenizin somutlaşmış biçiminin ta kendisinden başka bir şey değildir. Düşüncelerinize vurulan zinciri kırın, göreceksiniz ki bedeniniz de zincirlerini koparıp atacaktır. Tek gerçek yasa, Özgürlüğe gidendir. Başka yasa yoktur."

Nagual olarak hayatımıza Martı girdiğinde, kalbimizdeki özgürlüğü derinden hissederiz. Okyanusları aşabilecek, rüzgârı kanatlarımızın altına alarak istediğimiz kadar yükselebilecek, kendimizi bu özgür güç ile bütünleştirecek bir döneme girdiğimizi anlarız.

Erk Hayvanı Olarak Maymun, Şempanze, Goril

Uyum İçerisinde Yaşama, Problem Çözme, Zekâ ve Hüner Sembolü

Maymun ayrıca lisan becerisini, meraklı olmayı, ormanın ruhlarıyla ilişki kurabilmeyi temsil eder ve şefkat ile öfke, karanlık ile aydınlık arasında denge kurabilme erkine sahiptir. İnsanın kendi karanlık yönleri tanımasına, gölge kimliğiyle tanışmasına rehberlik eder. Evrim basamaklarında insana en yakın tür olan Maymun şaman yolculuğuna girdiğinde mutlu olmaya yetecek basit yöntemleri hatırlatmaya gelmiştir. Ruhumuzda gizli olan oyunculuğu, kendimizi ifade edebilme özelliğimizi uyandıracaktır. Hem toplum içerisinde, hem doğal ortamlarda aktif olunması ve hayatın keyifle yaşanması için gereken becerileri geliştirecektir.

Maymunlar insanlar kadar geniş bir duygu yelpazesine sahip ve çok yaratıcıdırlar. Modern hayatın detaylarına gömülerek kuşkuya düşüldüğünde, ne yapacağını bilemez ruh haline kapılındığında, hayatı basitleştirecek seçimler mümkündür. Hayatımızın yaratıcısı olduğumuz için, karmaşıklıkların çözümlenmesinde aynı yaratıcılığı kullanmaya teşvik için, çözümlerde meseleleri basitleştirme yolları göstermek için gelen Nagual'dir. Maymunlar gezegenin en becerikli araç gereç üreticileridir; istedikleri bir şeyi yapabilmek için çevrelerindeki kaynakları iyi değerlendirmeyi bilirler. Zehirli tohumları olan meyveleri, tohumları çiğnemeden yiyen, şifalı bitkilerle kendilerini iyileştirmeyi bilen birer homeopattırlar.

Maymunun yüksek zekâsı ve geniş duygusal özellikleri bize evrendeki yerimizi hatırlatır. İnsanın canlılar âleminin en üstün varlığı olduğuna inanlara varoluşun eşitlik ilkesini idrak etmeyi öğretir. Daha az benmerkezci olmak, kendimizi dev aynasında görmeden gezegendeki her varlığın özel becerilerini fark etmek ve kıymetini bilmek insan olmanın değerleridir. Böyle bir bilinç seviyesinin farkındalığı için uyarılar yapar. Hayatımızdaki karmaşayı çözecek olan şey, ayrıcalıklarımıza odaklanmak yerine bütünün harika parçalarından birisi olduğumuzu hissederek uyum içerisinde yaşamak ise, Nagual olarak gelecektir. Hayatın bir döneminde yaratıcılık önem kazandıysa, kadim bazı bilgiler işe yarayacaksa, Maymun, gereken ilhamı verecek, hayal gücünü arttıracak, kendi derin bilgeliğimizdeki kaynakları kullanmaya yönlendirecektir.

Goril erki için bir kaç satır eklemek doğru olabilir. Maymun, Şempanze ve Goril benzer özellikli Nagual'lerdir ancak Goril düşük titreşimlere hassasiyeti nedeniyle sezgiselliğin yükselmesini temsil eder. Ayrıca pasif davranışlı kişilerin liderlik vasıflarını yükseltmeye, kendi değerlerini görünür kılmaya, saygınlık sağlayacak sorumluluk örnekleri sergilemesini cesaretlendirmeye gelir.

Goril erkinde kuvveti şefkatle birlikte barındırma sembolizmi vardır. Ne zaman pasif ve sakin, ne zaman aktif ve hatta saldırgan olacağını bilmek, sükûnet ile haklı müdahalecilik arasında denge kurabilmek, Goril'in sembolizmine dâhildir. Aşırı koruyucu olmakla aldırmazlık arasında gidip gelenlerin onun rehberliğine ihtiyacı var demektir. Aile içi iletişim sorunlarının ciddileştiği, sosyal ilişkilerin hayatı zehir edecek boyuta geldiği dönemlerde şaman yolculuğuna giren Nagual Goril'dir.

Erk Hayvanı Olarak Örümcek

Yaradılış ve Yaratış, Kendi Gerçeklerimizi Dokuma, Kader, Sonsuzluk Sembolü

Örümcek usta bir dokumacıdır. Ağının tasarımı ve yapılışı bir yaratıcılık harikasıdır. Kendi ürettiği iplik parçacıklarını birleştirmesiyle oluşan ağ tamamlandığında özel bir desen ortaya çıkar. Örümcek yaradılışın mükemmel planını göstermeye, insanlara, hayatlarını nasıl an be an dokuduklarını hatırlatmaya gelir. Örümcek çok ince yapılı, çok hassas bir fiziksel bedene sahiptir. Kendisini korumak zorunda kalmadığı sürece saldırgan değildir. Bu erk hayvanının öğretisinde, koşullar ne olursa olsun, incelikle, hassasiyetle, zarafetle ilerlemek vardır.

Bazı halkların masallarında *Büyükanne Örümcek* diye adlandırılır ve sırtında kendi ördüğü sepetle insanlara hediye olarak ateşi taşıdığı anlatılır. Örümceğin ördüğü ağın sembolizminde tüm varlıkları birbirine bağlayan ve böylelikle dünyanın temelini oluşturan matriks anlaşılır hale gelir.

Örümcek erkinde geçmiş ve gelecek, fiziksel ve spritüel, eril ve dişil arasındaki denge ve uyum önemli yer tutar. Gücün ve zarafetin birleşimini, yaratıcı hassasiyetlerin uyanışını temsil eder; kadim alfabelerin koruyucusudur ve yaratıcı yazarlığı öğretir. Örümceğin vücudu sekiz sayısına benzer ve sekiz bacağı vardır. Bu sayı yaratımın sonsuz olasılıklarını sembolize eder.

Örümcek ağını örerken ilk önce ipek kadar ince ve yapışkan bir ipliği salar rüzgâra. Rüzgâr o iplikçiği yapışabileceği bir noktaya taşıdığında ilk köprü atılmış olur. O zaman örümcek dikkatle o köprüden geçer ve aynı anda ikinci ipeğini atarak köprüyü sağlamlaştırır. Ağın bütününü güven altına alan bir çerçeve yapana kadar işleme devam eder. İnşasında yaradılış geometrisinin ta kendisi olan bu ağın dokunuşundan alınacak en önem mesaj, hayatın bütünlüğü ve bizim bu bütünle olan bağımızdır. Bu bilinç içerisinde yaratıcı olmak, yaratımlarımızın doğrultusunda yol almak beceri gerektirir. İlerlediğimiz yolu ve hayatımızın bütününü birlikte göremediğimiz zamanlarda yaşam çelişkilerle dolar, farklı alanlarda çatışmalar çıkar, arzularımızla örtüşmeyen yollarda yürüdüğümüzü, hayallerimizle örtüşmeyen hayatlar yaşadığımızı fark ederiz ve hatta bazen hepsi birbirine ters düşebilir.

Örümceğin öğretisinde Yüce Dokumacı'nın enerjisiyle uyumlanarak zihnin ürettiği duvarların göründüğü kadar katı olmadıklarını fark etmek vardır. Hayatın bütününe kozmik bir perspektiften bakarak farklılık bariyerlerin kalktığını, hayatın bütüncüllüğünü görmek vardır. Örülü ağların ille de karışması, düğümlenmesi gerekmediğini, önümüzde pek çok yoldan oluşan mükemmel bir harita olduğunu algılamaya başlarız. Örümcek, sekiz sayısına benzeyen, sonsuzluğun sembolü olan kendi fiziksel şekliyle bizleri evrensel enerjinin sembolü olan spirale yakınlaştırır; yani o sembole almaya çalışır.

Örümceği dikkatle inceleyerek anlamını çözmek, yaşamın tümüne olan aidiyetimizi fark ettirir; geçmiş ve geleceğin olmadığını, sadece ve sadece şimdiki anın sonsuzluğunu anlarız. Ruhlarımızın başlangıç niyetinden hareket ederek hayat kumaşımızı tasarlamamız için yaratıcılığımızı uyandıran, cesaretlendiren Nagual'dir. Örümcek ağını örer; bizler de kendi gerçekliklerimizi öreriz. Rehberliği, yaşam ağımızı kozmik tasarıma uygun olarak yeniden örmemiz, dokumamız içindir.

Şaman yolculuğunda Örümcek erkiyle tanışanların hayatlarını nasıl dokuduklarını, yani ördükleri ağı görmek için içlerine ve çevrelerine iyi bakması doğru olacaktır. Her şey iyi gidiyorsa ne âlâ! Bu durumu sağlamış tutumların ve seçimlerin olumlu koşulların farkındalığıyla şükrederek devam edilebilir. Aksine, hayattaki bazı olumsuzluklar nedeniyle durum hoşnutluk vermiyorsa, bu noktaya getiren tutum ve seçimlerin hangileri olduğunu hatırlamak gerekecektir. Bu Nagual'in rehberliğinde yaşam dokuyuculuğunun farkındalığı gelişirken, olumsuzlukları düzeltecek yeni yollar açılacaktır. Kendi ağımızı örebileceğimiz inancı, mutlu bir yaşam yaratma gücümüzün farkındalığı, hayat desenini örebilen sonsuz bir varlık olduğumuz Örümceğin öğretisidir.

Örümceğin işaret etmeye geldiği bir diğer konu da hayatın sadece verilen kararlarla şekil almadığı, kararların hangi duygularla alındığı, hangi tutumlar sergilenerek uygulandığıdır. Yani istenen sonuçlara ulaşmak için olumlu duygu ve tutum geliştirmek özel emek ve farkındalık gerektirir; ta ki, bu bütüncül yaklaşım kişiliğin doğal bir veçhesi haline gelene kadar. Ani ve geçici duygular tutumları etkiler, doğru ve iyi seçim yapmaktan alıkoyabilir insanları. Sevgi ve şefkat kişiliğin asal parçası olduğunda ve sadece o zaman, dilekleri gerçekleştirecek seçimler doğru yapılabilecek, kader ağı doğru örülebilecektir. Örümcek bu hayati konuya dikkat çeker; zihinsel ve duygusal açıdan olumlu ve uyumlu seçimler yapma konusunda rehberlik eder.

Eğer kendi ağı içerisinde veya yeni bir ağ yaratmakta olan bir örümceğe rastlarsanız, çok dikkatle bakın. Bu, kendi kaderinizin örülüşünde nerede olduğunuzun sembolüdür.

Pek çok insan evini temizlerken, örümcek ağlarını süpürür ve atar. Oysa önceden korkutulmamış küçük bir çocuk, ağını ören örümceği hayranlıkla izler ve ördüğü zarif, narin, sihirli evinin oluşumunu seyretmekten kendini alamaz. Örümcek aynı örümcek, ağ aynı ağ iken fark, seyredenin ne gördüğü, neyi algıladığındadır. Bunun farkına varış bile, Örümcek erkinin büyüsünün bir parçasıdır.

Erk Hayvanı Olarak Papağan

Dikkat, Doğru Zamanlama, Sözel İletişim Sembolü

Papağan sembolizminde renklerin doğasını anlamak, renk sembolizmini çözümlemek, renklerle şifa vericilik de vardır.

Papağan belli karar dönemlerinde dikkatli davranmak gerektiği zamanlarda rehberliğe gelen Nagual'dir. Hayatın yönünü değiştirme dürtüsü hissedildiğinde, yeni fikirlerle yeni bir alana yönelme arzusu uyandığında, mesajlara daha açık ve uyanık olunması gerekir. Ertelenmiş hayalleri yeniden kovalamaya başlamak için uygun bir zamansa, şaman yolculuğuna Papağan girecektir.

Nagual olarak lisan konusuna dikkat çeker. Kendi kendine ya da etrafındakilere söylenen sözlere dikkat etmek gerektiğinde ve bir de yeni bir lisan öğrenmek için vakit uygun olduğunda Papağan gelecektir. Nagual'i Papağan olan kişiler doğal politikacılardır. Birbirine zıt olan fikirleri ortak bir noktada uzlaştırmakta, karşıt görüşleri ortak anlayışta buluşturmakta mahirdirler. Ne zaman konuşulması, ne zaman susulması konusunda sıkıntılar yaşandığında, Papağanın politik lisan rehberliği başlar.

Papağan erkinin iki önemli özelliği daha vardır. İlkinde, gerçek kimliğiyle örtüşmeyen, başkalarının davranışlarından kopyalanan alışkanlıklar edinilmişse, özgün kimliğin korunmasına işaret eder. İkincisinde ise, belli bir olumsuz davranıştan vazgeçilemediği ve sırf bu sebepten girdaplara düşüldüğü hallerde bu tutumlara ışık tutar.

İlerlemeyi engelleyen, olumsuz sonuçlarına rağmen hep tekrarlanan davranışların hangileri olduğunun farkına varabilmek, altta yatan sebeplerin keşfiyle mümkündür. Şaman yolculuklarında Papağan, bu hassas noktaları çok anlaşılır metaforlarla gösterecektir.

Avrupa dışında bir ülke vatandaşı olup da Nobel almış ilk yazar Rabindranath Tagore'nin *Papağan Masalı* meşhurdur. Tagore bu fabli öğretmek ve öğrenmek konuları üzerine düşüncelerini paylaşmak için yazmıştır. Öyküde papağanının cahil olduğuna üzülen Mihrace, terbiye öğrenmesi ve kutsal kitapları okuyabilmesi için eğitilmesi emrini verir. İlk iş olarak papağanın yaşam koşulları düzeltilir, kendisine altından bir kafes yapılır. Ülkenin dört bir yanından bilginler çağırılır, papağana uygun kitaplar yazdırılır. Bakıcılar, korumalar, kâtipler, kuyumcular, kâhinler, temizlikçiler, merasim müzisyenleri işe alınır. Bir gün Mihrace kuşu ziyarete gelir. Davullar zurnalar eşliğinde eğitim için izlenen yollar, teknikler anlatılır kendisine. Mihrace eğitim nizamındaki kusursuzluktan çok memnun kalır ama kuşu görmek aklına gelmez. Hikâyenin sonunda papağan, altın kafesinde zincire bağlı haldeyken ölür ama öldüğü bir süre anlaşılamaz. Kuşun sessizliği, eğitiminin tamamlandığına, yani artık terbiyesinin tam olduğuna yorulur.

Papağan metaforu üzerinden Tagore, yukarıda yazılmış olduğu gibi, gerçek kimliğiyle örtüşmeyen, başkalarının davranışlarından kopyalanan alışkanlıkların özgün kimliğin kayboluşuyla sonuçlanacağına işaret eder. Öğrenmenin kendi nefesini almayı unutmadan mümkün olacağını, herkesin kendi şarkılarını tercih hakkı olduğunu, eğitimin tekrarla değil öğrencinin ruhsal şarkılarını söylenmesiyle gerçekleşeceğini anlatır. Kuşun kanadı kırılırsa, sesi kesilirse, hayatın anlamını ve öğrenmesi gerekenleri asla alamayacaktır.

Nagual olarak Papağan şaman yolculuğunda havada uçar şekilde göründüyse, kişinin herkesi memnun etme çabasının zaafına işaret ediyordur. Bir kafes içindeyse, her söyleneni tartmadan kabul ettiğini, başkalarının söz ve hareketlerinin çok etkisinde kaldığını ifade ediyordur. Sessizse, hiç kımıldamıyorsa, konuşulan söze ve kime söylendiğine dikkat edin demektedir. Bazı bilgileri gizli tutmak gerektiğinde, herkesle paylaşmak doğru olmadığında, biraz ağzı sıkı olmanın gereğini gösterecek metaforlar sunacaktır.

Erk Hayvanı Olarak Porsuk

Şifa, Cesaret, İletişim ve Düzen Sembolü

İstediği şeyleri elde etmek için kavgaya hazır, hatta saldırgan tutumuna rağmen yüksek şifa gücü taşıyan bir erktir. Gezegenin iyileştirici bitkilerinin koruyucu ruhuna sahip olan Porsuğun Nagual olarak seçtiği kişiler de çoğu zaman şifacılığı seçerler; değişik tedavi metotları denemekten kaçınmazlar.

Bitki ve hayvan ruhlarıyla mükemmel ilişki kurma erkine sahip ancak görme yetisi çok zayıf olan Porsuk şaman yolculuğuna girince, sezgisel anlamda gelişme, vizyon sahibi olma gerekliliği anlaşılır. Öte yandan görme zayıflığını telafi edercesine duyma ve koklama duyuları mükemmeldir; birbirlerinin bedenlerine özel koku işaretleri bırakır ve hemen tanıyabilirler. Bu erki taşıyan insanlar, işitme ve koku alma becerisi gerektiren özel mesleklerde, örneğin sesle şifa veren tekniklerde, parfüm yaratıcılığında çok başarılı olurlar.

Porsukların adaleleri çok gelişmiştir ama sarkık, gevşek derileri yanıltıcı bir görüntü oluşturur. Şamanik yorumlamada bu yanılsama, insan hayatındaki ilüzyonlara işaret eder, her şeyin göründüğü gibi olmayabileceğine gönderme vardır.

Porsukların güçlü çeneleri sözün öneminin sembolüdür. Sözler iki ucu keskin bıçak gibidir ve insan ilişkilerinde söz çoğu zaman eylemden daha önemlidir. Olumlu ya da olumsuz anlamlarına bağlı olarak, sözler ya yüreklendirici, şefkatli, zarif veya umut kırıcı, haşin olabilirler. Porsuğun rehberliğinde konuşmalarımızın kendi hayatlarımızı ve başkalarını nasıl etkilediğini görürüz. Kişiye kendisini nasıl konuştuğu özünde tanıtmak ister.

Kadim gelenekler sözcüklerin gücünü öğrettiği gibi çağdaş tıp da söylenenlerin etkilerini araştırmıştır. Daha önce de yazıldığı gibi sözcükler insan beyninde farklı duyguları uyandıracak kimyasalların salgılanmasında rol oynarlar. Şaman inancında sözcüklerin bitkilere dönüşen tohumlara benzetilmiş olması bundandır; hem söyleyenin hem dinleyenin hayatını geliştireceğine inanılır.

Porsuklar, çabuk kızan ve korkusuz hayvanlardır; köşeye sıkıştırılacak olurlarsa dişleriyle tırnaklarıyla savaşa girişirler. Sosyal değildirler, hatta yalnızlığı tercih ederler. Bu erki taşıyanlar başkalarıyla ilişki kurmakta zorlanan, otoriteden pek hoşlanmayan ve inatçı davranan kişiler olabilecekleri için sözler daha önemli hale gelir. Israrcı ve inatçı olmak yerine olumlu ifadelerle konuşmak, kendilerini doğru kelimelerle ifade etmek, haklılıklarını kabul ettirme imkânını verecektir.

Porsuklar yaşadıkları mekâna düşkün ve evcildirler. Mağara ya da sığınaklarını çok düzenli ve temiz tutar, yatacak yerlerini sık sık yeniler, hatta sığınaklarına geri geri yürüyerek girerler ki, ayaklarına dolanan çer çöp yuvalarını kirletmesin. Porsuk erkinde düzenin, derli toplu olmanın yararları konusunda rehberlik vardır. Nagual olarak gelişi, yaşamın hem fiziksel, hem de duygusal alanlarını düzene sokma vakti geldiğine işaret olabilir; ya da zamanı iyi kullanma uyarısı yapıyor olabilir.

Porsuk rehberliğinde kazanılacak vasıflar arasında ilk akla gelenler aşağıdakiler olacaktır:

Başladığı her işi tamamlayan yüksek liderlik vasıfları;

Meseleleri kendi başına halledeceğine güven;

Duygularını süratle ifade;

Yalnızlıktan sıkılmadan kendini eğlendirebilme.

Porsuk müthiş bir kazıcıdır, en ufak bir zorluk çekmeden toprağın altına dalıvermesi porsuğun Alt Dünya ile yakın bağını temsil eder. Şaman inancında Alt Dünya, hayatın gizemlerinin, sihrinin ve ruhsal gelişim öğretilerinin mekânıdır. Yaradılış Alt Dünya'da başlar, tekâmül Alt Dünyada gerçekleşir. Alt Dünya aynı zamanda, hayvan ve bitki ruhlarıyla en güçlü bağların kurulduğu dünyadır. Nagual olarak rehberliğe gelen Porsuk, kişiye uyumlu ve dengeli hayatı öğretirken, gezegenin öğretici varlıklarıyla derin ilişkiler kurmasına yardım edecektir.

Erk Hayvanı Olarak Salyangoz

Hayatta İz Bırakma, Uyum, Özgüven, Eğlenebilme Sembolü

Salyangoz erkinde şifa, sabır, duyarlılık ve bereket de vardır. En hareketli halini ay ışığında sergileyen Salyangozun ay ile bu yakın ilişkisi nedeniyle Maya halkı çok önemsemiş, doğum, ölüm ve yeniden doğum döngüsünü sembolize ettiğine inanmıştı.

Kış uykusuna yatan hayvanlardan olan Salyangoz, çölde, ormanda, tuzlu ya da saf suda, yüksek ağaçlarda ya da toprağın içinde yaşayabilir. Bu yüksek uyumluluk özellikleri nedeniyle özellikle belirsizlik ve dönüşüm dönemlerinde, koşulların değişebileceği zamanlarda rehberliğe gelir. Evini sırtında taşımasının kendine yetebilme metaforu olarak kullanıldığı pek çok masalın kahramanı olmuştur. Kendini güvende hissetmek öncelikle bedenimizde, sonra kendi yuvamızda ve kalplerimizde başladığı için Salyangozun insanoğluna özgüvenle ilgili pek çok öğreti sunması kolay anlaşılır.

Salyangozların üreme sistemi benzersizdir çünkü hermafrodit, yani hem erkek hem dişi özelliklerine sahip çift cinsiyetli canlılardır. Eşleşecekleri zaman tercihlerine ya da çevre koşullarına göre hangi rolü üstleneceklerini ortaklaşa seçerler. Ezoterik sembolizminde *yin* (dişil) ve *yang* (eril) enerjileri dengelemeye gönderme yapıldığı anlaşılır. Bütün kadınların biraz eril, tüm erkeklerin biraz dişil enerjisi vardır. Bu özelliğiyle cinsel kimliğe yönelik yargılara dikkat da çeken Salyangoz, tüm ikiliklerin bir bütün olduğuna, cinsiyet dâhil Tanrı'nın yarattığı her çeşitliliğin makbul olduğuna işaret eder; merhametli, duyarlı olmaktan zarar görülmeyeceğini anlatır.

Yavru salyangozların küçük kabuklarının genişlemesi, kabuğun kendi salgıladığı ve bileşiminde kalsiyum karbonat bulunan bir madde sayesindedir. Spiral biçimli ilk küçük kabuk olgunluk dönemine ulaştığında gövde kabuğunun tam ortasında kalır. Spiral, doğanın kozmik yapısını, ruhsal gelişimi ve bütünselleşmeyi ifade eden bir şekildir. Salyangoz kabuğunun spirali, kutsal geometrinin saygın sembolü olan "altın oran"a uyar; bu nedenle Salyangoz, doğanın mükemmeliyeti ve güzelliğinin de sembolüdür.

Kabuğunu sırtında taşıyarak gittiği her yerde hala yuvasında olabilen Salyangoz'da gezgin ruh taşıyan insanlara rehberliği de bulabiliriz. Nagual'i Salyangoz olan kişiler kendisiyle uyumlu, hayatından hoşnut ve kendini her ortamda yuvasındaymış gibi huzurlu hisseden insanlardır. Huzur, Salyangozun temsil ettiği değerli bir kavramdır.

Yoğun biçimde ürettiği ve her türlü yüzeyde kayarak ilerlemesini sağlayan sümüğü aynı zamanda hassas iç beden derisini korur. Hayatta ilerlemek için yapılması gerekenleri üstlenmeyen, hatta tiksinen kişiler için Salyangoz erkindeki sümük önemli bir metafordur. Böyle kişileri eyleme geçirecek motivasyonu, ilhamı vermek için şaman yolculuğuna Salyangoz girecektir.

Salyangoz çok yavaş ilerler ama oldukça uzun mesafeler kat eder; dolayısıyla, yavaş ama sürekli gelişimin önemli bir sembolizmini taşır. Ayrıca ilerlerken tüm bedeniyle hareket eder ve kendisini tümüyle hareketine odaklar. Hayalleri, rüyaları, arzuları gerçeğe dönüştürmek için sebat ve zaman gerektiği halde bazı insanlar hayalleri yönünde hareket etmekten çekinir, çoğu zaman daha başlamadan kovalamayı bırakır. Bu önemli konuda nasıl davranmak gerekeceğinin rehberliğine Nagual olarak Salyangoz gelecektir.

Erk Hayvanı Olarak Sincap

Planlama, Eylemsellik, Oyun Oynama Coşkusu, Hayatiyet Sembolü

Sincabın erkinde beceriklilik, yönünü süratle değiştirebilme, alma ve vermede denge, dinlenmeyi bilme vardır. Dengeli hayatın koşulu olarak çalışma ve dinlenme sürelerini ayarlayamayan, eğlenmeyi beceremeyen, izleyip de katılmayan kişilere rehberlik eden zeki bir hayvandır. Zamanı, imkânı, enerjiyi doğru kullanmayı öğretecektir. Paylaşmayı bilmeyen biriktiriciler, kaynaklarını iyi kullanamayanlar, duygusal ve zihinsel yüklerini boşaltarak temizleyemeyen, enerjisini dengeleyemeyenler Sincabın rehberliğinde çok yol kat ederler.

Sincabın hayata bakışında, üstesinden gelinemeyecek engeller olmadığını görürüz çünkü asla yılmayan ve vazgeçmeyen bir hayvandır. İçinden çıkılmaz noktaya geldiğinizi ya da vazgeçme noktasına vardığınızı hissettiğinizde şaman yolculuğunuza girecek Nagual'dir. Başarıya ulaşmanın sebat, ısrar, gayret ve yeni metotları denemeye hazır olmaktan geçtiğini öğretmeye gelir. Aynı zamanda hazırlıklı olmanın önemine rehberlik eder. Sonbaharda sincaptan daha meşgul başka bir hayvan türü yoktur, varsa da çok sayılıdır. Kış aylarını geçirmelerini sağlayacak miktarda fındık ve tohum toplar ve bunları güvenli bir yerde depolar. Değişen koşullara uygun fleksibiliteyi göstermekte, çevreye uyumluluk kavramına ışık tutmaktadır.

Sincabın kışa hazırlanırken sadece ihtiyacı kadar şey toplamasında ayrı bir ders buluruz. Gereksiz şeyleri biriktirmemenin, ihtiyaç duyulmayan şeyleri bırakmayı, terk etmeyi öğrenmemizin rehberliği yapılmaktadır. Sadece maddi olanı değil, aşk ve bolluk enerjimizi sınırlayan olumsuz inançları, duyguları, hatıraları taşımamamız, bırakmamız öğretilmektedir. Fiziksel, zihinsel, duygusal yüklerimizi hafifletmekle yolumuzu aydınlatabileceğimiz ifade edilmektedir.

Hayatın her anında uyum içerisinde yaşamak, kendimizi her bakımdan iyi hissetmek, iş, oyun, dinlenme ve tefekkür arasındaki dengeyi kurmaktan geçer. Sincaplar sonbaharda o kadar meşgulken bile oynamaya zaman bulurlar. Toplama, saklama işlerine ara verip, birbirlerinin üstünden atlayıp sıçrayarak yaprakların arasında yuvarlanır, bazen bir ağaç dalında dinlenir ve huzurun tadını çıkartırlar. Nagual olarak hayatta her şeye yetecek kadar zaman olduğunu, yapılacak tek şeyin vakit döngülerini dengelemek olduğunu öğretirler. Enerjimizi toptan harcamak yerine ihtiyaç duyacağımız zamanları düşünerek, koruyarak yaşamanın önemine işaret ederler. Oyun ve sosyalleşmeye vakit ayırmakla hayatın tümünün daha anlamlı hale geleceği Sincap'ın öğretisinde önemli yer tutar.

Sincap özellikleri taşıyan insanlar biraz sebatsız, kararsız, düzensiz olabilir ve pek çok şeyi aynı anda yapmaya çalışabilirler. Durup dinlenmek, özellikle iç sesin ne dediğine kulak vermek için vakit ayırmak gerektiğinden, Nagual olarak Sincap geldiğinde sorulması gerekenler şunlardır:

Çok mu hareketliyim?
Çok mu hareketsizim?
Çok mu endişeliyim?
Çok şeyler mi topluyorum, biriktiriyorum?

Sincapların insanlara yakın alanlarda yaşamalarının, insanlardan kaçmamalarının nedeni olarak bizlere korkarak yaşamamamız, pes etmememiz, her şeye yetecek zamanımız olduğu mesajlarını verebilmek olabilir. Kaç yaşında olunursa olunsun, eğlenmeyi, oyun oynamayı unutmamak gereğine işaret etmektedirler.

Sincaplar sosyal hayvanlardır ve iletişim becerileri yüksektir. Çalışırken de, oynarken de bol konuşur, pek çok ses çıkararak gevezelik eder, ancak fazla gevezelikten bazen dikkatleri dağılır ve örneğin kışa hazırlık tamamlanmışken, topladıklarını sakladığı yeri unutabilir. Gevezeliği dikkatini dağıtan, dinginliği bozulan, unutkanlaşan Sincap aç kalma kaosuyla karşılaşabilir. Bu unutkanlığın sembolizminde çalışırken yavaşlamayı, dikkatli olmayı, aynı anda birden fazla yöne koşarak dağılmamayı öğreten mesajlar vardır.

Şaman yolculuğunda Nagual olarak sürekli ses çıkartan bir Sincap, iletişim özelliklerinize dikkat çekmek istiyor olabilir. Anlaşılır biçimde konuşmanızı, iç dünyanıza özen gösterebilmek için daha sessiz olmanızı, derinliklerinizin farkındalığı için biraz susmanızı ve koşullar ne olursa olsun sakinleştirmenizi söylüyor olabilir.

Sincap insanlara güven duyan, elinden yiyecek yiyen ender hayvanlardandır. Kendi inşa ettiğiniz savunma bariyerlerini biraz indirmekte yarar olduğu mesajı verir. Güven geniş bir yelpazedir; güven yelpazesi kişisel mahremden evrene duyulana kadar uzanan genişliktedir ve güvenmeyi öğrenmek hayatın tüm veçhelerinde önemli yer tutar. Ürkekliği nedeniyle kayıplara uğrayanlara her koşula hazırlıklı bir Nagual olarak Sincap gelmişse, eksikliği duyulan alanlarda inanç ve güven inşa etmenize, korunacağınıza dair inancınızı pekiştirmenize yardım edecek, ürkekçe hayattan geri kalmamanıza yardımcı olacaktır.

Erk Hayvanı Olarak Sinek

Gayret, Sürat, Direniş Sembolü

Sinek, netice alabilmek için hızlı hareket edilmesi gerektiğine, fırsatları yakalamak için süratli tepki verebilmenin önemine ve ayrıca çaba arttırılırsa bolluğun da artarak geleceğine işaret eder. Her yöne açık ve her zaman hazır olmanın önemini temsil eder ki, bu keskin bir görüş gerektirir. Çoğunlukla dönemsel rehberliğe gelen bir Nagual'dir ve gereken öğretileri sunduktan sonra gidecektir.

Kişisel gelişim ve disiplinle ilgili konularda sebat etmek gerektiğinde direnme gücünü taşıyarak gelen Nagual'dir. Burada kastedilen şey öfkede direnmek ya da intikam hislerini sürdürmek değildir. Kendine zarar verecek bir nokta yapışıp kalanların sineklerden kurtulmak için evlere, işyerlerine asılan yapışkan kâğıtlardan örnek alması yararlı olabilir. Bir yerde sabitlenmek hedefe ulaşmayı engelliyorsa, dost kaybettiriyorsa, o zaman sebattan değil, inattan söz ediyor oluruz. Nagual olarak bunun ayırt etmemizi sağlayacaktır.

Fiziksel olumsuzlukların çoğaldığı kirli koşullarında sineklerin hastalık yaydığını biliriz. Buradaki metafor, olumsuz enerjilerle dolu bir ortamın, rahatsızlık veren ilişkilerin bizi, düşüncelerimizi ve duygularımızı hasta edeceği, bunu çevremize de yayacağımızdır. Sinek sezgilerimizi arttıran mesajlarıyla böyle ortamlardan uzaklaşma uyarısı verir.

Sineklerin yumurtlamalarını takiben yavruların çıkması iki hafta gibi kısa sürede olur. Atak yapmamız gereken bir konu çıktığında, beklenmedik bir değişimin işareti alındığında, hazır olmak ve süratli davranmak gerektiğinde, şaman yolculuğuna giren Nagual'dir. Ani ve kesin bir değişikliğe hazır olunmasını, sonuç alabilmek için süratli hareketin gerekli olduğunu mesajını verecektir.

Sivrisinek sembolizmi hakkında da ayrıca söylenecekler vardır. Şaman yolculuğunda karşılaşılan Sivrisinek erkinde yaşananlarda anlamsallık aramak, yani hayat derslerine dikkat etmek ve evrenin sunduklarına hamd etmeyi hatırlamak vardır. Sinek erkindeki gibi, Sivrisinek öğretisinde de zamanlama algısına işaret edilir. Ne zaman hareket edip, ne zaman dinlenileceği gibi döngüler rehberlik alanına girer. Ertelenmiş işlerin süratle ele alınarak tamamlanması gerektiğinde, yeni işlere başlamak için vakit uygun olduğunda dönemsel Nagual olarak gelecektir.

Sivrisinek, kişinin enerjisini tüketen şeyleri görmesi, bazı özelliklerini değiştirmesi şart olduğunda, eksiklerini ona süratle fark ettirecek güçlü sinyallerle dönüşümü başlatacak rehberliği sunar. Sezgilerine dikkat etmesini, duygularını ve bedenini ihmal etmemesini öğütleyerek bunların ihmal edilmesinin sonradan acı (kaşıntı) yaratacağı mesajını verir. Boyu posu küçükse de öğretecekleri çok değerli olan Sivrisinek, ruhsal bir canlanmaya ihtiyaç olduğunda erkini hediye olarak sunar; almayı öğrenmek gerekir.

Erk Hayvanı Olarak Sinek Kuşu

Neşe, Şifa, Çok Yönlülük, Sonsuzluk Sembolü

Sinek kuşlarının neşeli günlerin yakında olduğu mesajını getirdiğine ve şifa ışığı yolladığına inanılır. Sinek kuşu, tüm kuşlar içinde en küçük olanıdır ve hızla uçarken, ansızın havada asılı durabilen tek yaratıktır. Alışılmadık biçimde havada asılı kalabildiği gibi kanatlarını sekiz şeklinde bir figür çizerek hareket ettirme yeteneğine de sahiptir. Sekiz şeklinin sonsuzluğun sembolü olması bizlere bir mesaj içerir. Ayrıca geriye doğru, yanlamasına, yukarı veya aşağı doğru gidebilmesi onu kuş türleri içerisinde benzersiz kılar.

İnsanlar zaman kavramı içerisinde sıkışmış oldukları dönemler yaşayabilir. Geçmiş için pişmanlık veya özlem duyanlar Sinek kuşu rehberliğinde yaşanmış dönemlere gömülerek kaybolmamayı, geçmişin olgunlukla kabullenilecek bir deneyim olduğunu öğreneceklerdir. Geçmişin bugünü ve bugünün geleceği yarattığı bilinciyle değerlendirilen hayat insanı girdaplardan kurtaracaktır. Sinek kuşundan, derslerin sert ve yaralayıcı olduğu zamanlarda bile, onlar olmadan bugün olduğumuz kişi olamayacağımızı öğreniriz. Geçmiş taşınmaktan yorgun düşürten bir yük haline geldiğinde Nagual olarak muhteşem öğretiler verir. Anıların düşünülmesinde zarar olmadığını ama bu düşüncelerin sadece farkındalık yaratma anlamında değeri olacağını, aksi halde zehirli bir bataklığına dönüşeceğini anlatır. Bir adım geri atarak gözlemlenen hayatlar, tüm yaşama anlamsallık katacaktır.

Sadece zamanın geçmiş girdaplarında kalmamayı değil, geleceği de tasa şeklinde taşımamak gerektiğine vurgu yapan Sinek kuşları aslolanın bu an olduğunu anlatır, en değerli vaktin an itibariyle yaşanan olduğu mesajını verirler. Havada asılı durabilmelerinin temel sembolizminde hayatın özünü anda yakalamak, anda varoluş sevincinin özü vardır. Ayrıca bedenlerinin fiziksel hafifliği kendimizi rahat bırakmaya işaret eden bir sembol olarak endişelerle yüklü bir ruhun yükselemeyeceğini anlatır.

Gökkuşağı gibi renkli tüyleri nedeniyle bazı türleri değerli taş isimleriyle adlandırılmıştır; örneğin, "yakut boğazlı sinek kuşu" gibi. Bu parlak gökkuşağı renkleri, hayatın ne kadar değerli olduğuna dair mesajı daha da derinleştirir. En sevdikleri besin küçük böcekler olsa da, polenlerin derinliğine uzanabilmelerini sağlayan uzun dilleriyle çekip çıkardıkları çiçek özlerine bayılırlar. Çiçeğin dışındaki sert ve acı yüzey katmanlarını aşıp güzel tatların olduğu derinliklere iner, derin hazları keşfedebilirler. Bu alışkanlığın sembolizminde hayatın tadını çıkarmayı temsil ediş vardır.

Bitkiler ve çiçekler Sinek kuşlarını çok severler çünkü tozlarını yeni yaşamlara taşıyarak hayatı zenginleştiren, kendilerini çoğaltan en kıymetli kuşlardır. Halk kültürlerinde çiçeklerin ve bitkilerin şifa verici özellikleri iyi bilinir ve önemsenir. Sinek kuşunun şifa ile ilişkilendirilme nedeni çiçeklerin öz yaşam nektarını emmesinden kaynaklanır. Ayrıca Sinek kuşları seyredenleri mutlu eder ve hatta çok neşelendirir; neşe hiçbir ilacın sunamayacağı iyileştirici enerjidir. Tüy gibi hafif yapıları, kanatlarının hafif titreşimli sesi sembolik anlamlandırmada çiçek esanslarının şifasına benzetilir. Pek çok lisanda insanın taşıdığı acı ve karamsarlık "ağır" sıfatıyla betimlendiği için, sinek kuşunun fiziksel hafifliği, insanlara adeta "neşelenin, hafifleyin" der gibi algılanır. Hiç kimse duygusal ağırlığın altındayken yüreğini, ruhunu uçuramaz.

Bu erke sahip insanlar her duruma kolayca adapte olabilen, yeni koşulları en iyi şekilde değerlendirebilen özelliktedirler. Yapay bağımlılıklar geliştirmez, neşeyi kalplerinin içinde bulur, mutlu olur ve çevrelerine sevgi ve güzellik yayarlar. İnsanların içindeki iyiliği görmeye yatkındırlar; bu sayede huysuz ya da haşin davranışlardan etkilenmez, görünen ne olursa olsun, altında iyilik ve güzellik yattığına inanırlar.

Sinek kuşu, çiçeklerle çalışmaya doğuştan ilgili olanlara sıklıkla gelen bir Nagual'dir. Bu kişiler bitki yetiştirmeye ilgi duyan, inceliklerini öğrenen, hatta uğraş haline getiren insanlardır. Örneğin bitki esansları üretmek gibi mesleklere yönelirlerse çok başarılı olacaklar, şifacılığı seçerlerse çiçek esanslarını kullanarak terapi yapacaklardır.

Nagual'iniz Sinek Kuşu ise, özgür olması gereken bir ruha, yüksek bedensel ve ruhsal enerjiye sahipsiniz demektir. Ancak kendinizi kafese girmiş, sınırlandırılmış hissedecek olursanız, özgür ve sevgi dolu enerjinizi hapsederseniz, depresyona girebilir, işe yaramazlık duygularıyla acı çekebilirsiniz.

Erk Hayvanı Olarak Tavşan

Yaratıcılık, Sezgi, Çelişkiler ve Korku Sembolü

Tavşan, Çin astrolojisinde ay'ı temsil eder ve iyi talih diye yorumlanır; ayrıca tavşan burcunda doğanların sanatçı ruhları güçlü, çok hassas insanlar olduğuna inanılır. Genelde tavşanlar şafak vaktinde ve akşamın alacakaranlığında ortaya çıkarlar. Güneşin bir ufuktan yükselip, diğer ufuktan batışında gizemli bir hava vardır. Günün bu iki vakti görünmezin görünür olduğu, doğa ruhlarının fark edilebilir hale geldiği özel zamanlardır. Tavşan'ın doğa ruhlarıyla aynı saatlerde hareketlenmesi onu masallarda sihir ve büyüyle kolayca ilişkilendirilmiştir. Yunan mitolojisinde hayaletler, büyücülük, otacılıkla ve gece ile bağlantılı, gizemli tanrıça Hekate ile ilişkilendirilir. Kuzey Amerikan halkları ise tavşanı "*korku çeken*" diye adlandırır; korkusunu çok belli ettiği için kendisini avlayacak olanları büsbütün kendisine çektiğine inanılır.

Korku duygusunun taşıdığı enerji titreşimlerinin hedefine yönelerek, yani korkulan şeye ulaşarak onu çektiğine inanılır. Nagual olarak Tavşan bu konuda rehberlik verecektir. Sürekli bir şeylerden korkarsak, tam da o korkulanları kendimize çekeceğimizi, hatta korkulanları yaratabileceğimizi öğretmeye gelir. Ayrıca korku ve endişe dolu düşüncelerin aynen tavşanların doğasındaki gibi hızla artacağına vurgu yapar. Tavşan rehberliğine ihtiyaç duyanlar, trajedilerden, hastalıklardan, kayıplardan, başarısızlıklardan ve benzer sorunlardan korktukça, böyle olayları hayatlarına çekenlerdir.

Sürekli olarak kartalın kendisini avlayacağı korkusuyla yaşamaktansa, kartaldan daha zeki olmayı ve çevik hamleleri öğrenmesi gerektiğini bilen Tavşan hayatta kalma becerisi yüksek bir hayvandır. Nagual olarak akla takılmış, endişe yaratan konuları keşfettirecek, en iyi şekilde nasıl çözülebileceği, sorunun nasıl halledilebileceği konularında rehberlik sunar. Metaforlarla yüklü mesajlarıyla korkulardan kurtulmaya yardımcı olacak, yapılması gerekenlerin keşfine katkılar yapar.

Olumlamalar ve hayatta istenen şeylere odaklanmak pozitif sonuçlar oluşturmak amaçlı ruhsal gelişim yöntemleridir. Yürekten gelen olumlamaların enerji titreşimlerinin isteklerin gerçekleşmesine yardım edecek akımlar olduğu ifade edilir. Aynı örnekten hareket edersek ve korkuyla odaklandığımız şeyleri hayatımıza çekeceğimizi anlarsak, önceliğin korkuları keşfedip yüzleşmekte olduğunu fark ederiz. Tavşan, bilinçaltındaki gölgelere, yani derin korkulara fener tutan rehberdir. Şaman yolculuğuna bizi olgunlaşmaktan ve huzurdan alıkoyan derin korkuları inceleme zamanı geldiği için katılacaktır.

Kelebek erki yazısında da değindiğim *Alice Harikalar Diyarı'nda* küçük Alice, yolda tuhaf giyimli ve "geç kaldım" diye koşturan bir beyaz tavşanla karşılaşıp, peşine düşmüştür. Tavşanın peşinden bir deliğe atlar ve kendini olağanüstü bir serüvenin içinde bulur. Bir önceki paragrafta yazılı olduğu şekliyle Tavşan, bilinçaltına fener tutan bir yol göstericidir. Şaman yolculuğunda gözüktüğü zaman, bize olgunlaşmaya giden yolu açacaktır.

Alice'in tavşan deliğinden düşüşünün yorumlandığı sayısız edebiyat tezi yazılmıştır. İnsanın kendisini keşfinin birdenbire başladığı, soruların, sorgulamaların başlangıçta paradoksal kavramlar içerdiği, pek çok kişinin bu keşifte korku girdaplarına düştüğü şeklinde ifadelere rastlarız. Alice, bir anda zırhsız ve zeminsiz kalıveren insanı temsil ederek, aydınlanmaya giden baş döndürücü bir yolculuğa çıkmış olur. Alice metaforunu örnek veren ünlü diyalogda, *Matrix* filminde, Morpheus, Neo'ya şöyle der:

"Artık geri dönüş yok. Mavi hapı alırsan hikâye sona erer. Yatağında uyanırsın ve inanmak istediğin her neyse ona inanırsın. Kırmızı hapı alırsan 'Harikalar Diyarı'na geçersin. Ben de dana 'tavşan deliği'nden girilerek gidilen yerleri gösteririm... Unutma, sana vaat ettiğim tek şey gerçek, daha fazlası değil..."

Tanımadık ya da endişe verici bir olayla karşılaştığınızda içinize kapanıyor, kendinizi güvenilir sandığınız, kalıplaşmış bir alana kilitliyorsanız, Tavşan kendinizi sevmeyi ve korkulanla yüzleşmeyi öğretecektir. Haklı sebepleri olan korkuların dışında kalan, doğal olmayan korkuların bizi felç etmesine gerek olmadığını Tavşan öğretir. Rehberliğinde hayatlarımızın yaratıcıları olduğumuzu hissettirmek, düşünce ve duygularımızla yaratan bireyler olduğumuzu öğretmek vardır.

Hayatınızdaki bazı olaylar, ilişkiler adeta atlaya zıplaya, sürekli kendi çevrelerinde döne döne tuhaf bir seyir izleyerek sizi şaşırtıyorsa, daha planlı olmak ya da bazı planları yeniden incelemek gerekiyorsa Tavşan'ın rehberliğine ihtiyaç var demektir. Çünkü Tavşanlar hızlı, çevik ve zekidirler; keskin gözlem yetenekleri ve yüksek hassasiyetleri sayesinde süratle güvenli alanlara sıçramalarını sağlayan güçlü refleksleri vardır. Göz açıp kapayıncaya gözden kaybolabilir ve yeniden ortaya çıkabilirler. Nagual olarak an itibariyle karar gerektiren durumlarda süratli düşünme ve eyleme geçme yeteneğini geliştirmeyi öğretirler. Ne zaman ve hangi yöne gidilmesi gerektiğinde usta rehberlerdir. Şaman yolculuğuna Tavşan geldiğinde fırsatları derhal fark etmeyi ve yakalamayı öğreneceksiniz demektir.

Bazen kendimizi bir köşeye kıstırdığımızı fark eder ve bunu nasıl yaptığımıza şaşarız; bu duruma dikkat çekecek de olabilir. Hayatı rastgele yaşayamayız; aşırı hızlı ya da aşırı yavaş isek, bir dengesizlik oluşur, tekâmül duraklar, hatta durur. Büyüme, gelişme, cereyan eden hayat olaylarıyla uyumlu olmalıdır; eş zamanlılık ve eş farkındalık gerektiğinde Tavşan gelecektir. Korku dehlizlerinden geçmeyi, sezgileri güçlendirmeyi, çabuk düşünmek için zekâyı etkinleştirmeyi, hayatta her zaman çelişkilere hazır olmayı öğretecektir. Rehberliği her zaman tetikte, çevrenin ve kendinin farkında olmayı, duygu ve düşüncelerimizin güçlü enerjileriyle hayatımızın yaratıcısı olmayı öğretmektir. Enerjileri pozitif biçimde yönlendirmek, olumsuz duygulara kapılıp hayallerden sapmamak için mükemmel bir rehberdir.

Aynı zamanda alçak gönüllük ve iddiacılıktan kaçınma hususlarında rehberlik verir. Bir diğer olumlu yönü de aşkı, bolluğu, sağlığı, yuva huzurunu çekme gücüne sahip olmasıdır. Bunların ötesinde, Tavşan yemek yerken sürekli tetikte duran ve vejetaryen bir hayvandır. Doğanın dengesine işaret edercesine taze otların ve dalların hem iç zarlarını hem de yaprak ve meyvelerini yerler. Nagual olarak geldiğinde yediğinize dikkat etmenizi söylüyor ya da bir süre için vejetaryen beslenmenin güçlendirici ve şifa verici olmasına işaret ediyor olabilir.

Erk Hayvanı Olarak Tavus Kuşu

Güzellik, Onur, Dikkat ve Ölümsüzlük Sembolü

Tavus kuşu erkinde geçmişi, bugünü ve geleceği doğru anlayabilmek, küllerinden yeniden doğabilmek, özgüven vardır.

Tavus kuşlarının erkek ve dişileri pek benzemezseler de ortak özellikleri hayranlık uyandıran tüyleri ve ürkütücü sesleridir. Muhteşem tüyleri pek çok mitolojik öyküde yer alır. Örneğin Yunan mitolojisinde tavus kuşu tüylerini süsleyen göz şekillerinin Zeus'un karısı Tanrıça Hera'nın eseri olduğu anlatılır. Çünkü Zeus sevgilisi Io'yu Hera'nın kıskançlığından koruyabilmek için beyaz bir sığıra dönüştürmüş, Hera ise Zeus yine de ona yaklaşamasın diye yüzlerce gözü olan ve uyurken bile bazılarını açık tutabilen Argos'u nöbetçi görevlendirmiştir. Buna kızan Zeus Argos'u öldürtünce, Hera sadık korumacısının gözleri sonsuza dek yaşasın ve evreni süslesin diye için tavus kuşlarının tüylerine aktarır.

Babil ve Pers efsanelerinde, tavus kuşu sarayların sadık koruyucusu olarak kral tahtlarına işlenmiştir. Hinduizm'de şefkat ve iyi şans tanrısı *Lakshmi* ile ilişkilendirilir. Çin mitolojisinde Tavus kuşu tüylerindeki beş temel rengin, doğadaki beş temel sesi ifade ettiği ve bu renklerin temsil ettiği notaların bir melodi oluşturduğu anlatılır. Antik Mısır'da Tavus kuşu, Güneş Tanrısı *Ra*'yı sembolize eder. Bazı halk öykülerinde ise tavus kuşunun daire şeklinde açılan görkemli kuyruğunun cenneti, tüylerindeki gözlerin ise yıldızları temsil ettiği söylenir.

Pek çok masalda Tavus kuşu sembolizmi, güzelliğin çok ciddiye alınmaması, aslolanın yürek güzelliği olduğu hissesi çıkartılacak şekilde işlenir. Sahip olduklarımızın değerini bilmenin, hayata gülen gözlerle bakmayı sağlayan hayalleri ihmal etmemenin, güzelliği böyle yaratabilmenin değeri vurgulanır. Zümrüdüanka kuşu gibi Tavus kuşu için de anlatılan küllerinden yeniden doğuş öykülerinde geçmişe ait şeyleri, dökülme vakti gelmiş tüyler gibi geçmişte bırakarak kişiliğin güzel yönleriyle hayata devam etme sembolizmi vardır. Özgüven ve kendini değerli bulma özelliği böyle kazanılacaktır. Nagual'i Tavus kuşu olan insanlar, geçmiş hayatlarına yüreklerinden bakabilecek, yaşadıklarının karmik anlamını çözebilecektir.

Tavus kuşu tüylerinin koruyucu özellikleri olduğuna inanılır ve şifalandırma ritüellerinde yaranın ya da hastanın bedeni üzerinde hafif salınışlarla gezdirilir. Böylelikle o kişinin enerji alanına girmiş olumsuz psişik damgaların silinmesi amaçlanır. Nagual'i Tavus kuşu olanlar çoğunlukla hassas bünyeli olurlar; enerji alanlarının korunması önem taşır. Bu erke sahip olanlar, taşıdıkları aura renkleriyle dikkat çeken, yeteneklerine saygı duyulan, seçtikleri her alanda yükselme ve lider olma potansiyeli taşıyan insanlardır. İhtişamlı duruşu ve renkleriyle doğanın değerini hissettiren Tavus kuşu gören herkeste hayranlık uyandırır. Özgüvenlerini ve enerjilerini yükseltmek isteyenlerin şaman yolculuklarında Tavus kuşunun rehberliği çok değerlidir.

Şaman yolculuklarında da görkemli duruşlarıyla güzel duygular uyandırır, zarafet ve özgüven sunmaya geldiklerini hemen ifade ederler. Hayat boyu Nagual olarak değil de, dönemsel rehberliğe gelmiş olsa da, Tavus kuşu güzelliğin geçici oysa yaşam sevincinin kalıcı bir nimet olduğunun fark edilmesi konusunda hassas mesajlar verecektir. Hayata gülümseyerek yaklaşıldığında bazı yolların kolayca açılacağını hatırlatacaktır.

Tavus kuşu, hayatına girdiği kişilerde onur, namus ve ahlak değerlerini güçlendirir; dost çevrelerini oluştururken bu faziletlere sahip insanların seçilmesinde rehberlik eder. Doğru bildikleri yolda ilerleyenlere inançlarından vazgeçmemeleri için destek verir. Bu rehberliği alanlar, gösterişten uzak durmaları, kendi güzel renklerini olduğu gibi sunarak da ilgi ve sevgiyi bulabileceklerini öğrenirler. Her zaman ilgi odağı olacaklar, gözler üzerlerinde olacak, hem güvenilir, hem özgüvenli bir kimlikle ilerleyecekler.

Erk Hayvanı Olarak Tilki

Becerikli, Yeniliklere Açık, Yaratıcı Olmanın Sembolü

Bu erkin rehberliğinde kendini fiziksel, zihinsel ve ruhsal açıdan iyi tanımak, hayatındaki diğer insanları ve ilişkilerini doğru yorumlamak öğrenilir. Tilki erki aynı zamanda süratli karar vermeyi ve eyleme geçmeyi öğretir. Bazı kararlarda ısrarcı olmak gerektiğinde, eylemlerde cesur olmak gerektiğinde, gözlemlerin keskin olması gerektiğinde Nagual olarak Tilki gelecektir.

Tilki, zeki ve kurnaz bir hayvandır. Yeni ufuklara açılma vakti geldiğinde, yaratıcılığın tam zamanı olduğunda, başkalarıyla ilişkileri doğru tartmak gerektiğinde, yumuşak davranmak ama süratle ve azimle hareket etmek önem kazandığında, cesarete ve gözlem gücüne ihtiyaç duyulduğunda Nagual olarak girer. Bedenin eril ve dişil enerjilerinin dengesi hem ruhu dengeler, hem sağlam basmayı sağlar. Yaşama uyumda dişil enerji yetersiz kalıyorsa, bu dengeyi sağlayacak rehberliği Tilki verir.

İlişkilerinde sorun yaşayanların kendilerini çok öne çıkartmadan çevreleriyle uyum sağlamaları için, sabrı öğrenmeleri için gizleme yeteneği çok yüksek olan Tilki rehberliği gerekir. Nagual olarak desteğini verirken, özellikle dikkat ve özen gerektiren durumlarda insanlarla geçinmenin yol yordamı gelişir; sakin, hatta suskun beklemeyi, isteklere bu şekilde ulaşmayı öğrenirler.

Antoine de Saint-Exupéry'nin *Küçük Prens* adlı eserinde Tilki'nin rehberliğiyle karşılaşırız. Küçük Prens'e hayatta nelerin gerçekten önemli olduğunu öğretir. "Doğruları gören sadece kalptir, "sorumluluk" kontrol etmek, sahiplenmek değil, sevmek demektir" der. "Gülü senin için bu kadar önemli kılan onunla geçirmiş olduğun zamandır" der. Sonra en çok alıntılanan cümlesini söyler: "Öz gözlerle görülmez, sadece kalple görülür". Bu muhteşem öyküde Tilki, Nagual rehberliğinde yazdıklarımızı özetler Küçük Prens'e. Gözün önünde, avuçta olanı hep uzaklarda aradığımızı, dinlemeyi beceremediğimizi, sabırsız olduğumuzu, sevmeyi yeterince bilmediğimiz için önemsiz sözlere çok önem verdiğimizi hatırlatır.

Tilki, insanın gelişiminde çok önemli bir husus olan doğruyu yanlıştan ayırt etme becerisini öğretir. Ayırt edici teşhis, sunulanlar, görülenler, duyulanlar arasından doğru olanı yüreğiyle anlayabilmektir. Kendisi için iyi, uygun, doğru olanı, zihinle değil, yürekten farkındalıkla seçmektir. Konuşanlar çok önemli kişiler de olsa, kitaplar milyonlarca satmış da olsa, sunulan bilginin bir yerinde sezgisel olarak bir şey rahatsız ederse, bir ses tonu, bir kelime bir şüphe düşürürse, gerçekliği hakkında içsel bir huzursuzluk hissettirirse, bu hissin farkına vardıran erk Tilki erkidir.

Erk Hayvanı Olarak Timsah

Kadim Bilgiler, Hayatta Kalış Becerisi Sembolü

Timsah, Toprak Ana'ya bağlılığı, başkalarının yanıltıcı hallerini sezerek anlamayı, intikam yerine sabrı temsil eder. Bu gezegende milyonlarca yıldır yaşayan, yaratışı ve yok edişi sembolize eden, kadim enerjilerin bilgisini ve gücünü taşıyan hayvandır. Şaman yolculuğuna giren Timsah'ın rehberliğinde kadim enerjileri öğrenmek, doğru hocaları bulmak, bilgeliğin anahtarlarına ulaşmak mümkün olacaktır. Nagual olarak mesajı yeni bilgilere, yeni bilgeliklere hazır olun şeklinde gelecektir.

Kendisini çamur ve su içerisinde gizleyen Timsah, durumdan hiç şüphelenmeyen avını sabırla bekler ve sonra onu süratle yakalar. Her hayvanı yiyebilir ve bütününü tek defada yutamayacaksa, önce parçalara böler, sonra yavaş yavaş yer. Müthiş gücüne rağmen, aç olmadıkça yani gerekmedikçe avlanmaz. Timsah'ın lügatinde israf olmadığı için rehberliği süresince neleri tükettiğinize, nelere ihtiyacınız olduğuna karar vermeden önce bedeninizi dinlemenizi söyleyecektir. Ayrıca yeni bilgilere merak büyük meziyet olsa da kafa karıştıracak bilgi karmaşasından kaçınılması konusunda rehberlik verecek, her yeni bilginin incelenmesi ve parça parça hazmedilmesine vurgu yapacaktır. Nagual olarak yaşamı aceleci olmadan, hazmederek deneyimleme gereğine işaret edecektir.

Timsahların gözleri kafalarının oldukça yukarı bir yerinde olduğu için suyun altında gizlenmişken bile yukarıda olup biteni gözlemleyebilirler. Buradaki sembolizmde gözle görülmeyen öteleri görebilme becerisini ifade eder. Ne zaman suya dalarak saklanacağını, ne zaman suyun sathına çıkacağını, ne zaman atak yapacağını, eyleme geçeceğini bilen bu Nagual'in rehberliğinde nasıl sabırlı olunur, uygun zamanlama nedir ve eyleme geçecek zaman nasıl seçilir gibi kavramlar öğrenilir. Nagual'i timsah olan kişiler gözlerine özen göstermelidirler.

Timsahın kendisini suya dalarak gizlemesinde insanın duygusal kimliği de ifade bulur. İkinci çakranın temsil ettiği emosyonel yapımızın derinliklerine gömülü, gizli duyguların arındırılması, serbest bırakılması anlamını taşır. Timsah kadim bilgilerin koruyucusudur ve su kadim enerjidir, hayat iksiridir, bahşedendir, kandır. Yağmurlu mevsimlerde, suların yükseldiği dönemlerde Timsah derin oyuklar kazar, kuru mevsimlerde kaçıp gizleneceği nemli sığınakları hazırlar. Bu sığınaklar başka hayvanların da gelip su içtikleri rezervuar yerleri olur. Çok saldırgan diye bilinen Timsahlar rezervuarlarını susamış diğer hayvanlarla paylaşarak, ihtiyacı olanlara gösterilmesi gereken şefkat ve saygıyı temsil eder.

Timsah yaşama tutunuş ve hayatı sürdürüş erki taşır. Yetişkin bir timsah için kendisinden daha iri ve öfkeli bir diğer timsahtan ve avcı insanlardan başka tehlike yoktur. Yavru timsahların işi ise zordur çünkü tilki, ayı, yılan ve yırtıcı kuşların avı olurlar. Nagual olarak Timsahın rehberliği arasında çeşitli tehlikelerden korunma önerileri baş sırayı alabilir. Hayata tutunabilmeniz için en temel gereksinimlerin neler olduğunu öğretmeye gelmiştir.

Timsahlar sadece çiftleşecekleri zaman bir araya gelen, her birisi son derecede "nevi şahsına münhasır" denilen türden, farklı özellikleri olan canlılardır. Bu erke sahip kişilerin çoğu genelde yalnız olmayı tercih eden, ısrar edilmedikçe ve çok gerekli olmadıkça gruplara karışmayan, kalabalıklardan hoşlanmayan kişilerdir. Ancak her koşulda ayakta durmayı bilir, bulunduğu yeri koruyabilirler; güçlü nitelikleriyle büyük liderler çıkar aralarından.

Erk Hayvanı Olarak Uğur Böceği

Aydınlanma, Şans, Hayallerin Gerçekleşmesi, Korunma Sembolü

Uğur böceği, evrenin merkezine uzanarak geçmiş hayatlarla bağlantı kurmanın, ruhsal aydınlanmanın, ölüm ve yeniden doğuş döngüsünün sembolizmini içerir.

Avrupa inancında Uğur böceğinin bir dileğin gerçekleşeceğini müjdelediğine, zorlamadan ulaşılacak hayalleri temsil ettiğine inanılır. Norse inancında dünyaya ilk uğur böceği bir yıldırımla düşmüştür ve Aşk Tanrıçası tarafından yollanmıştır. Avrupa folklorunda, giysisine uğur böceği konan kişinin tez zamanda evleneceğini, cilde veya saça konmuşsa şans habercisi olduğunu, hatta her görüldüğünde üç dileğin gerçekleşeceğini anlatan öyküler vardır.

Uğur böceğinin Anglosakson lisanlardaki adı olan *ladybug* kökenini ortaçağdan alır çünkü Hristiyan inancında Hazreti Meryem'e

Our Lady denir ve onun böceği olarak kabul edilmiştir. Başka spritüel öğretilerle ilişkilendirilmesinin kökeninde bu vardır. Naguali Uğur böceği olan bazı kişilerin hayatlarının bir döneminde din ile yakından ilgilenmiş ya da meditasyona düşkün olduklarını görebiliriz. Bu erke sahip olanlar aileye ve etik değerlere büyük önem verirler.

Genellikle parlak siyah, sarı ve kırmızı renklerde olan Uğur böceği tüm iklimlerde yaşayabilir. Kabuğu yırtıcı hayvanlardan korurken, kanatlarıyla vücudunun alt yumuşak bölgelerini tamamen kapatabilir. Parlak rengi sayesinde tehlikeli hayvanları kendisinden uzak tutmayı başarırken bacaklarındaki alıcı nöronlar bütün titreşimleri algılamasını sağlar ve dokunduğu şeylerin enerjisini hemen fark eder. Kendini koruma örnekleriyle rehberlik vereceği hususlar kendi korumayı bilmenin önemi, korunmada beden lisanının gücü ve en önemlisi kendini korumaya alırken ille de saldırgan olmak gerekmediğidir. Ayrıca pek çok insan böceklerden korkarken, uğur böceğinin zararsız olduğu hissini veren görüntüsü korku yerine şefkat duyguları uyandırır; hatta çok sevilen bir böcektir. Burada kendimizi tehlikelerden koruma konusunda örnek alınacak bir husus vardır.

Küçücük boyuna rağmen, Uğur böceği korkusuz bir hayvandır. Neşenin, coşkunun olduğu yerde korku barınamadığından, Uğur böceğinin taşıdığı mesaj umut mesajıdır. Yaşam sevincinin korunduğu, korkuların terk edildiği hallerde, güven içerisinde ve mutlu yaşanabileceği umudunun mesajıdır bu. İnsan kendisine ve evrene güvendiğinde, zaaflarına teslim olmadığında, ruhunu kozmik akışa bıraktığında, hayatın güven ve huzur içerisinde akacağı mesajını ve hayatın akışında evrenin mükemmelliğinin yansımasını temsil eder.

Uğur böcekleri ömürleri dört hafta süren böcekler olduğu için tek bir yaz döneminde çok sayıda Uğur böceği nesliyle karşılaşırız. Sembolizminde yenilenme enerjilerine gönderme olduğu kadar, hayatın sınırlı sürelerinin farkındalığıyla her şeyi aşırı dert etmemenin, doyasıya yaşamanın, anda kalabilmenin önemine vurgu vardır. Uğur böceği rehberliğinin özünü evrene, sezgilere güvenle hayatın tadını alabilmek oluşturur.

Uğur böcekleri kısa ömürleri boyunca "yaprak bitleri" tabir edilen zararlı böceklerden binlercesini yedikleri için çiftçilerin şans melekleri kabul edilirler. Ancak bu beslenme tarzı kendi sindirim sistemlerinde parazitlere sebep olur. Bu erk hayvanının mesajları arasında beslenmeye ve sindirim sistemine özen vardır.

Şaman yolculuğunda Uğur böceğine rastlanması, şans ve korunmanın yükseldiği zamanlara işaret eder. Niyetlerin gerçekleşeceği, hayallere ulaşmanın yakın ve mümkün olduğu bir dönemi müjdeler. Sonbahar ve ilkbahar mevsimleri, bu erke sahip kişilerin en şanslı ve bereketli dönemleridir. Uğur böceğinin şaman yolculuğuna girmesi, dertlerin kaybolacağına, yeni mutluluklara yelken açılacağına işarettir. Hedefleri yükseltme, arzulara odaklanma, gerçekleşeceğine inanma vakti geldiğini anlarız. Ancak yine de zorlamalardan kaçınılmasını öğütler. Fazla iteklemelerin ters tepmemesi için olayların kendi seyrinde ilerlemesine izin verilecek zamanlar da olabileceği mesajı vardır rehberliğinde. Hayallerin doğru olan vakitte, evrenin mükemmel zamanlamasıyla sonuçlanacağını ifade eder.

Erk Hayvanı Olarak Yarasa

Yeniden Doğuş, Dönüşüm, Acıyı ve Kederi Anlayış, Gözlem Sembolü

Yarasa'nın sembolizminde yeni fikirlerin tohumlanması, görünmezlikle izleyebilmek, ses titreşimlerinin kullanılması, sırlar ve gizemler vardır.

Yaşam içerisinde cereyan eden değişimlerin bir şans, olayların çoğunun aslında gerekli ve mükemmel olduğunu, korkuların yararlı öğretilere dönüşeceğini, sezgilere güvenmenin önemini temsil eder. Hayatta yeni bir dönem başlarken izlenecek yolun doğru seçimiyle bilinmeyen, karanlık sanılanın aslında yepyeni bir aydınlık olacağını ifade eder. Yarasa rehberliğinde dünyayı yeni bir bakış açısıyla algılamak mümkün olur çünkü titreşimlere duyarlılık ve sezgilere güven kazanılır. Gözlem becerisinde artış, sosyal ortamları ihmal etmeden yalnız olabilmeyi de öğrenmek, kişinin farkındalığını yükseltecektir.

Şaman inisiyasyonunun bir aşamasında bir ölüm ritüelinden geçilir. Bazen Hocanın desteği, bazen bitki ruhlarının yardımı, bazen oruç ile ulaşılmaya çalışılan bu bilgilenme ritüelinde korkularla yüzleşilir ve eski kimlikler terk edilmiş olarak yeniden doğmak amaçlanır. Bu ritüel boyunca şaman yolculuklarına bazen Yarasa girer çünkü rehberliğinde korkuları ve gelişim sürecine uygun düşmeyen çeşitli kalıpları terk etme öğretisi vardır.

Şaman yolculuğuna giren Yarasa, hayatı yaşayış biçiminde değişim olacağının, yaşamın farklı bir desenle dokunacağının mesajını verir. Geçişler pek çok kimse için ürkütücü olabilir; hatta düşünmesi bile korku uyandırabilir. Ne var ki, artık ihtiyaç kalmamış yükler terk edilmeden spritüel tekâmül mümkün değildir. Karanlık ile yüzleşildiğinde yeniden doğuşun aydınlığı bulunur. Nagual olarak Yarasa, yeni kimliğin doğuşu boyunca gerek duyulacak isabetli kararların rehberliğini, değişim bilgeliğini sunar.

Yarasanın kuduz bulaştırmasından korkulur ve bu hastalığın sonuçlarından birisi deliliğe yol açabilmesidir. Erk sembolizminde, kontrolsüz korkuların yaşam sistemini tümüyle sarabileceği, hayatımızda bir tür çılgınlık hali yaratabileceği vardır. Korkularımızla yüzleşmemizi hatırlatmak için, korkuların dünyamızı sarmaması için rehberliğe gelmesi bu sembolizmle açıklanır. Korkularımıza karşı duruşun öğretmenidir.

Kanatlarının çıkardığı ses dalgalarının geri yansımasıyla besleneceği böceklerin yerini bulan Yarasa, kendi çıkardığı sesin çarptığı yüzeylerdeki yankıyı dinlediği özel işitme yetisiyle karanlıkta rahatlıkla yolunu bulur. Bu doğal sonar sistem Yarasa'ya karanlıkların neleri sakladığını bilme becerisini vermiştir. Nagual olarak şaman yolculuğuna girdiği kişilerde hem fiziksel çevresindeki, hem ilişkide olduğu insanların derinliklerindeki mesajları anlamayı sağlayacak farkındalığı geliştirir. Yarasa erkini kullanmayı öğrenen ve ustalaşan bir insanın sezgileri çok güçlenir; öteyi duyuş yetileri çok artar.

Bilimsel bir çalışmada buzdolabına kapatılan yarasaların derhal kış uykusuna geçtiği, dışarı çıkartılarak ortam ısıtıldığında, memeli hayvanlara özgü biçimde, bedensel bir zarara uğramadan canlandıkları görülmüş. Bu deney defalarca tekrarlanmış, çeşitli kapalı soğuk mekânlara kapatılan tüm yarasalar aynı özelliği göstermiş. Yarasaların güçlü yaşam enerjilerini, ihtiyaç halinde kendilerini rejenere edebildiklerini, yeniden canlanabildiklerini, farklı koşullara yüksek uyum özelliği taşıdıklarını görmemizi sağlayan bir çalışma olmuş. Beslenmede, üreme özelliklerinde her koşula mükemmel uyum becerisi bu erk hayvanının öncelikli mesajının içeriğini oluşturmaktadır. Bulunulan çevreyi iyi gözlemlemenin, iyi tanımlamanın ve değerlendirmenin önemine işaret eder. Nagual olarak geldiği kişiye çevresini ayrıntılı incelemesini, özel bir durumdan, özel bir koşuldan nasıl yararlanacağını, ne tür avantajlar sağlayacağını süratle tespit etmesini öğretir. Koşullara uygun şekilde uyumlaşmayı veya değişim modellerini Yarasa öğretir. Nagual'i Yarasa olanlara yoganın her türlüsü, özellikle kundalini'yi uyandırma yogası önerilir.

Johann Strauss II'nin "Yarasa opereti"nin başlangıç bölümünde oyunun kahramanlarından ve biraz düzenbaz olan Dr. Falke bir maskeli baloya yarasa kıyafetiyle katılır. Dönemin toplumsal değerlerindeki kaybı, aldatma, intikam gibi beşeri zaafları işleyen eserin son sahnesinde düşman olduğu kişi Dr. Falke'ye hitaben "Yarasa, yarasa, en sonunda kurbanının kaçmasını sağladın" başlıklı ünlü aryayı söyler. Strauss'un operetine "Yarasa" adını verişinde kolektif bilinçaltındaki Yarasa sembolizmin kodlarını buluruz. Dr. Falke, Nagual'i tanımlayan paragraflarda anlatılan özelliklere sahip bir kahramandır; yani "özel bir durumdan, özel bir koşuldan nasıl yararlanılacağını, kendisine ne tür avantajlar sağlayacağını" iyi bilendir. Oyunun sonuna doğru düştüğü durumu ise bir sonraki paragrafta tanımlayacağım Yarasa özellikleri açıklayacaktır.

Dengesi bozulan Yarasa kargaşaya düşer, şaşkına döner, çevresindeki nesnelere çarpmaya başlar. İhtiyaç duyduğunuz, gerçekleşmesini çok arzu ettiğiniz şeylere ulaşmak için çabalıyor ama sürekli engellere çarpıyorsanız, Yarasa rehberliğe gelecektir. Mesaj açıktır: bir adım geri çekilmeniz, davranışlarınızı, ilişkilerinizi yeniden toparlamanız, kontrolü yeniden ele geçirmeniz, aradığınız şey her ne ise bunu yeniden değerlendirmeniz gerekmektedir.

Yarasalar arkadaş canlısı, munis, girgin hayvanlardır. Daha fazla sosyalleşmemiz, daha fazla fırsat yakalamak için daha çok insanla daha verimli ilişkiler kurmamız, böyle hedefler koymamız gerektiğine işaret etmeleri kaçınılmazdır.

Erk Hayvanı Olarak Yengeç

Döngüler, Yenilenme, Dönüşüm Sembolü

Yengeç, dönemsel Nagual olarak kendisini gösteren bir erk hayvanıdır. Gökyüzünde ayın, yeryüzünde suyun gelgitlerindeki ahenkli uyumu, doğanın mükemmel ritmini temsil eder. Sembolizminde güven, duyguların önemi, koruma özellikleri de vardır.

Nagual olarak Yengecin hareketi önemlidir. Karada ilerleyişi yan yan ve step dansı yapar gibidir; hiçbir zaman düz, yani öne doğru ilerlemez. Vurgulamak istediği konu, karşımıza çıkacak yolların her zaman düz olmayacağı, düz gibi gözüken yolların da her zaman ulaşmak istediğimiz yere varmayabileceğidir. Esnek olmak, alışılmamış kavisler çizmek hedefi mümkün kılacaksa, bunu hatırlatmaya Yengeç erki gelecektir.

Çok uzun planlanmış, çok ayrıntılı incelenmiş ve çok garanti sayılan pek çok eylem planı, zaman, mekân ve koşullar uygun değilse, kişiyi hedefine ulaştırmayabilir. Geleceği doğru öngörmek kolay olmadığı gibi, değişimlere sıcak bakmayan, metodik saplantıları olan kişilerin esnek alternatifler araması neredeyse imkânsızdır. Nagual olarak Yengeç böyle hallerde gelir; belli bir yöne hareket eden ama yanlış yolda olduğunu fark etmeyen veya ulaşmak istediği hedefe alışılmadık yolları denese erişebilecek olan kişilere alternatif çözümler üretmeyi öğrenmesinde rehberlik edecektir.

Kendi doğal davranışlarıyla örnekleyeceği mesajları kısadır, rehberliği kısa sürelidir. Yengecin doğadaki özel hareketlerinden yola çıkarak rehberlik konularını belli başlıklarda toplayabiliriz:

Hayatın hep düz gitmeyeceğini anlayışla karşılama, seçenekler olabileceğinin farkındalığı;

Dönüşümün korkulacak değil, yolu yordamı bulunacak bir yaşam modeli olduğu;

Koşullar doğrudan savaşmaya uygun değilse, yan yollar keşfederek kaçınılabileceği;

Tehlike anlarında veya karamsarlıklarda ruhun evrimi için dans etmeninin önemi;

Suyun taşıdığı duygu enerjilerinin farkındalığı, duygusallığın bir erdem olduğu;

Gereksiz olana ya da artık ihtiyaç duyulmayana yeni kullanım alanları bulmanın önemi;

Yuvanın ihmal edilmemesi, korunması gerektiği…

Olayları doğal seyrine bırakıp, akışı doğrultusunda hareket etmek, saldırmaya ya da savunmaya gerek bırakmayacaktır. Yengeç alışılmışın dışındaki seçeneklere yönlenmenin, az bilinen ama az engelli yollarla amaçlara ulaşmanın rehberidir. Katı algıları terk ederek, kendimizi anın dalgalarına bırakmanın hem iyi hissettireceğini hem de amaca ulaştıracağını öğretir. Yengeç, değişime hazır ve esnek olunduğunda ihtiyaç duyulan her şeyin doğal biçimde karşılanacağı ve ilahi olarak korunacağımız bilgisini sunar.

Erk Hayvanı Olarak Yılan

Yeniden Doğuş, Sonsuzluk, Hayatın Gizemleri, Psişik Enerji Sembolü

Yılan çok güçlü bir Nagual'dir ve kutsal mekânların, gizli bilgilerin koruyucusudur. Kabuğunu, üzerinden soyup atarak değiştirişindeki sembolizmde ilüzyonlarımızı, sınırlılıkla ilgili kanaatimizi nasıl atmamız gerektiği vardır; yaşam enerjisini yükseltmenin, evrenle bütünleşmenin yolu burada başlar.

Yılan bedeninin bükülebilir, eğrilebilir özelliği çok süratli, çevik, atik olmalarını sağlar. Nagual olarak gelecek Yılan, hayatınızda çok hızlı geçişler, değişimler, değişiklikler olacağını haber veriyor olabilir. Bu değişikler, eskinin ölümü ve henüz keşfedilmemiş gücün, yaratıcılığın ve bilgeliğin içerisine doğumu ifade eder.

Yılanlar tarih boyunca çok saygı duyulmuş erk hayvanlarıdır. Onlarla ilgili efsaneler, genellikle yaradılış, değişim ve dönüşüm üzerine kurulu olsa da farklı kültürler arasında hiçbir konu yılanlara ilişkin duygu ve düşünceler kadar keskin farklılık göstermez. Bedensel birleşmenin tabu olmayıp aksine kutsandığı kadim kültürlerin çoğunda Yılan, eril ve dişil enerjileri birlikte barındıran üstün bir varlık sembolüyken semavi dinlerde çağrıştırdığı cinsellik nedeniyle şeytani güçlerle ilişkilendirilmiştir. Havva'yı baştan çıkartanın, insanoğlunu cennetten kovduranın yılan olduğunu görürüz. Hinduizm'de omurganın dibine çöreklenmiş şekildeki Yılan'ın *kundalini* diye isimlendirilen enerjisi yükselerek duygusal, zihinsel, spritüel enerji merkezleri olan çakraları stimüle eder. Yunan medeniyetinde şifa ve bilgeliğin, kadim Yahudi inancında Toprak Ana'nın ve doğurganlığın, antik Mısır'da ise ölümsüzlüğün sembolüdür. Kelt inanında doğurganlık ve bereket tanrısı Cernunnos'un bacakları olarak tasvir edilir.

İngiltere'de Hıristiyanlık güçlenmeye başlayınca, Kelt toplumundaki yüksek spritüel bilgeliğe son verilmesi kararı alınmış ve Druidler kovalanmaya, yakalanmaya ve sürülmeye başlanmıştır. Dogmatik kardinaller spritüaliteden, ruhsal aydınlanma teorilerinden hiç hoşlanmadıkları için Yılan sembolü kullanımını bilinçaltı cinsellik ifadesi olarak yargılamışlardır. Bu operasyon İngiltere Kilise kayıtlarına "İrlanda'dan yılanları kovduk" şeklinde geçmiştir. Mitolojik öykülerde gökkuşağının yılan bilgeliğinin habercisi olduğuna, yılanın şifa verici ya da hayatın gizemlerini keşfeden bilge olduğuna rastlarız.

Şamanik açıdan Yılan, kutsal dönüşümü, değişimi, insanı yaratan ve canlılığını veren enerjileri temsil eder. Şaman'ın ruhlar âlemine seyahatlerindeki sihirli kordonun, bu bağlantının kendisi olduğuna inanılan Yılan enerjisi kozmik bütünlük bilincidir; herhangi bir şeyi direnç göstermeden, istekle denemeye hazır olma yeteneğidir.

Yılan'ın çok güçlü rehberliği, dönüşüm ve şifa enerjileri taşımasından, yaratıcı güçleri uyandıracak, ilham ve sezgileri arttıracak olmasındandır. Yılan derisini değiştirdiğinde yeni bir varlığa dönüşür; deri değiştirmesi, ölümü ve yeniden doğumu simgeler. Şaman yolculuğuna Nagual olarak Yılan geldiğinde önemi ve değeri kalmamış inançları ve alışkanlıkları atarak daha yüksek bir ruhsal enerjiye erişebileceğimizin habercisi olur. Pek çok kadim uygarlıkta Yılan kendi kuyruğunu yutar gibi resmedilmiş ve sonsuzluk sembolünü oluşturmuştur. Yılan erkinde, derisini değiştirmeye hazır olanlara değişim ve dönüşüm spirallerinden geçiş rehberliği vardır. Deri değiştirmek ayrıca astral seyahatler edebilme ve beden-dışı deneyimlerle de ilişkilidir.

Yılanın gözleri her zaman açıktır; bakanın göremediği saydam ve hareketsiz zar tabakalarıyla kaplıdır. Derisini dökmeden önce bu zar hafifçe koyulaşır, mavileşir ve gözleri transa geçmiş gibi bir hal alarak ta içinize bakıyormuş gibi hissettirir. Nagual olarak başka insanların yüreklerinin derinliklerine bakabilmeyi öğretmeye gelmesi bu sembolizmde gizlidir. Yılanların kulakları yoktur ama kafalarının içerisinde bulunan küçük kemikler sesi geçirir; çok düşük frekanslı sesleri bile duymaları bu anatomik sistem sayesinde mümkün olur. Topraktan gelen bütün titreşimleri derhal algılamaları onları tüm gizemlerin saklı durduğu yer altı dünyasına bağlar.

Tilki erkinin yazısında gönderme yaptığım *Küçük Prens* romanından bir alıntı da Yılan Nagual'i için yapmak isterim. Öykünün rehberlerinden Çıngıraklı Yılan bu gezegenin alt dünyasının bilincidir ve umudur; ışığın rengi olan sarı renktedir. Küçük Prens'le konuşurken onun düşüncelerini yetkinleştirir ve içsel tapınağının kapısını açar. Romanın sonunda Küçük Prens'in kendi gezegenine geri dönebilmesi bu yılanın onu ısırmasıyla mümkün olacaktır ve Küçük Prens ondan bunu rica eder, yalvarır. Tüm hayat derslerini aldıktan sonra Yılan'ın nihai bilgeliği ile bu dünyanın çölünden yuvası olan kutsal öte dünyaya ulaşır.

Erk Hayvanı Olarak Yunus

Hayat Nefesi, Denge ve Toplum Sembolü

Yunus bize doğanın geometrisi ve ritmiyle uyumlu yaşadığımız takdirde var olan her şey ile ortak bir titreşime geçilebileceğini, iletişim kurulabileceğini öğretir. Herkese dokunmanın, bilgeliği ilgilenen herkesle paylaşmanın erdemini gösterir.

Kimileri Yunusların insanlardan daha zeki varlıklar olduğuna inanırlar. Hata farklı bir boyuttan gelmiş dünya dışı varlıklar olduğu inancını taşıyan halklar da vardır. Yunus'un beyni gerçekten oldukça büyük ve zekâsı çok yüksektir. Mitolojik kaynaklarda sıklıkla daha yüksek bilinç varlıklarıyla ilişkilendirilir ve hatta spritüel bağlamda bizlerden çok daha yüksek bir evrim düzeyinde olduğuna inanılır.

Yunus nefesin gücü ve duygusal özgürleşmeyle ilişkili erke sahiptir ve bu ikisi zaten doğrudan ilişkilidir. Ruhsal tekâmülün en önemli hususlardan birisi kendimize tüm hissettiklerimizi doyasıya deneyimleme özgürlüğü vermektir. Çoğunlukla olumsuz duyguları baskılar çünkü onları taşımak ve farkında olmak istemeyiz; ağrı,sızı, öfke, yas, acı gibi hisleri kendimizden uzak tutma gayretinde oluruz. Bundan vazgeçilmesi önemlidir çünkü bu reddedişler kaçınılan rahatsızlıkların temelini oluşturur. Duyguları sahiplenmek, onları hissetmek gereklidir çünkü baskılanmakla gitmeyecek, bilinçaltına itilecek, bloke edilmiş enerjiler olarak orada durmaya devam edeceklerdir. Bu bloklar sadece bedensel sorunlar oluşturmakla kalmaz, yaşam şevkini ve sevincini yitirmeye yol açarlar. Hayata ve dünyaya karşı farkında olmadığımız bir duyarsızlık oluşur.

Nefes alıp vermek, dış dünyayı algılamamızın, nasıl bir iletişim kurduğumuzun ifadesidir. Dünyayı tüm acıların kaynağı olarak algılayanlar, çok erken yaşlarda dahi, nefeslerini tutmaya, daha doğru ifadeyle nefesi içlerinde sıkıştırmaya başlarlar. Oysa diyaframımız sadece nefes almakta değil, derin duyguları tatmakta da bize yardımcı olmaktadır; diyaframı sıkıştırmak yaşam sevincini baskılamaktır. Derin nefes almayı öğrendiğimizde derin duygular hissetmeyi öğreniriz ve bu çok önemli bir şamanik bilgidir. Derin nefes derin hislerin motorudur; derin soluk verişler katılaşmış, baskılanmış duygu kümeciklerinin bedeni terkini sağlar. Yunus'un nefes alıp veriş şekli şamanik bir öğretidir. Yunus derin bir soluk aldıktan sonra suyun altındayken nefesini tutar. Sonra suyun sathına çıkar ve çok büyük güçle nefesini salar. Stresten kurtulmak için sadece yunusların soluklarını izlemek yetecektir.

Astroloji dâhil olmak üzere pek çok inanç öğretisinde su duygularla ilişkili bir elementtir. Eğer şaman yolculuğunuza Nagual olarak sularda yaşayan Yunus girerse, fiziksel, zihinsel ve duygusal olarak hisler okyanusunda yüzmeye ve kendinizi akışa bırakmaya teşvik edecektir. Yaşam sularına nasıl dalınacağını öğretecek ve sonra kendi nefesi ve sesiyle hayatta en istediğiniz, en ihtiyaç duyduğunuz şeyleri sizin için çağıracaktır.

Hindistan'da doğup, Sufizm'in kavramlarını batılı kültürlerde anlaşılabilecek bir şekilde anlatan *Evrensel Sufizm* ekolünün kurucusu Inayat Kahn'ın "*İnsan ve Evren Arasındaki Köprü*" adlı yazısı şöyle başlar: "Varedilen herşey 'ol' emri, yani bir ses ile yaratılmıştır. Bu nedenle hepsinin özünde ritim ve ton yani müzik vardır. Gerçek müziğin farkına varan ve onun ardındaki sırrı çözebilenler, bütün evren ile aynı frekansta titreşir ve her şeyle anlaşıp, konuşabilirler; tıpkı yunuslar gibi..."

Sesin yaratıcı bir yaşam gücü olduğu kadim şaman öğretisinde sıklıkla yer alır ve Yunusların hayatlarında nefes kadar ses de çok önemli yere sahiptir. Kendilerini ifade için kullandıkları çeşitli ıslıkları, homurtuları, kliklerinin yanı sıra her Yunus'un sadece kendisine özel bir ıslığı da vardır. Bir başka yunusun dikkatini çekmek isterse, bu özel ıslığını çalar. Nagual olarak bunu öğretecek ve "etrafındakilerle iletişim kur" diyecektir. Rehberliğe geldiğinde hem insanlarla iletişim için, hem de şifa amaçlı olarak sesi kullanmayı öğretecektir. Dileyenler bu beceriyi mesleki olarak da değerlendirebilirler.

Yunus tüm bilgeliğiyle şaman yolculuğuna girdiğinde yürekten kabul etmek, sevgi dolu, uyumlu enerjilerine ruhu açmak iyi gelecektir. Gelmesinin sebebi kendi kendinizle yüzleşmeniz, yaşam arzularınızı baskılamaktan vazgeçmeniz içindir. Yunus benliğinizi keşfetmenizi ve duygularınızı serbest bırakmanızı öğretecektir.

Serpil Yılmaz'ın "*Mesnevî'de Metaforik Anlatımlarda Kullanılan Hayvan Motifleri ve Felsefi Değerlendirmesi*" tezinde şöyle bir bölüm vardır: "Mevlânâ balık metaforunu ruh ve akıl anlamında kullanmıştır. Ruhun ve aklın uykuya dalmasını varlık denizinde batmaya ve her gün yeniden uyanışını ve dirilişini de balığın denizden baş çıkarmasına benzetmiştir. 'Sabah vakti, o Tanrı'ya mensup ruhlar ve akıllar, balıklar gibi denizden baş çıkarırlar.' Mevlânâ, 'Yunus ve Balık' metaforua batınî açıdan değinmiştir. Mesnevî'de Yunus, Peygamber ruhunu temsil etmektedir..."

Nagual olarak kendinizi ve dünyanızı daha çok sevmeyi öğrettiği kadar toplumsal açıdan dengeli ve uyumlu yaşamanızı da önerecektir. Yunuslar sayıları yüze ulaşan sürüler halinde, büyük dayanışma içerisinde yaşarlar. Biri doğum yaparken etrafını ona yardımcı olacak bir grup sarar, yavruyu kuyruğundan çekerek doğmasına yardım eder, sonra yavruyu tehlikelerden korumak için çember olurlar. İçlerinden birisi hastalanır, yaralanırsa, öteki yunuslar yardıma koşar, birlikte sırt vererek su yüzeyine çıkararak nefes almasını sağlarlar. Hayatları birbirleriyle ve dünyayla neşe dolu bir uyum içerisinde olan Yunuslar günün büyük bölümünü oynayarak geçirirler. Aşkın, yürekten sevginin, neşenin hayatın önemli temelleri olduğunu hatmetmiş yüksek varlıklardır.

Yunus bilgeliğinde uyum, bilgelik, denge, iletişim becerileri, özgürlük, güven, inanç ve hayat ritimlerin gücü vardır. Duyguları serbest bırakacak şekilde nefesi kullanmak, suyun vericiliğinden feyiz alıp bencil olmamak, verici olmak Yunusun erkidir. Denizcilerin patron ruhu olan Yunus, dışarı çıkmamızı, oyun oynamamızı ve nefesin önemini hatırlatır. Ve her ne zaman denizlerde bir Yunus avlansa, Şamanlar bunun acısını derinden hisseder, ruhunu kutsamak için seremoni yaparlar.

Erk Hayvanı Olarak Zebra

Bireysellik, Çeviklik ve Denge Sembolü

Zebra'nın temsil ettiği özellikler, ak ve karayı ayırt edici gözlemcilik, *nevi şahsına münhasır* (kendine özel) olabilmek, gittiği yolundan emin olmaktır.

Zebralar, bir aygır, birkaç dişi ve taylarından oluşan küçük aile sürüleri şeklinde yaşarlar. Müthiş dikkatli ve atik olmaları sayesinde yırtıcı hayvan saldırılarını zamanında fark eder, kaçar, kendilerini ve aynı otlakları paylaştıkları antilopları da korurlar. Hayatta kalma modellerinde kendilerini ve ailelerini tehlikelerden koruma dürtülerinin gücü önemli rol oynar. Sürü içerisinde birbirlerine destek olmanın mükemmel örneklerini sunan Zebra'nın erkini taşıyanların en belirgin özellikleri ailelerini, dostlarını her zaman şefkatle koda en belirgin özellikleri ailelerini, dostlarını her zaman şefkatle korumalarıdır. Bu erki taşıyanlar arasından sıklıkla terapistler ve yardımsever gönüllüler çıkar.

Bedenlerini süsleyen çizgiler, karşıtlıkların uyumu ve dengesine, yin yang teorisine, derinlerdeki gerçekleri anlamaya işaret eden bir sembolizm barındırır. Zebra'nın beyaz ve siyah çizgileri yırtıcı hayvanlara karşı kamuflajıdır ama sürünün içerisinde birbirlerini ayırt etme sorunları yoktur. Her birinin sahip olduğu özel desenleri diğer zebralar görür; insanlardaki parmak izleri kadar kendine özeldir. Nagual olarak kişiye kalabalıklar içerisinde bile kendi bireysel özelliklerini yitirmemeyi öğretmesi önemlidir. Aynı zamanda çevreye dikkatle bakmayı, her şeyin göründüğü gibi olmayabileceğini söyler; kendi beyaz ve siyah çizgilerinin sembolizmiyle bazen ak ve kara kadar net sanılan durumların bile kafa karıştırabileceğini temsil eder.

Zebra meydan okumayı seven bir hayvandır; sert ve haşin koşullarda hayatta kalabilme, zor koşullara uyum sağlama konularında rehberlik eder. Ayrıca ilişkilerinizi gözden geçirmenizi önerir. Kişisel ilişkilerde ne zaman geri adım atılacağı, hangi koşullarda taviz verileceği, hangi durumlarda risklerin göze alınacağı, ilişkilerin ne zaman sonlandırılacağı konusu pek çok kişinin yaşam dersi olabilir. Koşullara ve ilişkilere meydan okumak kişisel bir tekâmül konusu olduğunda, zorlukların üstesinden gelmek için geri ya da ileri adımları doğru zamanda ve kararlılıkla atmak gerektiğinde, kişilik gelişmesinin bu mihenk taşlarıyla karşılaşıldığında, Nagual olarak şaman yolculuğuna girecektir. Sorunların, engellerin nasıl aşılabileceği konusunda zihinsel çözümler aranırken, doğrudan mücadele yerine sorunların çevresinden dolanarak doğru yolu bulmak daha akılcıysa, Zebra bu yolun rehberliğini sunacaktır.

Zebralar, her hareketleri dengeli, yere sağlam, güvenli adımlarla basan, gördükleriyle kafaları karışmayan akıllı hayvanlardır. Nagual olarak benzer beceriler sunmaya gelişi, kişinin hayatında bir ya da birkaç alanda değişimler yakın olduğundandır. Değişimlerin başarıyla gerçekleşmesi için gizli ya da henüz ulaşılamamış bilgilerin bulunması ve kullanılması gerekiyorsa bu rehberliği verecektir. Yeniliklere yol alırken akışta umutla ilerlemek, güçlü bir duruş ve güven duygusu gerektirdiğinden bunların rehberliğine Zebra gelir. Gerçek ile hayal arasında kafası karışan, neyin doğru neyin yanlış olacağına dair şüpheler taşıyanlara rehberliği, hem aşırı mantık yürütme, hem de aşırı hayalciliğe kapılma tuzaklarından kurtulmaya yardım edecek, hayal gücü ile zihin berraklığının dengeli olmasını öğretecektir.

Gizli, saklı, gizemli bilgileri, yani görünenin altındaki sırlar ve büyülü gerçeklikleri arayanlara, boyutlar arası değişim ve dönüşümlere, yeni maceralara ilgi duyanlara hayat boyu ya da dönemsel olarak rehberliği gerekebilir. Zebra, ışığın ve karanlığın enerjilerini anlamayı ve farklı gerçekliklerin dünyalarına dâhil olmak isteyenlerin bilinçlerinin yükselmesi, sabit fikirlerden kurtulup gizemli âlemlerde gezinebilmeleri için yol göstericiliği sunan usta bir sihirbazdır.

Erk Hayvanı Olarak Zürafa

Güçlü ve Derin Sezgiler, Uzağı Görüş Sembolü

Bu kitaba aldığım son Nagual olan Zürafa'nın taşıdığı erkte, başkalarının ulaşamadığı şeylere ulaşma cesareti, beden lisanını doğru kullanmak, kendi söylediklerine özenli ve başkalarının ne söylediğine karşı dikkatli olmak, tartışmaların ötesinde kalabilmek ve aile vardır.

Zürafaların ayakları yere çok sağlam basar ama başları göklere uzanmıştır; adeta aşağı ve yukarı dünyalar arasında kurulan bağı temsil ederler. Esnek boyunları hem arkalarında neler olduğunu, hem iki yanlarını, hem de önlerini rahatça görmelerine olanak verir. Bakış açılarımızı ve algılamalarımızı, hayatı tüm açılardan gözlemleyecek şekilde nasıl geliştireceğimizde rehberlik eder. Dar görüşlü olmak, sabit yönlere kilitlenmek yerine geniş perspektiflerden ve ileriye dönük olarak gözlem yapmanın önemini vurgular. Zürafa geleceğe açık olmayı, dengeyi ve gelişim yeteneğini temsil eder.

Net bakış açıları sunması sayesinde Zürafa şimdiki zamanda yaşarken hem geçmişi anlamanın, hem geleceği tahmin etmenin yol göstericisidir. Kişinin mutsuzluğu şimdiyi ya da geleceği önemsemeyen bir kayıtsızlıktan kaynaklanıyorsa, hem anda yaşamayı bilmiyor, hem de geleceği karamsarca önemsemiyorsa, Zürafa erki zamanın bütünselliğini öğretmeye gelir. Geçmişin değerlendirilmesi ve alınan derslerin farkındalığıyla geleceğin esnek bir perspektifle planlanabileceğini gösterir. Zürafa bu bağlamda yaşam yolunun bütününü anlayabilme becerisini kazandırır, hayat yolculuğunun değerini bilmeyi anlatır.

Zürafa'nın uyuma şekli doğu mistisizmini anımsatır. Uyuyacağı zaman önce diz çöker, sonra boynunu kendisine dolar ve başını bacaklarının arasına yerleştirir. Olağanüstü esnek olan vücudunun hiç rahatsız olmadığı bu bükük duruş yoga pozisyonlarını çağrıştırır. Bu arada diz çökmüş olduğu için de uyuyandan çok dua eden bir vücudu çağrıştırır.

Başlarıyla kalpleri arasındaki uzaklık beyne pompalanan kanı azaltmayacak anatomik bir özellikleri vardır. Kan damar dolaşım sistemindeki çok sayıda kapakçıklar kanın geri akmasını önler. Ayrıca boynunu sık sık döndürmesi kan basıncını kontrol altında tutar. Beyni dolduran düşüncelerle kalpten hissedilenler arasında uyum ve denge gerektiğinde Nagual olarak rehberliğe Zürafa'nın gelmesini bu özelliklerinin sembolizmi anlamlandırır.

Bedenine göre çok minik olan kafasının tepesindeki üç boynuz Zürafa'nın savunma silahıdır; bunlarla hasmına can alıcı darbeler vurabilir. Boynuzlarından bir tanesi pek gözükmez çünkü gözlerinin hemen üstündeki derinin altında gizlidir. Bu boynuz, insanlarda üçüncü göz tabir edilenle aynı yerdedir ve Nagual olarak geldiği kişinin durugörü yeteneğini arttıracağını temsil etmektedir. Beden gücü fiziksel dünyada sağlam durabilmeyi, görme gücü ise spritüel görüşü sembolize ettiğinden, hem sağlam adımlarla yürümeye, hem de ruhsal gelişime açık olmamıza rehberlik eder.

Zürafa hayvanların en uzunudur ve altı metreye ulaşabilen boyları, iki metreyi geçen boyunları ve çok uzun bacakları nedeniyle zarif görünüşlü olmadıkları düşünülür; oysa vücut kilo dağılımı son derecede dengelidir. Uzun boyunları sayesinde çok uzağı görmeleri temkinli olmalarını, bedenlerin dengeli ağırlıkta ve kuvvetli olması cesaretlerini pekiştirir; güçlü bir tekmeyle bir aslanı öldürebilirler. Zürafa boynunun sembolizminde farklı boyutlar arasında oluşan köprü, öteyi görebilme, yer ve gök, aşağısı ve yukarısı arasında denge, uyum, sezgisellik gibi imgeler sayılabilir. Zürafa, rehberlik ettiği kişiye boynunu biraz uzatırsa, sınırlarını genişletirse, akıl edememiş olduğu seçeneklerle dolu bir dünyaya girebileceğini gösterir.

Sessiz ve iyi huylu Zürafalar melemeye benzer sesleri dışında pek ses çıkarmazlar. Başkalarının derinliklerine vakıf olabilmek, ne söylediğine özen göstermek, ilişkilerde hassas olmak Zürafa'nın öğretilerindendir. Bu erki taşıyan insanların çoğunun "içlerine doğma" şeklinde adlandırdıkları, bazı olayları önceden sezme güçleri vardır. Ancak konuşurken çok özenli olmalıdırlar; yanlış insanlara çok şey anlatmak kadar bazı kişilere söylenmesi gerekenleri söylememe hatasına düşebilirler. Ayrıca herkesin her dediğine takılmamaları gereklidir. Çok konuşmak ya da yanlış kullanılan sözcükler hayatında sorunlara yol açanlara Nagual olarak sessizliğin bilgeliğini, konuşmaları uyumlu suskunluk halleriyle dengelemeyi öğretecektir.

Zürafa, dünya yaşamamızın ruhsal tekâmül arzularımızla çelişmediğini, tüm canlı varlıklarla ortak bilinci paylaştığımızı öğretmeye gelir. Sadece su içmek üzere boynunu eğdiği zamanlarda savunmasız kalan Zürafa'nın bu özelliğinde derin bir sembolizm bulunur. Ufuklara uzanmazsak, bilincimizi engin hayallerle zenginleştirmezsek, kendimizi sığ ve dar bir hayata hapsedersek, ruhsal bağlarımızı kaybedeceğimizi, kozmik anlamda savunmasız ve zayıf düşeceğimizi sembolize eder. Amaçlarından sık sık sapan, istediklerini gerçekleştirememekten yakınanlara rehberliğinde, geleceği iyi değerlendirme, uzun vadeli planlarla hareket etme öğretileri olacaktır.

Sonsöz

Şaman'ın "Sıra dışı Dünya" ya da "Rüya Dünyası"diye adlandırılan kozmik bütünlük âleminden bilgi ve şifalandırma gücü alan kişiler için kullanılan en yaygın isim olduğunu kitabın başlangıç bölümünde açıklamaya gayret ettim.

Dünya üzerinde izleri sürülürken pek çok farklı uygulamalarına rastlansa da Mircea Eliade şamanizmin ortak özelliklerini 1972 yılında şöyle yayınlamıştır:

- Evrende sıradan insan deneyimiyle ulaşılamayan *Ruhsal Varlıklar* vardır ve bu ruhlar hem bireyin hayatında hem de insan topluluklarında önemli roller oynar.
- Şaman ruhlar âlemiyle ilişki kurmaktadır.
- Şaman, kötü enerji ve ruhların neden olduğu hastalıkları tedavi edebilir.
- Şaman kendine özel trans ya da trans-dışı teknikleri uygulayarak ekstatik vizyonlar deneyimleyebilir, durugörü yolculuklarına çıkabilir.
- Şaman'ın ruhsal kimliği bedenini terk ederek sıra dışı dünyaya girebilir ve soruların yanıtlarını burada bulabilir.

- Şaman hayvan imgelerini çağırarak, bunların ruhsal rehberliklerinden mesajlar alabilir.
- Şaman başka farklı biçimlerde kehanetler yapabilir, bunun için kristallerden, kemik ve taşlardan yararlanabilir ve bazen geleceğe dair bildirimlerde bulunabilir.
- Şamanlar yaşadıkları toplumun kültürel anlayışıyla uyumlu olarak çeşitli görevler ifa ederler. Şifalandırma, özel seremonilerle ataları onurlandırma ve ruhsal desteklerini sağlama, öyküler ve şarkılarla örf, adet, gelenek ve inançları yaşatma, ruhsal soruların cevaplarını birlikte arama ve çok yüksek vasıflara sahipse ruhsal âlemden onay alarak kehanetlerde bulunma gibi…

Gezegenimizdeki pek çok varlığı derinliğine incelediğimizde, doğanın hayal gücüne, yaratılmış tüm canlıların şekil ve özelliklerine hayranlıkla duymamak mümkün değildir. Sadece hayvanlar âleminde atların, kedilerin, köpeklerin, fillerin, yunusların, kanguruların farkları doğanın yaratıcılığının sınır tanımazlığını kanıtlar. Her bir canlının nasıl özel bir amaçla yaratılmış olduğunu, her şeyin nasıl birbiriyle bağlı olduğunu keşfetmek insana heyecan verir. Sadece bu gezegenin değil, evrenin ve tüm kozmosun birbiriyle olan canlı bağlarını, bir bütün olduğunu algılamak büyüleyicidir.

Doğuştan ya da inisiye olan Şaman, sıra dışı dünyadaki arayışlarına rehberlik eden Naguallerin tümüyle sürekli ilişki halindedir. Şaman öğretisi alanlar da kendi Naguallerini keşfeder ve şaman yolculuklarında rehberlik alırlar. Nagualler Şaman'ın yaşadığı toplumda kuantum zaman ve mekânda, tüm âlemler arasında kendisine düşen görevleri gerçekleştirmesinde, güç aktarmasında, şifa vermesinde yardımcılarıdır.

Şaman inancına göre yaşamı terk eden ruhlar *Axis mundi* (Yer'in ekseni) denilen yerde varlıklarını sürdürmeye devam ederler. Antropoloji ve dinler tarihi kaynaklarında *Axis mundi,* "dinlerde ve mitolojilerde yeryüzü ile Tanrı/tanrıların ikamet ettiği yer arasında olan ve ilişkinin sürdüğüne inanılan yer" şeklinde tanımlanır. Aşağı ve yıkarı âlemler arasında seyahatlere çıkan Şaman, Atalarla iletişimi bu noktada kurar. Antik Yunan'da dünyanın başlangıç noktası sayılan *omphalos* (yerin göbeği) ile benzer bir işlev görür.

Şaman yolculuklarına çıkış için seçilen çoğu imgelemeler *Axis mundi* imajı üzerinden öğretilir ve geçiş kanalları doğal bir obje (dağ, ağaç, asma, sürgün, duman veya ateş gibi) ya da insanlar tarafından üretilmiş bir şey (kule, merdiven, mayıs direği, halat, sütun) olabilir. *Axis mundi* sembolizmi şaman pratiklerinden semavi dinlere hatta teknolojik gelişmenin ürettiği kentsel yerleşimlere kadar birçok alanda karşımıza çıkar.

Mircea Eliade'nin bu konuda şöyle bir ifadesi vardır: "Kozmogoni, tüm inşalarda örnek alınan oluşumdur. İnşa edilen her yeni şehir, her yeni ev, dünyanın yaradılışını bir anlamda bir daha tekrarlar. Aslında her şehir ve her konut 'evrenin merkezinde' bulunmaktadır".

Yine Eliade'ye göre merkez simgeciliği ve kozmolojik imaları üç ana unsur etrafında toplanırlar: "Dünyanın merkezinde, yerle göğün birleştiği "kutsal dağ" bulunmaktadır. Her tapınak ya da saray ve biraz daha geniş bakarsak her kutsal ev 'kutsal dağla' özdeşleştirilir ve böylece 'merkez' olur. *Axis mundi'nin* geçtiği yerler olarak kutsal şehir ya da tapınak, gök, yer ve yeraltının birleştiği bir yer olarak görülür".

Bu son bölümde kısaca Meksika ve Guatemala Maya halklarının Nagual rehberliğine ilişkin anlatımlarındaki birkaç nüansa da değinmek istiyorum. Ortak olan husus, Maya inancında her insanın iki ruhsal özü taşıyarak doğmasıdır. Bunlardan ilkine Meksika Maya lisanında *Tonalli*, Guatemala Maya lisanında *Uxlab* denir ve semavi dinlerdeki tanımlamaya uygun biçimde "ruh" anlamı taşır; ölene kadar tekâmül etmesi beklenen özü ifade eder.

Kişiye hayat boyu rehberlik verecek olan erk hayvanı Meksika Maya lisanında *Nagual* ya da *Nawal*, Guatemala lisanında *Uwach uk'i* olarak adlandırılır. *Uwach uk'i*" nin tam tercümesi, "doğduğu günün yüzü"dür. Yani kişinin dünyaya geldiği takvim gününün kodları da bu ruhun özelliklerindendir.

Nagual ya da *Uwach uk'ij,* ruhsal rehberliği sunan arketipsel bir varlıktır. Ancak kuzeydeki topraklarda yaşayan Maya halkı ile daha güneyde yerleşik Maya halkının ruhsal rehberleri tanımlaması arasında hafif bir ayrışma vardır. *Nagual,* tüm canlıların rehber ruhunu ifade ederken, doğulan takvim gününün adıyla özdeşleşen *Uwach uk'ij,* sadece insanlara özeldir. Örneğin, bir köpeğin de *Nagual*'i olabilir ama köpeğin doğduğu günü temsil eden *Uwach uk'ij* ruhu yoktur. Yani, Guatemala Maya inancında, insanları dışındaki canlıların ruhsal rehberlik edecek bir erk hayvanı olmadığına vurgu vardır.

Guatemala Maya halkının inancında ayrıca ruhun üçüncü bir veçhesinden de bahsedilir ve buna *coyopa* denir. *Coyopa*'nın anlamı Sanskritçedeki *kundalini*'ye benzer ve yogik metinlerde olduğu gibi yılan şeklinde resmedilir. Bazı insanların *coyopa*'larının doğuştan aktif olduğuna, bazılarının yaşarken deneyimledikleri güçlü olaylarla aktive olabildiğine, bazılarının ise eğitimle bu ruhu etkinleştirebileceklerine inanılır. Eğer bir insanın *coyopa*'sı uyanıksa, yani etkinse, rüyalarında atalarının kendisiyle doğrudan ilişki kurabileceği inancıyla, mesajları yanlış yorumlamamak için Şamana başvururlar. Bu nedenledir ki, Guatemala'da Şaman'ın yetkin bir rüya tabircisi olması önemsenir.

Her kitabımda sevgiyle paylaştığım bir Maya seremoni duasıyla satırlarıma son vermek istiyorum…

"ANNEMİZ, BABAMIZ VE HAYATI YARATANLAR ADINA
SİZLERİ ÇAĞIRIYORUM…
KUŞLARIN KUTSAL RUHLARI…
DEĞERLİ TAŞLARIN KUTSAL RUHLARI…
PİRAMİTLERİN, TAPINAKLARIN KUTSAL RUHLARI…
DAĞLARIN KUTSAL RUHLARI…
AĞAÇLARIN KUTSAL RUHLARI…
HAYVANLARIN KUTSAL RUHLARI…
KUYULARIN, DENİZLERİN VE NEHİRLERİN KUTSAL RUHLARI..
TOPRAĞIN, SUYUN, RÜZGÂRIN, ATEŞİN VE ETERİN KUTSAL RUHLARI VE YERYÜZÜNÜN DÖRT KÖŞESİDEN IŞIĞIN TÜM KORUYUCULARI…
BU SEREMONİYE KATILAN BİZLERİ KORUYUN VE REHBERLİK EDİN…
BUNU SİZLERDEN ALÇAKGÖNÜLLÜLÜKLE, DERİN SEVGİMİZLE VE YÜREĞİMİZDEN İSTİYORUZ.
LÜTFEN SELAMIMIZI VE ADAKLARIMIZI KABUL EDİN… "

IN-LAK'ECH… A- LAK'EN…

BEN BİR DİĞER SEN'İM… SEN BİR DİĞER BEN'SİN

Şamanın
Kozmik Dünyası
İnisiyasyon Seremoni ve Ritüellerle
MAYA ŞAMAN ÖĞRETİSİ
AYŞE NİLGÜN ARIT
ŞAMANİK
ŞİFA
MICHAEL HARNER
NEFESLE
İYİLEŞME
MUSTAFA KARTAL
MAĞARA ve
KOZMOS
MICHAEL HARNER
MICHAEL HARNER
ŞAMAN'IN
YOLU
GÜNEŞİ
GÖRDÜM
SUNUM
ATÖLYESİ
Sunum, neyi anlattığınızdan daha çok nasıl anlattığınızla ilgilidir.
H. HANDAN ÖZTÜRK
İMAJ
30 Adımda İletişim ve Beden Dili Uygulamaları
ÖZDEN AYKAÇ
İYİLEŞME
DÜŞÜNCEDE
BAŞLAR
Hastalıkların Duygusal ve Düşünsel Nedenleri ve Çözümleri
SONGÜL İDİGUK

FARKLI YAKLAŞIMLARDA BULUNMA REHBERİ
HER ZAMAN
daha
İYİSİ VAR
MUSTAFA KARTAL
RAY
MUSTAFA KARTAL
çekim yasasını kullanma rehberi
İZİN VER
OLSUN
isteklerin gerçekleşmesi için
pratik uygulamalar
RAY
3.BASKI
BİR ŞEY DEĞİŞİR
HER ŞEY DEĞİŞİR
Değişim ve Dönüşüm İçin
Nefes Uygulamaları
Mustafa KARTAL
RAY
4. Baskı
MUSTAFA KARTAL
Diyet Uygulamadan - Spor Yapmadan
NEFESLE
ZAYIFLAMA
Metabolizma Çalıştırma Alıştırmaları
RAY
MUSTAFA KARTAL
30 GÜNDE
adım adım
VERİMLİLİK
Daha Fazla Sağlık, Mutluluk, Huzur,
Neşe ve Başarı Arttırmak İçin
NEFES UYGULAMALARI
RAY
NEFES ALMA
SANATI
MUSTAFA KARTAL
RAY
NEFES TEKNİKLERİ
MUSTAFA KARTAL
RAY
NEFES
FARKINDALIĞI
Duygu ve Düşünceyi Özgürleştirme Sanatı
MUSTAFA KARTAL
RAY
Nefes Terapisi
Holoterapi
Sıra Dışı Bilinç Halleri Oluşturma Çalışması
MUSTAFA KARTAL
2. baskı
RAY

New York Times Bestseller
Değişim Zihinde Başlar
PLASEBO
Sensin
Dr. Joe Dispenza
Best Seller: Kendin Olma Alışkanlığını Kırmak kitabının Yazarı

Noa Zanolli Davenport – Gail Pursell Elliott – Ruth Distler Schwartz
İşyerinde, Gücün ve Pozisyonun Kötüye Kullanılması
ile Oluşturulan Baskı, Taciz, Aşağılama ve Tehdit Gibi
Psikolojik Saldırılara Karşı Koyma ve Çözüm Oluşturma
MOBBING
İŞYERİNDE PSİKOLOJİK TACİZ

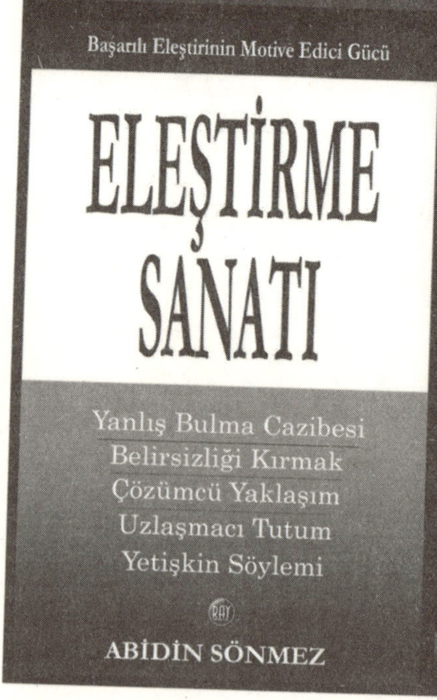
Başarılı Eleştirinin Motive Edici Gücü
ELEŞTİRME SANATI
Yanlış Bulma Cazibesi
Belirsizliği Kırmak
Çözümcü Yaklaşım
Uzlaşmacı Tutum
Yetişkin Söylemi
ABİDİN SÖNMEZ

İSTEYİN Kİ OLSUN
Hümeyra Gürel Tümay